한국근대성인교육자의
온정적 합리주의 리더십

한국근대성인교육자의 온정적 합리주의 리더십

초판 1쇄 발행 2020년 12월 10일

저 자 | 최은수 · 연지연 · 권기술 · 강찬석 · 김미자 · 황우갑
편 자 | 민세안재홍선생기념사업회 · CR리더십연구원
발행인 | 윤관백
발행처 | 도서출판 선인

등록 | 제5－77호(1998.11.4)
주소 | 서울시 마포구 마포동 324－1 곶마루 B/D 1층
전화 | 02)718－6252 / 6257 팩스 | 02)718－6253
E-mail | sunin72@chol.com

정가 28,000원
ISBN 979-11-6068-414-8 94900
978-89-5933-496-4 (세트)

· 잘못된 책은 바꿔 드립니다.

※이 책은 평택시의 후원으로 제작하였습니다.

민세학술연구총서 010

한국근대성인교육자의 온정적 합리주의 리더십

최은수 · 연지연 · 권기술 · 강찬석 · 김미자 · 황우갑 지음

민세안재홍선생기념사업회 · CR리더십연구원 편

책머리에

2019년은 3 · 1민족운동이 일어나고 대한민국임시정부가 수립된 지 100주년이 되는 해였다. 대한민국임시정부는 '3 · 1정신'에 뿌리를 둔 한국 역사상 최초의 민주공화정 정부로 1948년 8월 15일 수립된 대한민국은 임시정부의 법통을 계승하고 있다.

이 책에 게재되는 논문들은 '대한민국임시정부 수립 · 안재홍 항일운동 100주년'을 맞아, 2019년 9월 27일 (사)민세안재홍선생기념사업회와 (사)CR리더십연구원이 공동 기획 · 주관(국가보훈처 · 평택시 등이 후원)한 「제13회 민세학술대회: 독립운동가들의 성인교육활동과 온정적 합리주의 리더십」의 결과물이다. 이 날 학술대회는 월남 이상재, 남강 이승훈, 도산 안창호, 고당 조만식, 민세 안재홍 등 다섯 분의 성인교육활동과 온정적 합리주의 리더십을 집중 조명하였다.

일반적으로 한 사회의 구성원들을 이끌어가는 데 있어서 대비되는 리더십의 사고 구조는 크게 합리주의와 온정주의로 구분된다. 합리주의는 우리가 살고 있는 이 세상은 주로 이성의 활동에 의해 이해되어지고, 이성의 힘으로 문제를 해결하면서 전략을 세우고, 비상식적인 것을 제거하면서 독단을 물리침으로써 합리적인 의사결정에 도달한다는 논리적 명제를 수반하고 있다. 반면에 온정주의란 타인이나 자신의 정서를 이해하면서 그들의 고통을 공유하는 것이다.

온정적 합리주의는 온정주의와 합리주의를 통합한 신조어이다. 이러한 양 사고 구조의 통합 시도는 온정주의와 합리주의의 각각의 장점을 강화시키면서 동시에 각각의 한계점을 보완하고자 하는 노력의 일환이다. 따라서 의미 해석적인 관점에서 온정적 합리주의 리더십은 합리주의를 기반으로 하면서도 상황에 따라 온정을 베푸는 리더십으로 정의를 내릴 수가 있다. 여기에서 "상황에 따른다"는 말은 어떤 의미일까? 그것은 원래 온정적 합리주의가 추구하고자하는 가치 이념, 즉 조직 구성원에게 주어지는 재원과 기회균등의 평등성(equality), 재원과 기회 분배 과정에서의 공정성(equity), 그리고 이미 성취된 평등성과 공정성을 기반으로 궁극적으로 추구되어야할 가치인 정의(justice)를 실현시킬 수 있는 경우이다.

온정적 합리주의의 행동 준거는 이성적 상황판단, 전략적 예측, 논리적 문제해결, 최적화 통제관리, 포용적 겸손, 공감적 배려, 이타적 협력, 그리고 신뢰기반 임파워먼트 등 8가지로 세분화될 수 있다.

이러한 온정적 합리주의에 입각한 8가지 리더십의 행동 가치는 한 시대의 성인교육자들이 일반 대중을 상대로 행한 성인교육에 있어서 어떻게 그들이 대중적 리더로서의 롤 모델이 될 수 있었던 것인가에 대한 분석적 틀의 기준을 제공할 수가 있을 것이다.

일제 강점기의 민족교육 운동 지도자들의 경우도 마찬가지이다. 일제 강점기에 민족의 자주 독립을 위해 실천하였던 그들의 항일성인교육 활동과 그 가운데에서 민중을 이끌어간 리더십을 오늘날의 온정적 합리주의의 개념과 8가지 행동 준거를 따라 분석하는 시도는 한국성인교육과 리더십 연구에서 학문적으로나 현실적인 측면에서 깊은 의미가 있을 것이다.

특히 이번에 상재되는 10권은 새천년을 맞이하며 2000년 한국성인교육학회 연구 결과물을 정리해서 출간된 『근대한국성인교육사상』(한준상 외, 원미사)이후 20년 만에 성인교육 사상과 리더십의 측면에서 시도된 후속 연구물이라는 학술적 성과도 크다. 이 책이 아직도 더 많은 연구가 필요한 한국성인교육사와 한국성인교육사상사 연구 활성화에 보탬이 되기를 바란다.

이 책에 수록된 논문들을 요약하여 소개하고자 한다. 연지연은 「월남 이상재의 성인교육활동과 온정적 합리주의 리더십」에서, 월남의 교육 사상과 황성기독교청년회(현 서울YMCA), 민립대학 설립운동을 분석했다. 또한 온정적 합리주의 리더십의 관점에서 월남을 포용적 겸손과 전략적 예측의 리더로 평가하고 구체적인 사례를 제시했다. 분석 결과 월남은 서구문물의 무분별한 수용이나 배척이 아니라, 각자가 가진 고유의 문화적 가치를 인정하고 우리가 가진 문화와 정신에 기초하여 지 · 덕 · 체를 훈련하는 전인교육을 강조했다고 평가하고 있다.

권기술은 「온정적 합리주의 리더십 관점에서 본 남강 이승훈의 리더십」에서, 오산학교를 세운 이승훈의 삶을 구체적으로 소개하고 온정적 합리주의 리더십의 관점에서 열린 마음을 가진 겸손의 리더십, 실사구시를 추구하고 솔선 행동하는 리더십, 민족을 사랑하는 배려와 협력의 리더십, 민족의 독립을 위한 육성의 리더십 등 4가지 특성을 분석했다. 또한 성인교육의 측면에서 이러한 리더십 특성은 평생학습의 정신, 실용주의 정신, 기독교 정신, 민중계몽 정신과 맥이 닿아 있다고 강조했다.

강찬석은 「도산 안창호의 성인교육활동과 온정적 합리주의 리더십」에서,

먼저 안창호의 힘의 철학에 기초한 독립운동사상, 신민주의 교육사상, 통합의 정치사상을 분석했다. 또한 인·의·예·지·신(仁義禮智信)의 관점에서 도산의 인품과 성인교육활동을 제시했다. 그리고 온정적 합리주의 리더십의 측면에서 독립운동 리더로서, 대공주의 주창, 애기애타 사상의 특성을 분석했다. 도산의 리더십은 전통적 리더십의 한두 가지 유형으로 정형화시킬 수 없는 다차원적 특성을 가지고 있다고 평가했다.

김미자는 「고당 조만식의 성인교육활동과 온정적 합리주의 리더십」에서, 항일 성인교육활동을 분석했다. 고당은 기독교 지도자로서 평양YMCA 총무, 생활개선운동에 참여했으며 독립운동가로서 조선물산장려회, 신간회운동을 이끌었고, 평양에 백선행기념관, 인정도서관과 같은 평생교육시설 건립에 앞장섰다. 또한 고당의 성인교육에 나타난 8가지 온정적 합리주의 측면을 구체적인 예를 제시하며 분석했다. 고당은 일제강점기라는 어두운 현실에서 빛을 밝히는 등대처럼 성인학습자들에게 조국독립과 민족자립이라는 비전을 제시했다.

황우갑은 「민세 안재홍의 성인교육활동과 온정적 합리주의 리더십」에서, 안재홍의 생애를 4기로 나눠 소개하고, 중앙학교 학감, 서울중앙YMCA 간사, 중앙농림대학 학장 등 교육기관을 통한 성인교육 활동, 조선사정조사연구회, 조선교육협회, 조선어학회, 조선교육연구회 등 학습조직을 통한 성인교육활동의 사례를 제시했다. 또한 민세의 성인교육에 나타난 8가지 온정적 합리주의 측면을 구체적인 예를 제시하며 분석했다. 안재홍의 성인교육리더십은 지행합일의 가치, 실학 정신에 바탕을 새로운 성인교육 전통의 수립이라는 측면에서 여전히 유효하다고 강조하고 있다.

10권을 상재하면서, 지난해 제13회 민세학술대회에 참여하여 발표와 토론을 맡아주신 여러 선생님들께 진심으로 감사를 드린다. 또한 온정적 합리주의 리더십 연구와 현장 적용에 힘쓰고 있는 (사)CR리더십연구원 이사님들과 ㈜CR 파트너즈 이사님께도 감사의 뜻을 전한다. 민세학술연구 총서는 2010년 이후 매년 발간되어 올해로 10권째를 맞이한다. 학술전문연구단체가 아닌 독립운동가기념사업회에서 이렇게 모범적으로 매년 학술연구를 추진하고 정리해서 꾸준하게 연구총서를 발간해온 것 자체가 높게 평가 받아야할만한 일이다. 인권변호사로서 청소년, 여성, 장애인의 권익보호에 바쁘신 가운데도 민세안재홍기념사업회를 맡아 애쓰시는 강지원 회장께 특별한 감사의 뜻을 전한다. 민세연구총서의 책들은 '민세 정신'의 선양과 재조명 사업에 애정을 아끼지 않는 평택시의 한결같은 후원에 힘입었다. 정장선 평택시장님과 복지정책과 실무자들께도 고맙다는 말씀을 드리고 싶다. 민세안재홍선생기념사업회의 황우갑 사무국장은 본 총서의 기획을 비롯하여 마지막 교정까지 힘쓰셨다. 도서출판 선인의 윤관백 사장님은 2011년부터 사업회와 좋은 인연을 맺고 매년 민세학술연구 총서를 꾸준히 발간해 주셨다. 사장님과 편집기획자 여러분께도 깊은 감사의 뜻을 전한다.

2020년 11월 17일

성인교육실천으로 독립의 꿈을

이루고자했던 민족지도자들의 뜻을 되새기며

민세학술연구총서 10권 편집위원 대표 최은수 삼가 씀

차례 | 한국근대성인교육자의 온정적 합리주의 리더십

한국성인교육의 성찰과 새로운 성인교육 리더십의 모색

온정적 합리주의 리더십을 중심으로

최은수 (숭실대 평생교육학과 명예교수)

한국성인교육의 성찰과 새로운 성인교육 리더십의 모색

온정적 합리주의 리더십을 중심으로

최은수 (숭실대 평생교육학과 명예교수)

1. 논의의 시작

한국 근대성인교육의 출발은 중농주의 실학자인 다산 정약용의 활동에서 찾아볼 수 있다. 그러나 본격적인 근대 성인교육 활동은 민족의 자주성과 근대화를 위한 1876년 강화도 조약 이후의 갑신정변과 동학농민운동이 실패를 한 이후 이루어진 을사늑약, 한일강제합병, 그리고 이후의 일제 강점기에 이르는 민족적 수난에 대처하여 민족독립 운동가들에 의해 적극적으로 대응한 결과로 나타났다. 다수의 민족독립 운동가들은 일제 강점기라는 특수한 상황 가운데에서 진행된 항일운동의 일환으로 민중을 위한 성인교육을 실천하고, 이러한 과정 속에서 성인교육자로서의 리더십을 십분 발휘하였다(황우갑, 2019). 그렇다면 이들이 보여준 성인교육 활동과 리더십은 과연 어떤 모습과 특징을 지녔던 것일까?

이 글은 이러한 우리나라의 특정한 시대적 성인교육 이슈를 뒷받침하는 의미에서 먼저 성인교육의 의미, 성인교육자와 성인교육 리더십, 성인교육 리더십의 새로운 패러다임으로서의 온정적 합리주의 리더십, 일제 강점기의 성인교육 활동과 성인교육 리더십의 성찰을 개괄적으로 살펴보고자 한다.

2. 성인교육의 의미

성인교육(adult education)은 링컨이 민주주의를 정의한 수사법 식으로 이야기하자면 '성인의(of the adult), 성인에 의한(by the adult), 성인을 위한(for the adult) 교육' 양식이다. 성인의 교육이란 성인교육의 주인이 성인 당사자이며, 성인에 의한 교육이란 성인이 바로 교육 실행의 주체자라는 의미이다. 그리고 성인을 위한 교육은 다른 이가 아닌 바로 성인들 자신의 역량 개발과 발전을 위한 교육이라는 뜻이다. 성인교육은 다양한 학습 모형에 따라 그 열매가 맺어진다. 즉 형식학습, 무형식 학습, 혹은 비형식 학습이 바로 그것들이다. 형식 학습(formal learning)이란 학교와 같은 형식적 교육체제 안에서 이루어지는 것으로서 학점이나 학위를 목표로 이루어지는 학습 형태이며, 무형식 학습(nonformal learning)은 대학의 평생교육원처럼 정규적인 수업 체제를 갖추면서도 학점 혹은 학위와는 상관없이 이루어지는 학습 형태이다. 한편 비형식 학습(informal learning)은 일명 우연적 학습(accidental learning)으로서 마치 일상적인 생활 가운데에서 타인으로부터 무엇인가 배우는 현상처럼 형식을 초월하여 학습이 일어나는 양상을 일컫는다. 일반적으로 성인들은 이 세 가지 학습 형태에 상관없이 어떠한 경우라도 경험학습이나 체험학습, 혹은 반성적 사고 과정을 겪게 되는데, 이러한 학습경험에 의미를 부여하는 정도가 깊고 통찰력이 강할수록 학습 성과는 더 증대된다.

이러한 성인의, 성인에 의한, 성인을 위한 성인교육이라는 링컨식의 수사법은 한국의 성인교육을 성찰할 때에 몇 가지 의미 있는 이슈들을 제공한다. 과연 지금까지의 한국의 성인교육의 주인공은 누구였는가? 한국 성인교육은 그 동안 누구에 의해 실행되어 왔는가? 한국의 성인교육은 과연 누구의 발전을 위해 행해져 왔는가? 이와 맥락을 같이 하여 한국의 성인교육은 누가, 어떻게, 무엇을 위하여 실행되어져 왔는가? 이러한 문제들은 과연 한국의 성인교육자와 그들의 성인교육 활동 시에 보여준 리더십에 관한 이슈가 제기된다. 특히, 오늘의 논제인 항일 운동가들의 성인교육 활동과 리더십 문제도 이와 맥을 같이 한다.

3. 성인교육자와 성인교육리더십[1)]

성인교육자는 포괄적인 의미에서 성인교육에 종사하는 이론가와 실천가들을 총칭한다. Knowles(1980)는 성인교육자는 성인들로 하여금 학습을 할 수 있도록 책임을 지고 있는 사람들이라고 정의하고, 광의의 범주로서 (a) 프로그램 관계자, 교육관계자, 성인교육 단체에서의 토론자, (b) 사업체의 중역, 훈련 담당자, 감독, (c) 공립학교, 대학, 도서관, 기업적 교육기관의 교사 및 행정가, (d) 성인교육과 관련된 언론 매체의 프로그램 감독자, 집필가, 편집진, 그리고 (e) 성인교육에 전념하는 성인교육자들로 나누었다.

이들 성인교육자의 리더십 연구, 즉 성인교육 리더십 연구는 성인교육자

1) 이 절은 최은수(2006)과 최은수(2011)에서 부분적으로 원용하였음.

가 단순히 갖고 있는 직명이나 역할보다는 특정한 상황에서 성인교육자가 어떻게 리더로서 기능하는가에 관심을 두고 있다. 성인교육 리더십은 경영학 등, 외부 영역의 문헌뿐만 아니라 고등교육, 성인 기초교육, 지역사회 성인교육 영역 등에서 수행된 특정 맥락적인 연구를 통하여 지속적으로 축적된 지식 기반에 기인하고 있기 때문이다(Merriam & Brockett, 1997). 성인교육 리더라고 해서 반드시 성인교육 행정가나 경영자는 아니라는 점이 바로 이러한 이유에 근거한다.

성인교육 리더십은 사실상 다소 모호한 개념이다. Rose(1992)는 다른 분야에서의 협소한 정의들이 성인교육 리더십에 대한 연구를 제한할 뿐만 아니라 실제적으로 성인교육 리더십은 더 큰 효과성과 생산성에 대한 요구로 인해 제한을 받고 있다고 주장하였다. 그리고 이러한 모델이 21세기 성인교육의 비전을 발전시키는 데 있어서 과연 도움이 될 것인가에 대하여 면밀한 검증이 필요하다고 역설하였다. Edelson(1992)은 더 나아가 성인교육이 21세기에 교육기회의 선택을 늘리려는 요구를 충족시킬 수 있도록 성인교육의 리더십을 지속적으로 개념화해야 할 필요성을 제기하였다.

결국 성인교육 리더십은 일반적인 리더십 연구를 넘어서서 성인교육 및 성인교육자의 특성의 관점에서 이해되어야 할 것이다. 즉 기존의 경영학이나 경제학 및 재정학 부분에서의 효율성 가치에 기초한 리더십 연구와 더불어 윤리성, 평등성 및 공정성과 온정주의에 입각한 교육적 마인드가 충분히 반영되어야 한다는 의미이다(최은수, 2006). 이와 맥락을 같이하여 오늘날에도 성인교육 리더십 개념의 재정립에 대한 필요성이 분명해지고 있다. 즉 새로운 성인교육 리더십 패러다임의 개발이 필요한 것이다. 따라서 여기에서는 우선 성인교육자의 리더십 영역과 추구 준거 가치를 논한 후에 전통적 리더십 패러다임에 입각한 성인교육의 패러다임에 대한 제한점을 중심으로 기술하고, 논리적인 귀결로 성인교육 리더십의 새로운 패러다임으로서의 '온정적 합리주의(compassionate rationalism)' 리더십의 개념을 제시해보고자 한다.

1) 성인교육자의 리더십 영역과 추구 준거 가치

Fleming과 Caffarella(2000)는 성인교육 현장의 시각에서 본 성인교육자들의 특성, 성인교육자들의 행동과 신념 및 가치 등을 연구 결과로 도출하였다. 이들에 따르면, 성인교육자들은 원활한 인간관계를 바탕으로 협조적이면서 배려심이 강하고, 활력적이고 헌신적이며, 윤리적이고 일관성이 있으며, 아울러 지적으로 활동적이고 전문성이 뛰어난 것으로 나타났다. 아울러 성인교육자들은 평생학습의 필요성과 가치에 대하여 강하고 긍정적인 신념을 갖고 있는 것으로 나타났다.

성인교육자가 성인교육 리더십 활동을 통하여 추구해야 할 준거 가치에는 윤리성(ethics), 자유성(liberty), 효율성(efficiency), 평등성(equality), 공정성(equity) 등이 포함된다.

첫째, 윤리성은 성인교육이 특정 집단의 이익을 대표해서는 아니 되며 교육적 원리의 보편성을 추구해야 함을 의미한다. 그리고 윤리성의 가치는 성인교육의 내재적 및 도덕적 가치와 도덕적 원리를 내포해야 한다(Bagnall, 2004).

둘째, 자유성은 개인이나 기관이 자율적으로 결정을 내릴 수 있는 자기 규율과 자기 통제의 폭을 의미한다(김신복 외, 1996). 성인교육에 있어서도 개인이 성인교육의 기회를 원하는 만큼 제공받거나 자신의 의사를 자율적으로 표현하는 것을 의미한다.

셋째, 효율성은 교육정책을 실현하여 목표를 달성하는 과정에서 소요되는 비용을 최소화하는 경제적 원리가 적용되는 영역이다. 효율성은 성과를 달성할 때의 개념인 효과성과 동일한 것으로 간주되기도 한다(구영철, 1997).

넷째, 평등성은 교육기회 균등성과 맥을 같이 한다. 평등성이 성인교육에 적용될 때에는 구성원 모두가 주변적인 맥락과는 무관하게 성인교육의 기회를 균등하게 가져야 한다(최은수, 1992). 아울러 성인교육에서의 평등성은 리더와 조직 구성원간의 평등한 관계를 의미하기도 한다.

다섯째, 공정성이란 일반적으로 어떠한 재화나 용역, 혹은 부담을 배분함에 있어서의 공평함(fairness)이라고 할 수 있다(Psacharopoulos & Woodhall, 1985). 성인교육 현장에서 공정성의 준거 가치를 살리기 위해서는 학습자들의 신체적 혹은 외적 능력, 학습자가 접근하는 성인교육기관의 지리 환경적 여건의 차이를 인정하면서 그러한 차이에서 초래될 수 있는 불평등이 발생하지 않도록 해야 한다(Chapman, Cartwright, & Mcgilp, 2006).

이상과 같이, 성인교육자가 리더십을 발휘해야 하는 영역은 실제로 매우 다양하고 복잡하며, 성인교육자는 성인교육 리더십 활동을 통하여 추구해야 할 준거 가치에 따라 다면적이고도 복합적인 역할에서의 리더십 발휘가 요구된다.

2) 전통적 리더십 패러다임과 성인교육

경영학이나 행정학 분야에서의 리더십 연구의 주요 관심 문제들은 첫째, 리더의 자질은 과연 무엇이고, 둘째, 우리는 이러한 자질을 어떻게 찾을 수 있을 것인가, 셋째, 우리는 개인의 리더십 자질들을 어떻게 개발할 것인가 등이었다. 이러한 리더십 관심 분야를 성인교육자들은 지난 수십 년 동안 성인교육 실천의 현장에서 그들 자신의 필요에 기초하여 수행해야 할 리더십 역할과 비전에 그대로 적용하고자 하였다(Rose, 1992). 이들이 성인교육자의 리더십을 이해하기 위한 주요 리더십 접근 방법들에는 개인적 특성 이론(individual traits theory), 행동 이론(behavior theory), 거래 이론(transaction theory), 변혁적 이론 (transformational theory) 등이 포함된다.

(1) 개인적 특성 이론

개인적 특성 이론은 특출한 사람들의 리더십 특성 연구에 주안점을 두었다. 하지만 개인특성 연구에는 몇 가지 문제들이 내재하고 있었다. 첫째는 특별한 리더만이 갖고 있는 특성들이 특별한 행동에 연계되어 있는 것으로 생각되고, 그 행동들은 특별한 배경과 상황에 무관하게 분석되었다. 결국 인간의 특성을 단순히 목록에 올리는 것 같은 접근은 인간성에 대한 보다 더 복잡하고 상호작용하는 관점을 무시한 결과를 보여주었다. 즉 같은 특성이라도 개인별로 다르게 기능할 것이라는 점을 인정하지 못했다는 것이다(Bass, 1990; Gouldner, 1950; Rose, 1992). 성인교육에서는 동일한 리더십 특성이라고 할지라도 교육현장의 상황에 따라 다르게 기능할 수 있음이 당연한 것으로 받아들여진다.

둘째, 리더십의 특성 분석 방식이 특별히 영향을 미친 부문은 카리스마적 리더들에 대한 탐구였다. 본질적으로 카리스마적 리더십은 소수의 리더가 태어나면서 갖고 있는 특별한 능력과 재능에 초점이 맞추어져 있기 때문에 성인교육적 관점에서 보다 넓은 범위의 성인들을 상대로 하는 리더십 개발 훈련에는 부적합하여 결국 성인교육이 추구하는 준거 가치인 자유성, 평등성 및 공정성을 실현하는 데에는 한계가 있다.

셋째, 개인적 특성 이론은 성인교육적 관점에서의 리더십 훈련이나 개발에 대한 논리적 근거를 제공하는 데 있어서는 매우 제한적이다. 결정적인 리더십 특성이 확인되었다고 할지라도 그 새로운 특성을 교육시킨다는 것은 결코 쉬운 일이 아니다. 특히 교육대상이 성인인 경우에는 더욱더 그렇다. 성인의 특성은 쉽게 변화되지 않기 때문이다.

(2) 행동 이론

리더십 행동 연구는 리더십 스타일과 아울러 특정 리더십 스타일에 대한 적합한 상황에 초점이 맞추어졌다. 즉 리더십은 개인특성이라기 보다는 사람들 사이의 관계로, 그리고 그 자체로서 학습될 수 있는 것으로 여겨졌다. 이러한 새로운 접근은 성인교육적 관점에서 성인교육자들의 리더십 개발에 대한 개념과 중요한 관련을 맺음으로써 타고난 자질의 양육을 강조하는 특성이론과는 다르게 리더의 행동에 대한 관찰에 입각하여 누구나 성인교육 리더가 되는데 필요한 기술을 학습할 수 있다는 가능성을 제공하였다.

그럼에도 불구하고 행동 이론은 몇 가지 문제점들을 포함하고 있다. 첫째, 행동 이론은 성인교육에서 리더십 행동이 수행성과(performance outcomes)와 어떤 관계를 가지고 있는가를 적절하게 보여주지 못하고 있다는 점이다. 즉 리더의 성인교육적 과업 행동 및 관계성 행동과 성인학습자를 포함한 집단 성원들의 사기, 직무만족 및 업적 등과 같은 변인들 간의 효과성에 있어서 일관된 관계를 입증하지 못하고 있다(Bryman, 1992; Northouse, 2010; Yukl, 2002). 둘째, 행동 이론은 성인교육에서 이루어지는 거의 모든 리더십 상황에 효과적일 수 있는 보편적 리더십 행동을 제시하지 못하고 있다는 점이다. 리더 행동의 유형 연구자들은 일관되게 효과적인 결과를 제공하는 리더십 행동을 찾고자 했지만, 결과적으로 연구 결과의 비일관성 때문에 그 같은 의도가 쉽게 이루어지지 않았다(Northouse, 2010). 이는 성인교육의 추구 가치인 효율성이 충분히 반영될 수 없음을 시사한다.

(3) 거래 이론

거래이론에서는 리더십을 역동적인 과정으로 여기면서 리더와 추종자들 사이의 거래의 본질에 대해 좀 더 면밀하게 초점을 맞춘다. 거래 이론 중에서 가장 영향력 있는 모델은 Fiedler의 상황적합이론(contingency theory)이다. Fiedler(1967)에 따르면, 상황적합이론에서의 리더십 상황은 세 가지 요인을 결합함으로써 조직 내 여러 가지 상황의 유리성(favorableness)을 결정한다. 세 가지 상황요인이란 ① 리더-구성원 관계(leader-member relation), ② 과업구조(task structure), ③ 지위 권력(position power) 등이다. 이 이론에서는 리더십의 효과는 다분히 상황에 대한 맥락적인 것이다. 따라서 어떤 상황에서는 과업중심적인 리더가 가장 효과적일 수 있고 반면에 다른 상황에서는 관계중심적인 리더가 바람직할 수 있다.

상황적합이론에 대한 비판적 관점들이 몇 가지 있을 수 있다. 첫째, 연구자들이 이론의 내적 작용(inner workings)에 관해서는 아직도 명확한 설명을 내놓지 못하고 있다(Northouse, 2010). 성인교육적 관점에서 이 이론은 어떤 성인교육 리더십 유형을 가진 사람이 왜 어떤 상황에서 더 효과적인가를 충분히 설명하지 못한다. Fiedler(1993)는 이것을 '블랙박스 문제(black box problem)'라고 불렀다. 둘째, 거래이론은 리더와 추종자들 사이에 이루어지는 거래의 정확한 본질에 대해 면밀하게 고찰하였음에도 불구하고 리더십의 상황에 집중한 나머지 리더 자신의 고유의 리더십 특성을 간과하였다. 이 이론은 성인교육 리더가 지니고 있는 리더십을 설명하기에는 부족하다. 또한 성인교육 리더십의 본질이 결국 리더와 조직 구성원간의 거래에 초점이 맞추어진다는 패러다임은 성인교육이 추구 하는 준거 가치, 즉 윤리성 추구와는 거리가 멀다.

(4) 변혁적 이론

Burns(1978)는 참된 리더십이란 상황적합적(contingent)이고도 맥락적(contextual) 분석을 뛰어넘는다고 주장하였다. 따라서 행동적인 관점에서 변혁적 리더는 도전적인 목표를 설정하고, 행동에 대한 의미를 제공하며, 아이디어를 알리는 상징과 이미지를 사용하며, 정보를 조정하며, 조직의 이미지를 구축한다(Rose, 1992). 이러한 유형의 리더는 항상 미래의 상태를 구현화하며 부하들에게 그것을 성취할 수 있도록 권한을 부여한다. 그리고 이러한 기술은 탐구와 기획력, 직관력, 상상력 그리고 통찰력과 같은 합리적 및 감정적인 요소들을 포함한다. 하지만 이러한 변혁적 리더십 기술이 학습될 수 있다고 표방함에도 불구하고 리더십 연구자들은 여전히 비범한 개인을 연구적 관심의 중심에 둔다(Rose, 1992).

성인교육적 관점에서 비전을 어느 누구에게 어떻게 가르칠 수 있는가의 문제는 여전히 미완의 문제로 남겨져 있다. 비전에 대한 말은 무성하지만, 어떻게 그것을 가르칠 것인가에 대해서는 분명하지 않다. 그것은 분명한 목적을 가진 하나의 조직 안에서 비전을 개발하고자 하는 시도는 여러 유형의 차별적인 구성원이 모인 비조직적인 성인교육 현장에서 또 다른 상황이 발생될 수 있기 때문이다.

또한 변혁적 리더십이 행하여지는 성인교육 현장에서는 구성원들이 어떻게 리더의 비전에 반응하는가에 대한 역동성이 충분히 이해될 수가 없다.

성인교육에서 변혁적 리더가 어떻게 심리적으로 구성원들에게 영향을 미칠 것인가, 그리고 리더는 구성원들의 반응에 어떻게 대응할 것인가에 대한 이해가 충분히 이루어질 수 없다. 그리고 변혁적 리더십의 카리스마적 성격은 조직에 대해 역기능을 발휘할 수도 있다. 그것이 부정적인 목적에 사용될 수도 있기 때문이다(Conger, 1999; Howell & Avolio, 1993). 이 같은 이유로 변혁적 리더십은 성인교육 조직과 조직 구성원들에게 그들이 어떻게 리더로부터 영향을 받고 있는지, 그리고 그들이 지향하는 방향이 어디로 가고 있는지를 인식하고 있어야 한다는 부담을 안겨주며, 결국 성인교육이 추구하는 준거 가치, 특히 자유성과 평등성에 영향을 미친다.

지금까지 위에서 논의된 대로 전통적 리더십 접근 방법들은 나름대로의 장점에도 불구하고 성인교육적 관점에서 볼 때에 각각 몇 가지 한계점들을 내포하고 있다. 그것은 전통적 리더십 접근법들은 성인교육자와 성인학습자 간의 상호작용을 근간으로 한 윤리성, 자유성, 평등성, 그리고 공정성의 가치를 실현하고자 하는 성인교육의 준거 가치를 충분히 반영시키지 못한다는 점이다. 결국 성인교육 현장을 대변하는 리더십 패러다임으로 대변시키기에는 한계가 있다. 따라서 여기에서는 새로운 성인교육 리더십 패러다임으로서의 온정적 합리주의(compassionate rationalism)를 제시하고자 한다.

4. 성인교육 리더십의 새로운 패러다임으로서의 온정적 합리주의 리더십

온정적 합리주의 리더십의 개념은 문자 그대로 전체적인 관점에서는 합리주의적 리더십을 바탕으로 하면서도 상황에 따라 온정주의로 보완한다는 의미이다. 이러한 패러다임의 개념을 구체적으로 파악하기 위해 먼저 합리주의의 개념과 사고의 틀 및 그 한계점을 살펴보고, 이에 대한 보완적 접근방식으로서의 온정주의 리더십을 기술하고자 한다.[2)]

1) 합리주의(rationalism)

합리주의는 다음과 같은 몇 가지 전제에 바탕을 두고 있다(Hogwood & Gunn, 1984). 첫째, 우리가 살고 있는 이 세상은 이성(reason)의 활동에 의해 이해되어진다. 둘째, 이성은 문제를 해결하는 도구로서 전략을 세우고, 비상식적인 것을 제거하고, 독단을 물리친다. 셋째, 이성의 힘은 인간의 이해력을 뒷받침해 주는 강력한 도구일 뿐만 아니라 합리적인 의사결정에 도달하게 해 주는 수단이다. 넷째, 인간의 이성은 의사결정시에 객관적이면서도 효율성을 추구하고자 하는 성향이 있다.

(1) 합리주의적 패러다임(rationalistic paradigm)

일반적으로 미래 계획의 대부분이 합리주의적 패러다임에 기초한 '예측과 통제(predict and control)' 원리에 의해서 만들어진다(Mintzberg, 1990). 이것은 미래에 대한 의문들이 명확하게 정리되어 있을 때 효과적이나. 우리가 해야 할 일이 원칙적으로 무엇인지 알고 있기 때문에 사태의 본질 보다는 정도의 차이를 다루는 수준이어야 하고, 사회의 활동 주체들 사이의 관계가 비교적 안정적이어야 한다. 활동 주체들의 가치 체계가 비교적 안정되어 있는 경우에 서로의 관계가 잘 정립되어 있기 때문에 자신에게 필요한 거래 행위에

2) 이 절은 최은수(2011)에서 부분적으로 원용하였음.

있어서 최적화를 시도할 수 있다. 합리주의 패러다임에 기초한 예측과 통제 기획(predict-and-control planning)은 이런 상황에서 효과적이다. 성인교육리더십에 있어서도 이러한 합리주의 패러다임의 적용은 추구해야 하는 준거가치인 효율성 제고를 위해서는 매우 필수적이다. 성인교육기관을 경영하거나 성인 학습자를 교육할 때에는 예측과 통제를 바탕으로 한 합리주의적 리더십이 반드시 필요하다.

① 전략을 위한 합리주의적 접근

합리주의적 관점 중 하나는 오직 한 가지 답이 있고 우리가 할 일은 그 답을 찾는 것이라는 생각에서 출발한다. 전략의 목적은 그 한 가지 답에 가능한 한 가까이 가는 것이다. 합리주의자들에게 있어서 전략가 스스로의 관점은 중요하지 않다. 만일 오직 한 가지 답이 있다면 올바른 자원이 주어졌을 때 누구라도 결국에는 그것을 찾을 것이기 때문이다. 그것이 리더일 수도 있지만 지적능력이 뛰어난 부하에게 위임하는 것이 합리적인 사고 능력 증진에 유익하다면 규정에 따라 위임하는 것도 가능하다.

합리주의적 전략 수립은 조직의 목표, 즉 비전을 설정하는 것에서부터 시작된다. 비전의 설정은 조직의 '사명(mission)'과 밀접한 관계성을 갖는다. 성인교육자들도 리더로서 조직의 목표와 존재의 목표를 정하게 되는데, 이러한 관점은 전략이라는 개념이 비전 설정과 사명을 세우는 것에서부터 시작함을 의미한다.

합리주의적 성인교육 전략가의 다음 과제는 사명에서 전략적 목표(strategic objectives)들을 끌어내는 것이다. 전략적 목표들은 조직의 사명을 업무 현장과 연계시키고 조직의 목적을 작전 목적(operational goals)으로 만들어낸다. 이 작전 목적에서 실행 목표(implementation objectives)를 끌어내려면 조직이 가진 능력과 한계를 포함하는 조직 상황을 분석해야 한다. 그 다음 관심을 갖게 되는 것이 성인교육기관의 맥락적 그리고 거래적 환경(contextual and transactional environments)이다. 이런 분석을 통해서 성인교육의 실행 가능한 목표가 만들어진다(Heijden, 2001).

전략을 수립하는 것은 실행 목표를 달성하기 위해서다. 보통 검토해야 할 대안들이 몇 가지가 있고 합리주의적 전략가들은 그 중에서 가장 효과적인 대안을 선택한다. 그렇게 하기 위해서는 미래의 사업 환경에 대한 예측이 이루어져야 하고 여러 가지 전략적 대안들은 그 환경에 비추어서 평가된다. 미래의 모습을 결정한 다음에는 각 대안의 효용성(utility)이 계산되고 가장 효용이 큰 대안이 선택된다. 사명이 수용되고 최대 효용성을 가진 전략적 대안이 선택되면 더 이상 논의의 여지를 둘 필요가 없다.

그러나 현실적으로 합리주의적 성인교육 전략가들은 몇 가지 제한점에 직면한다. 가장 먼저 부딪치는 문제는 최선의 대안들을 어떻게 찾아내는가 하는 것이다. 성인교육 리더들이 항상 직면하는 골치 아픈 문제는 그들이 가진 지적 능력에 한계가 있기 때문에 최적의 대안을 놓칠 가능성이 크다는 점이다. 따라서 리더들은 현실적으로 매우 제한적일지라도 최적의 대안을 찾는 노력을 계속해야만 한다.

② 예측의 리더십

합리주의 패러다임에서 성인교육 리더는 조직 전체를 대표해서 위에서 설명한 최적 안을 만든다. 그렇게 하려면 그는 미래를 내다보면서 여러 가지 계획을 평가하는 기초가 될 '가장 가능성이 높은' 미래의 모습을 예측해낸다. 물론 미래는 불확실성을 담고 있어서 정확한 예측이 불가능하다는 것은 누구나 알고 있다. 그러나 예측(forecasting)에 숨어있는 기본 가정은 다른 사람들보다 예측을 잘해내는 전문가가 존재한다는 것, 그리고 우리가 할 수 있는 최선은 앞으로 어떤 일이 생길 것인지에 대해서 그들의 개인적 혹은 집단적인 의견을 구하는 것이다. 합리적 성인교육 리더의 최종 결과물은 미래 세상의 모습 한 가지를 묘사하면서 자신이 최선을 다해서 추정한 미래의 조직 환경을 구체적으로 열거한다.

③ 시나리오 기획에 대한 통계적 접근

시나리오 기획이라는 용어는 가끔씩 미래에 대한 확률적 측정을 포함하는 전통적 의사결정 분석 방법이라는 의미로 사용된다(Heijden, 2001). 시나리오 기획의 목적은 합리주의 패러다임과 일치한다. 왜냐하면 여러 가지 대안들을 검토하는 단일 기준을 만들고 논리의 방향을 설정하여 그 결과 최종적으로 하나의 최적 안이 나오기 때문이다. 성인교육 현장에서의 이 접근법의 전형적인 예가 일정한 확률 수준에서 가능한 수강생 모집의 최고 수준과 최저 수준을 설정하는 것이다. 그러면 여러 가지 정책적 대안의 결과를 그 시나리오를 기준으로 측정하고(일반적으로 최고, 최저, 가장 가능성이 높음의 세 가지), 각각의 실현가능성 확률에 따라서 가중치를 매길 수 있다. 이렇게 하면 각각의 대안마다 하나의 종합평가가 이루어지고 그 결과 가장 좋은 대안이 선택된다.

④ 과학적 관리와 행정 관리 관점

합리주의의 패러다임을 대변하는 관리 관점은 크게 Taylor의 과학적 관리와 Weber의 행정 관리이다. Taylor(1911)는 노동자의 생산성을 극대화하기 위하여 과학적 관리 원리를 고안하였다. 그의 과학적 관리는 네 가지 기본 원리로 요약될 수 있다. 첫째, 관리자는 관찰, 자료수집 및 신중한 측정 등과학적 직무분석을 통하여 각 직무를 수행하는 하나의 최선의 방식을 결정한다. 둘째, 관리자는 직무분석 후에 노동자를 과학적으로 선발하여 훈련하고 가르치고 발전시킨다. 셋째, 관리자는 모든 작업이 과학적 관리 원칙에 부합하도록 노동자와 협력한다. 넷째, 관리자와 노동자는 거의 동등한 분업과 책임을 진다. 즉 관리자는 계획, 조직 및 의사결정 행동을 맡고, 노동자는 그들의 직무를 수행한다.

Weber(1947)의 관료제(bureaucracy)는 행정 관리의 대표적인 개념으로서 효과적인 조직의 구조에 대한 종합적이고도 합리적 지침과 원리를 추구하였다. 그의 관료제를 이상형(ideal type)이라고도 하는데, 그 특징을 살펴보면 다음과 같다(Hoy & Miskel, 1996; Weber, 1947; Wrong, 1970). 첫째, 조직 목적에 필요한 정상적인 활동은 노동(labor)과 전문화(specialization)의 분업을 통해서 능률을 향상시킨다. 둘째, 관료제의 근무 분위기는 비개인적 지향성(impersonal orientation)이라야 한다. 즉 정실이나 감정에 치우치지 않고 사실에 입각한 공정한 결정을 하기 위해서 공식적 비개인성(formalistic impersonality)이 지배해야 한다. 셋째, 관료제에서 직위의 구조는 권한의 계층(hierarchy of authority)에 의해 이루어진다. 넷째, 관료제는 미리 정해진 규칙과 규정(rules and regulations)에 의해 일관성 있게 적용되어야 한다. 다섯째, 관료제에서는 인원의 충원과 승진은 기능적인 자격(technical qualifications)이나 연공서열(seniority)이나 성취(achievement) 등 객관적이고도 합리적인 기준에 의해 이루어져야 한다. Weber(1947)는 관료제를 통하여 합리적인 의사결정과 행정적인 효율성을 극대화할 수 있다고 하였다.

(2) 합리주의 패러다임의 한계

합리주의 패러다임에 입각한 성인교육 리더십은 효율성을 비롯한 여러 준거 가치를 합리적으로 추구할 수 있는 기본적인 틀을 제공하지만, 다음과 같은 몇 가지 이유로 그 한계성을 보여준다.

첫째, 인간의 선택은 항상 완전하다거나 합리적으로만 이루어지는 것은 아니기 때문에 합리성에 있어서 한계점을 보여준다. 그것은 사람의 인식 정도, 계산 능력, 지식 소유, 기술 연마, 일관된 가치 보유 등이 제한적이기 때문이다(Hogwood & Gunn, 1984).

둘째, 개인적 합리성보다는 집단적 합리성에서 내재적 가치 추구가 어려워진다. 그것은 개인은 합리적, 윤리적, 이타적일 수 있지만, 그 개인들이 집단을 이루면 다분히 이기적, 위선적, 정치적으로 변할 가능성이 크기 때문이다. 따라서 개인이나 조직 간의 이익 갈등을 순수한 합리성만으로 해결하기는 어렵다(Niebuhr, 1988).

셋째, 조직 행동이나 조치는 항상 완벽한 것은 아니다. 따라서 개인이 어느 정도 자신의 합리성에 대한 제한점을 극복한다고 할지라도 그 개인이 조직에서 일을 할 때에는 조직의 일부가 되기 때문에 완벽한 합리성을 발휘하기가 어려워진다(Niebuhr, 1988).

넷째, 합리성은 보통 절차나 관례, 혹은 주변 환경에 따라 상황적으로 변하게 된다. 이는 상황이 변함에 따라 합리주의 패러다임의 예측과 통제 요인들이 달라지기 때문이다(Hogwood & Gunn, 1984).

다섯째, 합리성을 완벽하게 추구하기에는 자원(resource)이 항상 부족하기 마련이다. 즉 합리성을 추구할 때에는 이에 필요한 시간과 돈과 에너지가 필수적이다. 만약 합리성을 추구하는 과정에서 비용이 이익보다 클 때에는 비합리성이 작용될 수밖에 없다.

여섯째, 조직의 의사 결정시에 이성의 활동을 바탕으로 한 합리주의 패러다임 적용이 지나칠 경우에는 효율성은 증대되는 대신 조직 현장에서의 구성원의 심리적 및 사회적 요인이 무시될 가능성이 높다. 이렇게 되면 조직은 구성원의 적절한 동기유발이나 충성심을 기대할 수가 없을 것이다. 결과적으로 조직의 분위기는 메마르게 되고, 비인간적인 문화가 형성되어 오히려 의도하지 않았던 비합리적인 요인 및 환경 형성이 지배적으로 변할 수도 있다.

2) 온정주의(compassionism)

위에서 언급한 것처럼 합리주의 패러다임은 여러 가지 가능성과 장점에도 불구하고 나름대로의 한계성이 있다. 이에 대하여 온정주의는 자연스럽게 이를 보완하는 기능을 갖는다. 여기에서는 온정주의의 개념과 온정적 리더십의 한계점을 기술한다.

(1) 온정주의적 패러다임

온정(compassion)이란 단어는 라틴어 'com-'(함께)이라는 접두어와 'passire'(고통)이라는 동사로 시작된 것인데, 이 단어의 문자적 의미는 '누구와 고통을 나눈다' 혹은 '누구와 고통을 함께 한다'라는 것이다. 따라서 온정이란 한마디로 타인이나 자신의 정서를 이해하고 감정을 공유하는 것이다. 온정이란 말은 감정이입(empathy)이라는 단어와 유사하게 사용되기도 하고, 다른 사람들의 고통을 완화내지는 감소시키고 고통을 겪고 있는 사람들에게 특별한 배려를 위한 욕구(desire)로 사용되기도 한다(Zwillick, 2004).

온정주의란 온정을 가지고 행동하는 사람이 온정을 베풀고자 하는 대상에게 행하는 행동을 통하여 특성화된다. 온정주의는 기본적으로 타인의 고통이나 괴로움을 완화시키는 데 중점을 둔다는 점에서 단순히 타인에게 도움을 주는 다른 여타의 인간적인 행위 행태와는 다르다. 또한, 고통이나 괴로움을 완화시키기 보다는 어떠한 이익을 주고자 하는 데 목적을 두는 친절함은 박애주의 행동으로 분류하는 것이 더 적절하다. 온정주의는 리더십 행위에 있어서 부드러운 면(soft side)이다. 온정은 모든 사람들의 직장생활이나 개인생활에서 있어서 지녀야 할 귀중한 특성이다. 하지만 온정은 공식 조직 안에서 잘 표현되지는 않는다. 그것은 온정이라는 것이 본질적으로 우리 마음속 깊이 내밀한 곳으로부터 나오기 때문이다. 단순한 사실과 통계적 숫자에 의해 합리적으로 판단하는 것에 익숙한 성과 중심적(result-driven) 리더에게는 온정주의가 다소 낯설게 여겨질 수 있다. 사실상 공적인 조직 기관에서 온정주의를 실천하는 것은 결코 쉬운 일이 아니다. 이러한 감정이입적 행동은 다른 사람의 고통에 대하여 허용성과 개방성을 요구하기 때문이다. 조직에서의 타인의 고통에 대한 허용성과 개방성은 일상적이지 않는 것으로 여겨질 수밖에 없는데, 그것은 사람들이 자신의 고통이나 타인의 고통을 가식화하거나 부인, 혹은 피하는 것이 일상화되기 때문이다. 비록 리더들이 사람이나 상황에 대하여 온정주의를 취함에도 불구하고, 그들은 조직에서 이러한 민감한 감정을 표현하는 것은 적절하지 못하다고 생각하기 때문에 결국 감정을 숨겨버리게 된다. 리더가 다른 사람의 역경을 자신의 것으로 체험하는 것은 오로지 다음과 같은 경우에만 가능하다. 즉 다른 사람들에게 있어서 역경이 민감한 문제라는 것을 인식하고, 또한 그 역경에 대한 다른 사람들이 갖는 두려움과 희망이 무엇이라는 것을 인지하며, 나아가 자신이 그것에 대하여 좀 더 폭 넓게 받아들일 때이다(Zust, 2008).

(2) 온정주의의 가능성과 한계성

오늘날 회사와 같은 공조직에서 보는 것처럼 삭막하고 사무적인 분위기 가운데에서 온정적 리더가 설 자리를 과연 찾아볼 수 있을까? 대답은 '그렇다'이다. 21세기 조직 운영의 효과성을 극대화하기 위해서는 이성적 활동에 근거한 인지적 정서보다는 오히려 감성적 지능이 더 필요하기 때문에 리더는 온정주의에 입각하여 균형감각을 유지하면서 공적 활동을 할 필요가 있다.

온정적인 조직은 겸손과 신뢰, 협력, 민주적 관행 등의 온정적 원칙에 따라서 움직이고 온정적인 리더들은 배경이나 사회적 그리고 신체적 지위에 관계없이 모든 의견을 다 들을 수 있는 공간을 만들고 구성원의 참여(participation)나 혹은 임파워먼트(empowerment)의 가치가 발휘되게끔 노력한다. 그러나 대부분의 조직 문화에서는 그러한 바람이 제대로 발휘되지 않을 수도 있다. 왜냐하면 참여 혹은 임파워먼트는 낭만적이고 이상적인 조직생활을 상정하고 있기 때문이다. 왜 참여 혹은 임파워먼트가 지지되면서도 거의 실천되지 않는 것일까? 생각과 실천의 이 같은 빈번한 불일치에 대해서 몇 가지 이유를 제시할 수 있다. 인간은 여러 가지 다양한 가치관을 지니고 있고 또한 살아가면서 중요한 가치가 변하기 때문에 조직 구성원의 참여가 자신의 가치라고 말하더라도 실제로는 확고하지 않거나 일시적일 수 있다. 그 경우 그 사람이 진정한 참여를 인정하지 않은 문화에 직면할 경우 별다른 문제의식 없이 자신이 해오던 민주적인 행동을 중지할 수 있다. 만일 참여라는 가치에 대한 믿음이 약할 경우에는 상황에 관계없이 참여를 중지시키고 통제와 같이 더 역기능적인 가치로 돌아가게 된다(Raelin, 2003).

온정주의 리더십은 다분히 인간 중심적이다. 이러한 인간 중심 접근의 주요 가정은 인간은 더 이상 기계의 부품이 아니며 인간을 열심히 일하게 하는 것은 경제적 보상이 아니라 사회 심리적 보상이라는 것이다. 이러한 온정주의 가치가 조직을 이끌어나가는 데 있어서 지나치게 되면 주관주의가 팽배함으로써 객관주의가 상실되고, 기존 질서와 규범이 무너지고, 오히려 온정주의가 추구하고자 했던 준거 가치인 평등성이나 공정성이 훼손될 가능성이 농후해진다.

3) 온정적 합리주의(compassionate rationalism)의 생성

온정적 합리주의는 위에서 기술된 온정주의와 합리주의를 통합한 신조어이다. 이러한 양 패러다임의 통합 시도는 온정주의와 합리주의의 각각의 장점을 강화시키면서 동시에 각각의 한계점을 보완하고자 하는 노력의 일환이다. 하지만 이 두 가지 리더십 패러다임의 상대적 비중은 동일하지 않다. 오히려 합리적 리더십 패러다임이 주를 이루고, 온정적 리더십 패러다임은 잔여 부분을 차지한다. 즉 온정적 합리주의 리더십은 합리주의를 기반으로 하면서도 상황에 따라 온정을 베푸는 리더십을 의미하는 것이다. 여기에서 "상황에 따른다"는 말은 어떤 의미일까? 그것은 원래 온정적 합리주의가 추구하고자하는 가치 이념, 즉 조직 구성원에게 주어지는 재원과 기회균등의 평등성(equality), 재원과 기회 분배 과정에서의 공정성(equity), 그리고 이미 성취된 평등성과 공정성을 기반으로 궁극적으로 추구되어야할 가치인 정의(justice)를 실현시킬 수 있는 경우이다.

합리주의를 바탕으로 하면서도 상황에 따라 온정주의를 적용하는 온정적 합리주의 리더십은 인간 세상의 자연성(naturality)에 기반하고 있다고 할 수 있다. 자연성에 기반하고 있다는 말은 본래부터 자명하게 갖추고 있는 인간 삶의 원리에 부합된다는 의미다. 성서의 창세기에 나타난 인간사회의 창조

원리는 이러한 자연성을 대표하는 것 중의 하나이다. 창조원리에 나타나는 "태초에 빛이 있으라"라는 명제는 이 세상이 이성적 합리주의로부터 시작되고 기초가 되었음을 명시해주는 일종의 선언이다. 그러나 신(神)은 인간을 비롯한 피조물의 세계가 완성될 즈음에는 자신의 기쁨과 만족, 인간에 대한 애정을 표시하는데, 이는 바로 감성적 온정주의의 적용을 뜻한다. 이러한 온정적 합리주의의 특성 중 하나인 자연성은 유교의 성리학 원리에서도 발견된다. 유학에 의하면, 우주적 원리는 이기론(理氣論)으로, 인간의 원리는 성정론(性情論)으로 설명한다. 이기론이 이기이원론(理氣二元論), 이기일원론(理氣一元論) 등으로 논의되었지만, 이 두 가지 이론도 이(理)가 기(氣)를 다스리면서 인간 세상의 방향과 원리를 제시하여 간다는 것이 공통된 입장이다. 따라서 성리학의 관점에서 보면 온정적 합리주의는 이(理)에 기반한 것이라 할 수 있으며, 결국 인간 세상의 기본적 원리를 따라가는 자연성에 기초한 것이라고 할 수 있을 것이다.

인간에 대한 관점에서 온정적 합리주의 리더십은 일단 리더십에 대한 홀리스틱(holistic)한 접근으로 볼 수 있다. 홀리스틱한 접근이란 인간을 전인(全人)으로 보고 접근하는 것이다. 전인이란 인간을 신체, 마음, 영 또는 이성, 감성, 영성이 통합된 인격체로 보는 것으로서 홀리스틱 접근은 인간의 일부만을 강조하는 부분적 접근과는 다르다. 온정적 합리주의 리더십은 인간의 이성뿐만 아니라 감성과 영성의 영역까지 포함하고 있다. 언뜻 보면, 아픔을 같이 나누는 것을 공감능력 내지 타인 이해능력의 일부로서 Goleman(2006)이 말하는 감성지능의 영역으로 보기 쉽겠지만, 온정적 합리주의 리더십에서의 온정주의에는 포용적 겸손, 공감적 배려, 이타적 협력뿐만 아니라 신뢰기반 임파워먼트가 포함되어 있다. 이러한 능력들은 기본적으로 개체적인 자아를 초월할 때 가능한 것으로 영성의 영역에 속한다. 합리주의와 온정주의가 추구하는 가치관에 입각한 온정적 합리주의 리더십은 다음 〈표 1〉에 제시된 바와 같은 8가지 구성요인들로 정리된다.

〈표 1〉 온정적 합리주의 리더십의 구성요인

차원	하위영역	정의
합리주의 패러다임	이성적 상황판단	이성적 사고를 바탕으로 중요한 의사결정을 내려야 할 때 가장 효율적인 방향과 대안을 신속하게 판단하고 결정하여 대응함
	전략적 예측	장기적 관점으로 문제를 바라보고, 이를 바탕으로 불확실한 미래의 변화를 치밀하게 예측하며, 선택과 집중을 통해 실현 가능한 전략적 목표를 계획함
	논리적 문제해결	주어진 상황이나 업무 관련 이슈를 다양한 관점 및 방법으로 분석하여 문제의 발생 원인과 핵심을 냉철하게 판단하고, 문제해결을 위해 논리적 맥락을 파악하여 해결방안을 제시함
	최적화 수행관리	다양한 인적/물적 자원을 최적의 상태를 유지 또는 관리/수행을 통하여 효율성을 극대화하여 성과의 질을 높임
온정주의 패러다임	포용적 겸손	자기의 생각과 행동에 대해 성찰적인 관점을 지니고, 다른 사람들의 비판적인 피드백에 대해서도 겸허한 자세를 가지며, 상대방의 다양한 의견을 경청하고 긍정적으로 수용함
	공감적 배려	상대방의 감정과 심리상태에 많은 관심을 가지고 세밀히 파악하려고 하며, 상대방의 입장에서 생각하고, 처한 상황에 따라 배려함
	이타적 협력	상대방을 위해 자기희생적 행동을 취하고, 자발적으로 구성원들이 필요한 부분을 도와주며, 자신에게 이득이 되지 않은 일이라도 기꺼이 솔선수범을 보임
	신뢰기반 임파워먼트	구성원들과 진정성 있는 신뢰를 바탕으로 스스로 역량을 향상시킬 수 있도록 다양한 경험과 기회를 제공함과 동시에 이에 걸맞은 권한을 부여하면서 구성원들에게 성취감을 가질 수 있도록 지원함

온정적 합리주의 리더십을 효과적으로 발휘하기 위해서는 우선 합리주의가 일반적으로 적용되면서 상황에 따라 온정주의가 보완되어야 할 것이다. 따라서 온정주의는 합리주의의 잔여 일부로서 자리를 잡아야 한다. 합리주

의 패러다임에서는 먼저 상황을 파악하고(이성적 상황판단), 전략적 관점에서 다양한 가능성을 고려하여 과제를 도출(전략적 예측)하여 창의적이며 논리적으로 해결한다(논리적 문제해결). 문제해결을 통한 성과창출을 위해 리더는 수행과제를 적재적소에 분담하여 조직화하고 업무수행을 효율적으로 관리하고 통제한다(최적화 통제관리). 그런데 성과 창출과 목표달성을 위하여 가장 중요한 자원은 바로 사람이다. 따라서 리더는 끝까지 겸손한 자세로 변화를 수용하고 유연해야 하며(포용적 겸손), 흥미, 가치관, 성장배경, 생활환경이 서로 다른 구성원 개개인을 존중 배려하고(공감적 배려), 업무를 수행하는 과정에서 구성원의 참여와 협력을 촉진하고, 본인이 먼저 솔선하는 모습(이타적 협력)을 보여주며, 구성원에 대한 신뢰를 기반으로 구성원의 역량이 개발되도록(신뢰기반 임파워먼트) 노력한다.

지금까지 이 글은 학문적인 차원에서 성인교육의 의미, 성인교육자와 성인교육리더십, 성인교육 리더십의 새로운 패러다임으로서의 온정적 합리주의 리더십을 기술하였다. 이제는 이와 같은 맥락에서 일제 강점기의 성인교육과 성인교육 리더십을 고찰해 보고자 한다.

5. 일제 강점기의 성인교육과 성인교육 리더십의 성찰

세계사적인 관점에서 근대 국가들은 민족을 구성하는 구성원들의 실력을 배양하기 위한 '민족교육'을 크게 중시하였다. 또한 제국주의의 팽창에 따라 강대국으로부터 침략을 당하여 주권을 탈취 당하고 식민지로 전락한 민족들은 민족의 실력 배양과 주권회복을 위해서 민족계몽 활동과 민족교육 활동을 활발하게 진행하였다. 이처럼 식민지로 전락한 민족들에게는 '민족계몽 활동과 민족교육'이 쓰라린 경험을 바탕으로 이루어지기 때문에 별다른 의미를 갖게 된다. 따라서 이들 식민지 민족들에게 있어서 무지한 국민들의 의식을 깨우치기 위한 민족계몽 활동과 민족교육은 현 식민지 상태를 벗어나기 위한 가장 긴급하면서도 최선의 방법으로 여기게끔 되었다. 이러한 민족계몽 활동과 민족교육은 일종의 민중교육 운동이라 할 수 있으며, 오늘날의 용어로는 '성인교육'이라고 할 수 있을 것이다.

우리나라도 마찬가지로 일제 강점기의 민족적 수난에도 불구하고 민중교육이 열정적으로 전개되었다. 일제 강점기의 우리의 민중교육은 개화운동과 더불어 성장하였지만 보호조약을 성립한 후에는 '애국계몽운동'의 형태로 추진되었으며, 나아가 주권회복의 '항일독립투쟁'의 양상으로 확대되었다(노영택, 2010). 그런데 일제하의 민족교육은 관 주도의 공교육 기관보다도 민 주도의 사교육 조직에서 더 활발하게 전개되었다. 따라서 이때에는 부당한 법적 제약으로 정규사립학교는 줄어든 반면에 도시와 농촌을 막론하고 대중계층을 대상으로 광범하게 조직 운영되었던 미인가 사학이나 야학, 강습회, 개량서당 등 민중교육 활동이 더 적극적인 모습을 띄게 되었다. 이 당시에는 주로 종교단체나 청년단체들에 의해 농민계몽운동과 노동운동, 여성운동의 양상을 가지고 민중교육기관 설립운동이 추진되었다.

1) 한말 교육구국 운동

일제 강점기의 민족교육 운동의 성격을 파악하기 위해서는 먼저 한말 통감부 시대의 교육구국 운동의 성격을 고찰해 보아야 한다. 그것은 일본의 강점이 실질적으로는 통감부 시대부터 시작되었기 때문이다. 통감부 시대는 총독부 정치의 준비기였고, 일제는 일본어의 습득을 강요해 한민족이 일본에

문화적으로 예속되도록 하고, 한국인이 자주적으로 근대문화를 형성할 수 있는 채널을 봉쇄하다시피 했다.

따라서 일제의 식민통치하에 있었던 우리는 국가 주권을 회복하기 위해 한국인 스스로 독자적 민족교육기관을 설립하고 민중의 지도자들을 중심으로 교육구국 운동이 전국 각지에서 전개되었다. 교육을 통한 구국 운동은 1905년 이후 수많이 조직된 애국민중계몽 단체들의 활동에 의해 활성화되었다. 당시의 교육을 통하여 나라를 구하고자 하였던 단체들은 애국항일교육계몽단체라 할 수 있었다. 일제 통감부의 식민지적 교육의도와는 달리 민족의 자각은 더욱 고조되어 관직에 있던 사람들 중 일부는 관직을 그만 두고 민족교육에 전념했으며, 정치 단체에 관여하였던 인사들이나 지망 유지들도 사재를 털어 교육 사업에 투신하여 당시 사립학교 수가 2,300여 개나 되었다(노영택, 2010).

통감부 시대에 한국인의 애국계몽 운동의 목표는 1차적으로 민중을 각성시키고 민중의 역량을 회복하는데 있었다. 이러한 애국계몽 운동 가운데 대표적인 것이 '교육구국운동'으로 나타났다. 이 당시 교육구국 운동을 주도한 단체와 그 지도자들은 민중을 신교육에로 안내하면서 교육을 통해 민족주의의 고취와 국권회복을 위한 인재 양성에 힘썼다.

2) 일제 강점기의 민족교육 운동

일제하의 민족교육 운동의 흐름은 크게 3·1운동 이전과 이후로 구분된다. 결론적으로 먼저 이야기하자면, 통감부 시대의 민족교육 운동은 주로 중산층을 중심으로 그 범위가 한정되었으나, 3·1운동 후에는 농민, 노동자 등 하층 민중에게까지 확대되고 보수성을 유지하던 일반 양반층으로까지 확대되어 결국에는 전 민족적 참여의 성인교육으로 전개되었다. 또한 산간벽지 등 전국 각 지방으로까지 민족교육 운동이 확대 진행되었다. 3·1 운동 이후의 더욱 활발히 전개된 각종 사회운동, 농촌계몽운동, 노동운동 등에 의해서 민족교육 운동 내지 민중교육, 즉 성인교육은 질적이나 양적으로 더욱더 확대되었다.

실제적으로 1910년대는 정치, 경제, 사회 등 각 방면에서 일제의 무단정치 때문에 심한 강압을 받으면서 민족교육도 일제의 극심한 탄압 아래서 전개될 수밖에 없었다. 따라서 이 당시 한말 애국계몽 운동의 지도자들이 설립한 민족주의 교육기관이 폐쇄되거나 일제식민지 교육기관으로 개편 당했다.

그러나 3·1운동 이후에는 민중들의 항일독립 투쟁의식이 크게 성장함으로써 민족의 실력을 양성하기 위해서는 교육과 산업을 진흥시켜야 한다는 의식이 진작되었다. 한편으로는 언론, 문화운동, 사회운동, 청년운동 등이 활발하게 일어나면서 적극적인 민중계몽 운동이 전개되었다. 따라서 3·1운동 후에는 민중에 대한 교육열이 더욱 고조되었고, 민족운동을 이끌어간 민족 지도자들은 거의 모두 교육운동에 관여해 민족교육을 실시했다.

이 당시 민족의 교육열이 고조된 이유 중 하나는 당시 민중의 자각이 높아진 것에 기인한다(노영택, 2010). 농민, 노동자 등 민중들은 신교육을 받아서 최소한 문맹 상태를 벗어나야만 더 잘 살 수 있다고 믿었다. 따라서 3·1운동 이후의 높은 교육열은 주권을 찾고자 하는 민족독립 운동 차원의 일환인 동시에 다른 한편으로는 각 개인의 자기 향상을 위한 개인적 자각에 의해서도 고조되었다. 이는 과거 노예와 양반제를 중심으로 사회계층을 이루어져 왔던 조선시대에는 일반 양민이나 노예들은 자신의 사회적 발전을 위한 배움에 투자는 생각지도 못했지만, 이제는 민중의 자아의식이 성장함으로써 더욱 교육열이 뜨겁게 된 것이었다. 하지만 이러한 드높아진 교육열은 어디까지나

자주 독립을 위한 민족의 실력 양성운동과 불가분의 관계가 있었던 것이 사실이다. 당시의 민족 운동지도자들도 이러한 점을 충분히 인지하고 있었다.

당시의 민족운동 지도자들은 기독교나 천도교 등의 종교단체, 조선청년연합회나 청년단체 등을 통하여 민중교육기관을 설립하거나 농민 및 노동운동을 통하여 민중교육을 주도해 나갔다. 더불어 3·1운동 이후 민족 실력양성운동이 전개되면서 활발해진 여성운동은 그 성격상 주로 여성야학과 같은 민중교육기관을 통해 실천되었기 때문에 1920년대 이후 조선여자교육협회나 YWCA(조선여자기독교청년회연합회) 등과 같은 여성 단체들이 조직되어 여성교육운동을 이끌었다.

6. 새로운 논의의 시작

위에서 기술한 것처럼, 일제 강점기의 민족교육 운동 지도자들은 나라의 주권 회복을 위하여 열정적으로 민중계몽교육을 이끌었고, 이러한 가운데 성인교육의 대상으로서의 민중들을 현명하게 이끄는 리더십을 발휘했던 것이다. 따라서 오늘날에 이르러 일제 강점기에 민족의 자주 독립을 위해 실천하였던 항일성인교육 활동과 그 가운데에서 민중을 이끌어간 리더십을 오늘날의 관점에 비추어 그들의 항일성인교육 활동과 새로운 성인교육 리더십 패러다임인 온정적 합리주의 리더십의 관점에서 구체적인 사례들을 학술적으로 논의하는 과정은 매우 뜻 깊은 일이 아닐 수 없을 것이다. 이 당시의 민족교육 운동 지도자 가운데에는 이승훈, 김교신, 함석헌, 김정규, 서재필, 이상재, 안창호, 조만식, 김성수, 임영신, 고황경, 유영모, 차미리사, 배민수 등이 포함된다. 그러나 오늘 여기에서는 첫 시도로서 안창호, 이상재, 이승훈, 조만식, 안재홍 선생 등 많은 애국지사들의 사례를 가지고 집중적으로 논하도록 할 것이다.

참고문헌

구영철(1997). 『교육행정에 있어서 합리성의 비판적 고찰』. 전남대학교 박사학위논문.

김신복(1996). 『교육정책론』. 서울: 한국교육행정학회.

노영택(2010). 『일제하 민중교육운동사』. 서울: 학이시습.

최은수(1992). 「재정적 공정성을 위한 교육재정 정책」. 『교육행정학연구』 9(2). pp.143-161.

최은수(2006). 「성인교육자 리더십과 리더십 개발 연구를 위한 이슈의 개념화와 이론적 틀」. 『Andragogy Today』 9(3). pp.107-143.

최은수(2011). 「성인교육 리더십의 새로운 패러다임으로서의 '온정적 합리주의'에 대한 개념화」. 『Andragogy Today』 14(3). pp.61-85.

황우갑(2019). 『민세 안재홍의 성인교육활동과 온정적 합리주의 리더십 연구』. 숭실대학교 대학원 박사학위 논문.

Bagnall, R. G.(2004). 『Cautionary tales in the ethics of lifelong learning policy and management』. Netherlands: Kluwer Academic Publishers.

Bass, B. M.(1990). 『Bass and Stogdill's handbook of leadership』 (3rd ed.). New York: Free Press.

Bryman, A.(1992). 『Charisma and leadership in organization』. California: SAGE Publicational.

Burns, J. M.(1978). 『Leadership』. New York: Harper collins.

Chapman, J. D., Cartwright, P. J., & McGilp, J.(2006). Chapman, J. D., Cartwright, P., & Mcgilp, J. E. (Eds.). 『Lifelong learning, participation and equity』 (vol. 5). Netherlands: Springer.

Conger, J. A.(1999). 「Charismatic and transformational leadership in organizations: An insider's perspective on these developing streams of research」. 『Leadership Quarterly』 10(2), pp.145-179.

Edelson, P. J.(1992). 「Leadership and the future of adult and continuing education」. In P. J. Edelson(Ed.), Rethinking leadership in adult and continuing education (pp.95-105). San Francisco: Jossey-Bass.

Fiedler, F. E.(1993). 「The leadership situation and the black box in contingency theories」. In M. M. Chemers, & R. Ayman (Eds.). 『Leadership, theory and research: Perspectives and directions』 (pp.1-28). New York: Academic Press.

Fleming, J. E. & Caffarella, R.(2000). 『Leadership for adult & continuing education』. Proceedings of the 41st Annual Adult Educational Research Conference. pp.118–122.

Goleman, D.(2006). 『Emotional intelligence』. New York: Bantam Books.

Gouldner, A. W.(1950). 「Introduction」. In A. W. Gouldner (ed.). 『Studies in leadership: Leadership and democratic action』. New York: Harper Collins.

Heijden, K.(2001). 『Scenarios: The art of strategic conversation』. John Wiley & Sons.

Hogwood, B. W. & Gunn, L. A.(1984). 『Policy analysis for the real world』. Oxford University Press.

Howell, J. M., & Avolio, B. J.(1993). 「The ethics of charismatic leadership: Submission or liberation?」 Academy of Management Executive 6(2). pp.43–54.

Hoy, W. K., & Miskel, C. G.(1996). 『Educational administration: Theory, research, and practice』 (5th ed.). New York: McGraw–Hill.

Knowles, M. S.(1980). 『The modern practice of adult education: from pedagogy to Andragody』(revised and updated). Prentice Hall Regents.

Merriam, S. B. & Brockett, R. G.(1997). 『The profession and practice of adult education: An introduction』. San Francisco: Jossey–Bass Publishers.

Mintzberg, H.(1990). 「The design school, reconsidering the basic premises of strategic Management」. Strategic Management Journal. 11. pp.171–195.

Niebuhr, R.(1988). 『도덕적 인간과 비도덕적 사회』(Moral man and immoral society, 이병섭 역). 서울: 현대사상사. (원저 1932 출판).

Northouse, P. G.(2010). 『Leadership: theory and practice』 (5th ed.). Sage Publications.

Psacharopoulos, G., & Woodhall, M.(1985). 『Education for development: An analysis of investment choices』. Oxford University Press.

Raelin, J. A. (2003). 『Creating leaderful organizations: How to bring out leadership in everyone』 (pp.206–240). San Francisco: Berrett–Koeler Publishers, Inc..

Rose, A. R.(1992). 「Visions of leadership: Understanding the research literature」. In P.J. Edelson (Ed.), 『Rethinking leadership in adult and continuing education』 (pp.83–93). San Francisco: Jossey–Bass.

Taylor, F. W.(1911). 『Principles of scientific management』. New York: Harper & Row.

Weber, M.(1947). 『The theory of social and economic organization』 (ed. & trans). Henderson, A. M. and Parsons, T. New York: The Free Press.

Wrong, D.(Ed.) (1970). 『Max Weber』. New Jersey: Prentice-Hall, Inc.

Yukl, G.(2002). 『Leadership in organization』 (5th Ed.). Prentice Hall.

Zust, C. W.(2008). 「The compassionate leader」. http://www.emergingleader.com/article19.shtml.

Zwillick, D.(2004). 「Solipsism, compassionism and freedom」. International Journal of Humanities and Peace, 20(1), pp.51-55.

월남 이상재의 성인교육 활동과 온정적 합리주의 리더십

연지연 (숭실대 평생교육학과 겸임교수)

월남 이상재의 성인교육 활동과 온정적 합리주의 리더십

연지연 (숭실대 평생교육학과 겸임교수)

1. 들어가며

'흰 터럭 푸른 청년', '민족의 등불', '겨레의 지도자', 그리고 '한국의 거인'. 월남 이상재를 추억하는 많은 이들은 그를 이러한 수식어들로 표현하였다. 이들의 표현에서 알 수 있듯 월남 이상재는 평생 동안 미래를 준비하고 행동하며 실천하는 진정한 '청년'의 모습으로 암울했던 일제 강점기에 우리 민족에게 희망의 메시지를 전파하며 민중을 일으켜 세웠던 등불과 같은 지도자였다. 또한 그는 일찍이 교육의 중요성을 깨닫고 나라의 독립을 위해 교육을 강조하며 실천하여 민중을 계몽하고자 하였던 성인교육의 실천가였다. 그가 별세한 후 가히 국장이라 할 수 있는 애도의 물결이 뒤따랐음은 민족의 스승이며 시대의 리더로서 월남 이상재가 가지고 있었던 영향력을 충분히 짐작하게 한다. 이에 우리는 월남 이상재의 성인교육자로서의 활동과 온정적 합리주의의 관점에서 그의 리더십을 살펴봄으로써 오늘날 우리에게 요청되는 성인교육의 방향과 진정한 리더의 모습을 논의하고자 한다.

2. 월남 이상재의 생애

월남 이상재의 생애는 크게 출생부터 유년기를 거쳐 박정양과 개인 비서로 함께 했던 1기, 신사유람단 활동을 시작으로 조선의 관료로써 활동했던 2기, 그리고 이른바 개혁당 사건으로 복역한 뒤 출감하여 관료의 입장을 떠나 민중운동에 매진했던 3기의 세 시기로 나누어 볼 수 있다(스즈키 미츠오, 2018).

월남 이상재는 고려말 충신인 목은 이색의 16대손으로 1850년 충청남도 서천군 북부면 종지리(현 한산면 종지리)에서 태어났다. 월남의 출생 당시 조선은 25대 철종이 재위하던 기간으로 순조 때부터 시작된 안동김씨 중심정권이 지속되던 시기였다. 전염병과 민란이 횡횡했고 백성들의 원성은 높았으나 실권자인 안동김씨 일파의 전횡으로 탐관오리와 삼정의 문란은 오히려 백성들을 더욱 도탄에 빠지게 하였다(천광노, 2011). 월남의 집안 살림은 형편이 넉넉하지 않았으나 교육에 대한 열의와 신념이 대대로 집안에 남아있어 이상재는 부친 희택(羲宅)공과 모친 밀양 박씨 사이의 맏아들로 많은 기대와 희망을 받고 자랐다(구인환, 2005).

어려운 형편에도 자신의 학업을 위해 물심양면으로 지원을 아끼지 않는 부모님의 기대에 부응하듯 이상재는 과거 급제를 꿈꾸며 글공부에 더욱 매진하였다. 7세 때 서당에서 한문 공부를 시작한 이상재는 14세 때부터는 봉서암(鳳棲庵)이라는 작은 암자에 들어가 학문에 정진하였으며, 16세에는 재종숙 되는 혜산공(惠山公)에게 사사를 받았다. 이상재는 자라날수록 어진 성품과 뛰어난 재주를 보였으며, 15세 때에는 송사에 휘말린 아버지를 대신해 사흘 동안 옥살이를 한 일이 알려져 효심이 지극한 아들로도 주위의 많은 칭찬을 받았다(전택부, 2000).

1867년 이상재는 18세의 나이로 과거에 응시하였으나 낙방하였다. 당시의 과거제도는 정치적 혼란과 관기 문란을 틈타 부정행위가 만연하였는데 이상재는 이를 직접 목격하고 부패한 사회상에 분개하여 과거를 포기하고 낙향하여 은거하고자 하였다. 그러나 이를 안타까이 여긴 부친은 친지였던 거창군수 이장직(李長稙)에게 부탁하여 이상재가 죽천 박정양(朴定陽, 1841-1905)을 만나도록 하였다. 당시 박정양은 이미 문과에 급제하고 정계에 진출하여 승정원의 가주서와 암행어사 등의 직책을 역임하였던 인물로 박정양과의 만남은 월남 이상재의 인생의 전환점이 되었다(이현희, 2006).

이후 이상재는 31세까지 13년간 박정양의 '개인 비서' 역할을 하며 무거운 침묵의 시기를 보냈다. 그러나 이 시기를 월남이 박정양의 '심부름꾼'이나 '허드렛일'을 하며 허송세월을 보낸 것으로 보기에는 너무 단순하다. 박정신(2006)은 이 시기에 이상재가 실학파의 마지막 세대인 박정양과 담론하면서 시대를 보는 눈을 가지게 되었을 뿐 아니라 조선이 나아갈 방향을 깊이 살피고 그의 생각을 체계적으로 정리할 수 있었다고 분석한다. 즉 이 때 월남은 유교의 가르침에 대하여 개혁을 꾀한 실학파의 정신을 이어받아 개화파적 식견을 가지게 되었고, 사색과 담론으로 박정양에게 사상적 동지로서 인정을 받을 수 있었던 것이다.

1881년 박정양의 수행원으로 일본 신사유람단에 참여하게 되면서 이상재는 드디어 비록 관직은 아니지만 '나랏일'에 진출하게 된다. 신사유람단은 박정양을 수반으로 홍영식(洪英植), 어윤중(漁允中), 조병직(趙秉稷), 유길준(兪吉濬), 윤치호(尹致昊) 및 수행관과 통역관 등 총 61명의 단원으로 구성되었으며, 이들은 일본에서 70일간의 조사를 통해 내정과 농·상업 부문의 조사를 실시하였다. 이들의 시찰 연구는 보고서로 작성되었는데 이 시찰보고서를 통해 일본의 근대화를 통한 발전 현황이 알려지면서 조선은 충격에 휩싸였다(유준기, 2006).

개혁을 주창하는 개화파의 목소리가 점차 높아지는 격변의 시기였으나 이상재는 박정양과 함께 급진개화가 아닌 온건개화의 노선을 걷고 있었다. 1884년 우정총국(郵征總局)이 설치되면서 이상재는 홍영식의 추천으로 인천 우정국의 주사로 발탁되어 처음으로 관직에 진출하였다. 그러나 갑신정변의 실패로 홍영식이 죽임을 당하면서 관직을 사퇴하고 귀향하였다.

3년간 고향에서 아들들의 혼례 등 집안일을 돌보던 이상재는 1887년 박정양의 추천으로 다시 관직에 올라 친군후양에서 회계와 문서를 관장하는 직책을 담당하였다. 이 해에 박정양이 초대 주미한국공사인 주미전권대사에 임명되면서 이상재는 박정양의 일등 서기관으로 동행하여 워싱턴에서 1년 동안 근무하였다. 이들 외교팀은 이완용(李完用), 이채연(李采淵) 등 10명이었는데 이들은 출발 전부터 청나라에 간섭에 시달려야 했다. 청나라는 자신이 조선의 종주국이라 주장하면서 조선의 미국과의 외교활동을 방해했는데 이른바 '영약삼단(另約三段)'이 그것이었다. 영약삼단은 다음과 같은 내용의 조약으로 첫째, 한국공사가 미국에 가면 먼저 중국공사를 찾아보고 그 안내로 외무부에 같이 갈 것, 둘째, 조회나 공식 연회 석상에서 한국공사는 마땅히 중국공사 다음에 앉을 것, 셋째, 중대 사건이 있을 때에는 반드시 중국공사와 상의할 것이었다(구인환, 2005). 이를 빌미로 박정양을 괴롭히던 청나라는 결국 조선 정부에 박정양의 소환을 요청했고, 박정양은 이하영(李夏榮)에게 공사대리를 일임하고 월남과 함께 미국을 떠나게 되었다. 그러나 박정양은 바로 귀국하지 못하고 월남이 먼저 입국하여 일본에 머물고 있는 박정양의 입국을 위해 고관들을 찾아다니며 교섭을 진행하였고 이상재의 노력으로 박정양은 입성할 수 있었다. 이와 같은 박정양에 대한 의리와 고종과의 만남에서 보인 월남의 솔직 대담함은 고종에게 큰 인상을 남기게 되었다(전택부, 2000).

1892년에는 박정양이 현 조폐공사인 전원국(典圜局)의 독판이 되면서 그의 추천으로 전원국 위원이 되었으며, 1894년에는 오늘날 문화체육부와 같은 기관인 승정원(承政院)의 우부승지와 임금 앞에서 경서와 문헌을 강론하는 경연각(經筵閣)의 참찬관이 되었다. 1895년 박정양이 총리대신이 되자 학부(學部)의 아문참의 겸 학무국장이 되었으며, 학부참사관 · 법부참사관이 되고 신설된 외국어학교의 교장직을 맡아 사범학교와 중학교, 소학교, 외국어학교를 창설하여 인재양성에 힘을 기울이는 등 구한말 교육개혁의 지대한 공적을 남겼다(유준기, 2006).

1895년의 을미사변 후 1896년 아관파천의 시기에도 월남은 고종을 충심으로 보필하고자 하였다. 고종이 러시아공관에서 정무를 집행할 당시 이상재는 학부참사관과 외국어학교 교장을 겸임했고 내각총서와 중추원 일등의관이 되고 의정부 총무국장이 되면서 오늘날 대통령 비서실장이나 총무처장관과 같은 직무를 맡고 있었다(전택부, 2000).

이 무렵 이상재는 각국 외교관들과 한국인 친미파, 친러파 인사들이 모여 친목과 사교 뿐 아니라 정치 활동을 펴나갔던 정동구락부라는 모임에 참여하고 있었다. 이들 중 핵심인물이었던 서재필, 윤치호, 이상재 등은 1896년 독립협회를 창설하였다. 독립협회는 창설 직후 성금을 모아 영은문을 헐고 독립문을 건립하였으며, 독립관과 독립공원을 세우고 독립신문을 발행하였을 뿐 아니라 만민공동회와 같은 대중집회를 개최하여 계몽운동을 펼쳐 나갔다.

독립협회는 열강의 이권침탈을 막기 위해 월남을 주축으로 본격적인 활동을 전개해나갔다. 월남은 탐관오리의 제거와 대대적인 내정개혁을 요구하는 상소를 올리고 독립협회는 열강의 침탈에 항의하는 공한을 조선정부에 발송하였으며, 만민공동회 개최를 통해 1만 명이 넘는 시민들이 대한제국의 자주독립을 외치게 하였다. 이와 같은 활동과 여론으로 러시아와 일본세력이 철수하고 월남은 독립협회의 부회장으로 선출되어 사실상 협회의 중심 지도자가 되었다. 이후 월남은 자유민권운동과 의회설립운동을 주도하며 1898년 10월 28일부터 6일간 종로에서 관민공동회를 개최, 국정개혁을 위한 헌의 6조를 결의하고 의회설립의 기반을 마련하였다. 이로써 11월 4일 정부의 중추원 관제가 공포되었으나, 조병식 등 수구파의 모략으로 의회설립은 무산되었다. 고종은 월남을 포함한 17명의 독립협회 지도세력을 체포하였으며, 독립협회를 해산시키고, 시위하는 만민공동회 회원들을 무장한 보부상들로 습격하였다. 석방된 월남은 의정부 총무국장직을 사임한 후에도 지속적으로 민족자강운동을 펼쳤으나, 1902년 개혁당을 조직하여 정부를 전복시키려 했다는 모함을 받고 둘째 아들과 체포되어 3년간 수감 생활을 하였다(이현희, 2006).

옥중에서 이승만, 신흥우, 박용만, 성낙준 등을 만난 이상재는 선교사들이 차입해 준 기독교 관련 서석들과 성경을 탐독하던 중 예수를 믿고 기독교에 입교하게 되었다. 이상재는 요한복음의 '내 양을 먹이라'는 말씀을 조선 백성을 위해 사랑하라는 하나님께서 자신에게 주신 소명으로 받고 자신의 남은 인생을 기독교를 통해 민권운동, 국권원동, 민족운동을 하겠다고 결심하였다(강명숙, 2014).

1904년 출옥한 이상재는 옥중 동지들과 함께 연동교회에 등록하였고, 연동교회 목사인 게일(J. S. Gale)의 추천으로 오늘날 YMCA의 전신인 황성기독교

청년회에 가입하였다. 이상재 뿐 아니라 독립협회 해산 후 흩어졌던 독립협회 계열의 청년들을 비롯한 인적자원이 YMCA의 지붕 아래로 모이게 되면서 YMCA는 독립협회의 뒤를 이어 대중계몽운동의 선두에 서게 되었으며, 이상재는 이에 헌신하고자 하였다(김희진, 2017).

1905년 월남은 고종으로부터 의정부 참찬을 맡으라는 명을 받았으나 완강히 거절하다가 고종의 간곡한 부탁으로 이를 수락하였다. 그러나 YMCA의 교육부 위원장에 취임하는 등 정부 활동보다는 YMCA의 청년활동에 더욱 매진하였으며, 1906년에는 참찬 직을 사임하고 YMCA 종교부 간사로 종교집회와 전도회 등을 통해 강연활동을 펼치며 국민들에게 희망의 등불 역할을 하였다. 특히 청년 교육에 열심을 내었던 이상재는 현대스포츠를 도입하여 청년들의 활동을 장려하는 등 YMCA의 실무자로 청년들과 밤낮을 함께 하였다.

1907년 헤이그 특사로 파견되었던 이준이 순국하고 고종이 강제 퇴위되며 군대가 해산되는 등 국가적으로 비통한 일이 연달아 일어나고, 부인과 아들이 별세하는 등 슬픔이 겹치며 이상재는 자결을 시도하기도 하였으나 주변의 만류에 따라 순교자의 심정으로 구국운동에 다시금 헌신하기를 결심하였다. 이상재는 "동포여, 각성하라"를 외치며 각종 집회와 강연회를 주관하였고, 이때마다 천여 명이 넘는 청중들이 모여들었다(민경배, 1987).

1913년 105인 사건으로 청년회 총무였던 질레트(P. L .Gillett)가 추방되자 이상재는 총무로 추대되어 주축들이 떠난 위기의 청년회를 지키게 되었다. 이 때 월남은 일제의 방해에도 불구하고 '조선기독교청년회 전국연합회'를 조직하여 청년들의 전국 연합세력을 구축하였을 뿐 아니라 청년들에게 직업기술교육을 실시하고 이들이 생산한 제품을 판매하여 YMCA의 재정을 강화하는 한편 야학운동 등의 교육 사업과 종교 사업을 더욱 활발하게 전개하였다(전택부, 2000).

1916년 윤치호에게 총무직을 넘겨준 후 3 · 1운동이 일어날 때까지 월남은 강연회, 토론회, 체육활동과 음악회 등을 통한 민중계몽에 전력을 다했으며, 기독교계 뿐 아니라 민족의 큰 지도자로서 교육계 및 종교계 지도자들과 연계하며 3 · 1운동의 계획에 참여하여 무저항 비폭력의 방법을 제시하는 등 민족운동의 중심축 역할을 담당해 나갔다.

이후에도 70이 넘은 나이로 미국의 극동시찰단 내한 당시 교섭을 주도하고, 하와이에서 열린 범태평양 교육대회, 중국 북경에서 열린 세계 YMCA 학생동맹대회 등에 한국대표로 참여하며 외교적 노력을 펼쳤으며, 체계적인 민족교육사업 추진을 위하여 국내 각계 유지 91명을 발기인으로 조선교육협회를 창립하고 민족의 인재를 양성하기 위한 대학 설립을 목표로 하는 민립대학설립운동을 주도하기도 하였다(이현희, 2006).

1924년에는 조선척후단(보이스카웃) 총연맹의 초대 총대로 추대되었으며, 조선일보로부터 사장 취임을 요청받았을 때에는 같은 시기 창간되어 언론활동을 펼치던 동아일보와 합심하여 민족 계몽운동에 앞장설 것을 조건으로 걸고 이를 수락하였다. 친일파 송병준이 경영주로 친일신문의 이미지를 가지고 있던 조선일보는 월남의 사장 취임 이후 민족의 소리를 대변하는 민족지로 발전하였으며, 월남 역시 조선일보에 '청년이여', '진평화' 등의 논설을 기고하였다. 뿐만 아니라 '조선기자대회' 등을 통해 당시 사회주의와 민족주의로 분열되어 있던 기자들의 화합과 단결을 주도하였으며, 이로써 조선일보가 민족의 단일당인 '신간회'의 모체가 되게 하였다(전택부, 2000).

1927년 78세의 고령의 나이로 신간회 회장으로 추대되었으나 이때 월남 이상재는 이미 병상에 누워있는 상태였다. 그러나 눈을 감는 순간까지 민족을 위해 몸을 던져 일할 것을 결심하고 회장직을 수락하였으며, 그 후 얼마 있지 않아 1927년 3월 29일 재동의 자택에서 별세하였다. 월남이 세상을 떠난 뒤 전국 420여개의 단체들이 뜻을 모아 사회장으로 그를 장송하였으며, 이는 사실상 '국장'이었다(조선일보, 1982.10. 3.; 주재용, 2006 재인용).

3. 월남 이상재의 성인교육활동

1) 월남 이상재의 교육사상

임종에 즈음한 이상재는 그를 찾아온 이들에게 "사람의 살 길은 그저 가르치고 배우라, 옳은 일이면 믿고 낙심하지 말고 행하라"라고 권하였다(김유동, 1927, 44쪽). 여기서 알 수 있듯 월남 이상재의 사상은 '배우라, 믿으라, 희망을 잃지 말라'는 세 가지로 요약될 수 있으며(천광노, 2011), 이는 교육과 학습, 도덕과 신념, 불굴과 실천을 권하고 일깨우는 월남의 유훈이기도 하다(스즈키 미츠오, 2018).

특히 이상재는 일찍이 나라의 국가의 문명, 부강, 독립, 자주 등은 모두 교육에서 비롯됨을 깨닫고 교육개혁과 실행에 힘을 쏟아왔다. 이러한 그의 사상은 둘째 아들 승인이 황해도 수안군수가 되어 군립으로 진명학교를 설립하는 데 지어 보낸 격려의 글에도 잘 나타나 있다.

> 대체로 나라의 뿌리와 터전은 무엇인가? 그것은 곧 인민이다. 장차 어떻게 튼튼히 하고 북돋아 주어야 하는가? 그것을 바로 교육이다. 그러므로 세계 열강의 흥망성쇠를 보려면 반드시 교육을 보면 알 수 있는데 잘 한자는 흥하고 성할 것이요, 잘못한 자는 쇠하고 망하는 것이 이치이다. 교육의 방법은 대개 세 가지로 강령이 있으니, 덕과 지와 체이다. 몸을 길러 그 근골을

장건하게 하고, 지혜를 길러 그 지식을 발달시키고, 덕을 길러 그 시지를 순정하게 해주어야 하니, 여기에서 한 가지만 빠져도 바람직한 것이라 할 수 없다. 대개 국가의 문명, 부강, 독립, 자주 등은 모두 이 세 가지에서 나오는 것이다(강명숙, 2014, 64쪽).

갑오개혁 당시 이상재는 교육행정가로서 다양한 활동을 통해 위와 같은 그의 사상을 실천하고자 하였다. 학무아문의 참의와 학부의 참서관으로 근무하면서 「교육입국조서」를 발표하였으며, 한성사범학교 관제, 외국어학교 관제, 법관양성소 관제 등을 만들어 학교를 설립하였으며, 114명의 양반 출신 유학생을 선발하여 일본에 파견하기도 하였다. 박정양이 내각에서 그의 교육개혁 업무는 더욱 박차를 가해 「소학교령」을 발표하고 관립학교와 교사를 위한 교육서를 편찬하고 교사를 초빙하는 등 근대적 교육개혁의 틀을 마련하는데 온 힘을 쏟았다(강명숙, 2014).

이러한 그의 교육행정가로서의 경험은 이후 YMCA에서 교육부 위원장으로 재임하며 근대적인 교육방법을 통해 항일성인교육운동을 체계적으로 전개할 수 있었던 기반이 되었다. YMCA에서 이상재는 무엇보다 교육에 열심이었는데, 회심 후 그가 더욱 굳건히 한 교육 목표의 첫째는 외형적 힘을 목표로 하는 것이 아니라 청년들에게 역사의식과 옳고 그름을 일깨워 올바른 심성을 함양시키는데 있었다. 즉 그는 기독교 복음 아래 교육을 통해 인간화의 실현, 인간의 도덕적 · 정신적 · 사회적 향상을 이루고자 하였고, 서구 열강의 외형적 힘이란 이를 바탕으로 나오는 것이라 믿었다(김명구, 2004). 이에 이상재는 청년회를 통한 교육방법을 다음과 같이 논하고 있다.

그 교육방법을 논하자면 인애와 공의와 성신으로 심성을 함양하여 하늘이 애초에 부여하신 참과 충심을 파괴하지 아니하는 것이 바로 교육이요, 거처와 음식의 적당함과 그렇지 아니함, 무엇을 바라보고 무엇에 복종하느냐의 옳음과 그름, 무릇 위생을 위한 방법으로 신체를 관리하여 건강하게 하여 질병을 방어하며 근육과 뼈대를 강건하게 하는 것이 체육이며, 천지 만물의 으뜸이 되는 것과 물질을 배분하는 이치와 기운, 고금의 많은 나라들의 정치와 법이 흥하고 망하는 역사와 외부의 사물을 보는 바와 보지 못한 바, 듣는 것과 듣지 못한 것을 지식으로 개발하여 이용후생하고 도리를 밝히 깨닫게 하는 것이 지육이다. 이 세 가지 교육으로 가르침을 이끌어가되, 고명하고 박학한 선진이 단에 올라 연설도 하며, 혹은 청년들 간에 서로 토론도 하여 마음을 열고 이끌어주며, 이목을 맑고 새롭게 하고, 방마다 서적을 구비하여 열람하고자 하는 자는 구하는 대로 할 수 있게끔 하는 것이다(월남 이상재선생동상건립위원회, 1986, 258쪽).

이처럼 이상재는 지 · 덕 · 체의 교육을 통해 사람을 사람 되게 하고, 이로써 민족의 운명을 개척할 수 있다고 주장하였으며, 외형적인 근대문명의 힘은 내면적인 도덕력을 갖추지 않으면 쓸모가 없는 것으로 보았다(박병철, 이진석, 2014). 또한 이는 기독교의 '여호와를 경외하는 것이 지혜의 근본'이라는 믿음에 기초하고 있음을 알 수 있다(주재용, 2006).

2) 월남 이상재와 YMCA 교육활동

이상재는 이러한 자신의 교육사상을 황성기독교청년회, 오늘날의 YMCA를 통하여 실현하고자 하였다. 기독교 도덕과 윤리를 기초로 한 사회 계몽을 목표로 한 YMCA의 정체성은 이상재가 회심 후 자각한 사상을 발휘하고 사회적 책무를 감당하기에 가장 적합한 조직이었다(김명구, 2004). 이 시기는 교육기회의 보급 및 교육활동이 국권회복을 위한 애국계몽운동으로 정립되어 가던 시기였다(강명숙, 2014). 특히 갈 곳을 찾지 못하고 방황하는 조선의 청년들에게는 그들의 정체성을 찾을 수 있는 소속과 배움이 절실했던 시기였다. 이에 조선 청년 교육의 필요성을 절감한 Hullbert는 당시의 상황을 다음과 같이 설명한다.

> 이 도시는 어떤 자극만 받으면 향학열에 불타는 청년들로 들끓게 될 것이다. 그들은 불안과 초조 속에서 살고 있다. 그들은 무엇을 원해야 할지 모르고 있다. 그들의 꿈과 사상을 가로막는 장애물을 제거하기 위해서는 아주 간단한 교육방법이 가능하다. 그 방법의 하나로서 최근에 창설된 YMCA가 큰 도움을 줄 것이다. 교과과정이 준비되어 있다. 이때까지 한국인이 개척하지 못한 지식분야를 열어 줄 것이며, 한국청년의 정신을 고취하는데 큰 도움을 줄 것이다(전택부, 1994, 107-108쪽).

Hullbert의 YMCA 교육부 활동에 대한 자신감과 다르게 초창기 청년회의 교육 사업은 교과서도 마련되지 않아 별다른 성과를 내지 못하였다. 그러나 이상재의 주도적인 노력으로 1907년 본격적인 궤도에 오르게 된다(김명구, 2004). 월남이 제2대 교육부 위원장에 취임하면서 YMCA의 기독교 청년운동과 교육운동은 더욱 활발하게 전개되었으며, 향후 우리나라 사회교육의 중심기관으로 활동할 수 있는 기틀을 마련하는 계기가 되었다. 암울했던 시대에 황성기독교청년회는 교육을 통한 구국운동의 중심에 있었으며, 사농공상의 체제를 탈피한 공업과 상업교육의 실시, 육체를 천시하던 시대에 맞서 각종 선진스포츠의 보급 및 지도를 펼치는 등 시대적 패러다임을 전환하였던 우리나라 최초의 근대적 평생교육기관이었다(조규태, 2006). 이상재를 주축으로 한 YMCA의 교육활동을 분야별로 살펴보면 다음과 같다.

(1) 직업기술교육

1905년 이상재는 YMCA의 제2대 교육부 위원장으로 취임하면서 캐나다인 교육전문가 Gregg를 영입하여 교육 사업을 체계적으로 조직하였다. 실업교육 전문가였던 Gregg는 1906년 설립된 청년학관에서 실업교육 및 학감의 직책을 맡았으며, 회관 건립 전에는 임시 교사를 세워 목공, 대장, 사진, 연공, 기공을 가르쳤고, 신회관이 건립되어 기계실과 전기시설이 구비되면서 캐비넷 제조실, 인쇄실, 양화점을 개설하고, 교실에서 설계와 산수, 성서를 가르쳤다(조규태, 2006).

실업교육과 기술교육의 강조는 기독교계 계통의 교육에서 공통적으로 나타나는 근대교육의 특징이다(강명숙, 2014). 이상재는 이에 적극적으로 동조하여 YMCA를 통해 청년들에게 전문적인 직업기술교육을 장려하였는데, 이는 다음의 두 가지 목적을 가지고 있었다(주재용, 2006). 첫째, 육체노동의 가치를 일깨워주기 위함이다. 이상재의 교육사상은 실학사상에 많은 영향을 받았을 뿐 아니라 박정양과 함께 일본과 미국을 오가며 직업의 중요성을 눈으로 직접 목격한 바 있었다. 이상재가 미국 체류 당시 아들들에게 쓴 편지의 내용을 보면 이때부터 모든 국민이 직업을 가지고 땀 흘려 일하는 것이 나라를 부강하게 하는 길임을 인식하고 있음을 엿볼 수 있다.

> 사람이 살고 있는 데에는 다 각각 사농공상(士農工商)의 네 가지 항업(恒業)이 있는 것인데 만약 이것을 외면하는 자는 항업을 갖지 못하였다고 하는 것으로, 항업을 갖지 못하면 항심이 없는 것이다...(중략)...근일에 있어서 일정한 직업을 갖지 않고 있는 사람들을 보면 유의유식(遊衣遊食)으로 잘하는 짓인 줄만 여겨, 남을 속이어 재물이나 빼앗는 것을 큰 재주로 알고, 제 자신을 상등인물로 자처하여 농업이나 상공업에 종사하는 사람들을 마치

> 제 수하의 사람들을 대하는 것처럼 천시하고 있다...(중략)... 너희들은 반드시 너희들의 역량을 너희들의 마음속에서 자양하여 내 말을 참작하여 부지런히 공부할 수가 있거든 공부를 할 것이며, 농업을 함이 좋겠거든 농업을 할 것이고, 상업이나 공업을 하는 것이 옳겠거든 상업이나 공업을 해도 좋다...(중략)...미국에 도착한 뒤에 물정을 자세히 살펴보니 이곳에도 또한 사민의 구별이 있어서, 만일 한 사람이라도 사민 밖에서 유의식유하는 자가 있으면 난민이라고 해서 절도와 동률로 다스리며, 이런 자가 비록 현직 고관의 자식이라고 해도 조금도 가차없이 처벌되는 까닭으로 국민은 모두 직업을 갖고 있다. 그러므로 나라도 부강한 것이 이 때문인 것이다. (월남이상재선생동상건립위원회, 1986, 369쪽)

둘째, YMCA의 재정자립의 목적이다. 1914년 제1차 세계대전이 일어나고 일제의 무단정치로 인해 YMCA에 대한 탄압이 심해지자 월남은 일제의 노골적인 탄압을 피하는 방법으로 공업과 생활교육에 더욱 치중했다. 또한 공업부에서 생산된 제품을 판매, 배달하고 수리해주는 등의 사업으로 학생들의 임금 뿐 아니라 교사 봉급, 재료값 등 YMCA의 재정을 충당할 수 있었다(전택부, 2000). 공업부에서 생산한 제품들은 의자, 책상, 문짝, 유기파이프, 식탁, 세면대, 그림틀, 책장, 흑판, 안락의자, 사다리, 강대상, 캐비넷, 락커, 기계류, 열쇠, 가구용 철구 등 광범위한 것들이었으며, 인쇄, 사진, 양화, 파이프공사, 보일러 설치, 전기 가설, 전축도 사업에 포함되었다. 공업부에 종사하는 인원들과 판매 매상 역시 급격히 확대되었다(조규태, 2006). 이와 같은 재정의 자립은 곧 독립의지 구현의 자립이었으며(주재용, 2006), 이 자립의 실현이 가능했던 것은 월남의 봉사정신과 직원 및 학생들의 주인정신, 구성원들의 사기 증진을 위한 YMCA 당국의 노력이 결합되었기 때문이다(전택부, 2000).

결국 월남의 이런 노력과 함께 YMCA의 직업기술교육은 한국인의 육체노동에 대한 천시 사상을 혁신하는데 성공하였을 뿐 아니라 일제 탄압의 돌파구가 되었고, 재정적 자립으로 독립의지를 나타내는 등의 성과를 거두었다. YMCA의 직업기술교육이 성공한 원인은 다음의 두 가지에서 찾아볼 수 있다(김희진, 2017). 첫째, 국제교류망과 기금을 바탕으로 공업교육에 적합한 교육환경을 마련할 수 있었던 까닭이다. 둘째, 상업활동과 연결하여 경제적 가치를 창출하고 상업 자체를 또 하나의 교육과정으로 만들었기 때문이다.

물론 1916년 중학과의 폐지 이후에는 일본이 허용한 실업교육만을 실시하는 등 YMCA의 직업기술교육은 식민지 체제에 따른 분명한 한계를 가지고 있었다. 그럼에도 불구하고 월남 이상재가 주축이 된 YMCA의 직업기술교육은 사회경제적으로 지위가 낮은 일반 대중들에 대한 교육기회의 확대, 접근성의 제고, 애국계몽운동을 위한 실업교육의 실천이라는 점에서 깊은 의의를 가진다(김희진, 2017).

(2) 노동야학

직업기술교육의 강조와 함께 월남 이상재는 1910년 일하는 청소년들이 학업을 병행할 수 있는 방법으로 노동야학을 착안하여 이를 확대 강화하였다. 노동야학의 참여 대상은 형편이 어려워 학교교육을 받지 못하고 일터에 있는 청소년들, 담배공장, 직조공장, 구두공장 등 공장 직공들, 회사나 상점의 사환들을 포함하여 오갈 데 없거나 글을 배우고 싶은 청소년들이었다(전택부, 2000).

야학의 인기는 가히 폭발적이어서 1911년 12명으로 시작한 인원이 1915년에는 419명으로 증가하였고, 1914년에는 야학 학생 수가 주간 학생 수를 초월하였다. 당시 YMCA학관의 학과별 학생 수 추이는 다음 〈표 1〉과 같다.

〈표 1〉 YMCA학관의 학과별 학생 수 추이(1909-1915)

	1909년	1910년	1911년	1912년	1913년	1914년	1915년	1916년
중학과 (4년제)	74	91	71	47	41	82	162	폐과
영어,일어, 공예과 등 기타	144	142	178	142	176	338	312	-
소계	218	233	249	289	217	420	474	-
노동 야학	-	-	12	119	195	392	419	-
총학생수	218	233	261	308	412	812	893	710

출처: 김희진(2017), 39쪽에서 인용.

또한 노동야학의 성과에 대해 당시의 외국인 간사인 브로크만(F. M. Brockman)은 다음과 같이 보고한다.

> 노동야학의 지망자가 너무 많아서 입학시험을 치를 수밖에 없었다. 시험을 치른 결과 현재의 498명의 지원자 중 322명만을 합격시킬 수밖에 없었다. 그러므로 재학생 54명을 합하여 총 재학생 수가 376명이 되었다. 합격자 중 274명 내지 292명은 담배공장에서 온 아이들이며, 94명은 노비계급, 15명은 상점의 사환들, 8명은 물지게꾼들, 나머지 8명은 직업 미상의 아이들이었다. 평균 출석률은 352명인데 작년도의 출석률 240명에 비하면 놀라운 발전이다(전택부, 2000, 190쪽).

이처럼 월남 이상재가 착안한 노동야학은 YMCA의 주요 교육내용으로 위치를 차지하고 있다. 이는 교육의 수혜대상을 확대하고 교육 내용을 대중화하는 핵심적인 제도 개편으로서(김희진, 2017), 대중들의 교육적 요구에 부합하는 근대적인 평생교육이었다.

(3) 체육교육

전인적 교육론을 강조한 월남 이상재는 유교사상에 치우쳐 육체를 천시하던 사회적 폐습을 비판하고, 오히려 체(體)는 그릇으로 지와 덕은 체가 완전히 발육한 후에 비로소 그 진가를 발휘한다고 주장하였다(최홍희, 김재우, 2017). 이러한 그의 사상이 녹아든 YMCA의 체육교육활동은 YMCA의 초기 활동부터 두드러졌으며, 무엇보다 독립과 구국을 위한 인재양성의 역할을 하였다는데 그 중요한 의의가 있다(조규태, 2006). 또한 한일합방 이후 일제가 기술로 우위를 과시하려 할 때에 YMCA의 운동부는 민족정신으로 이에 맞서 야구, 농구, 축구, 유도 등을 전국적으로 확산시키며 일본에 대항하는 매개체로서 민족운동의 수단이 되기도 했다(대한체육회, 1987; 이성진, 2001 재인용).

YMCA의 주요 체육프로그램은 회원을 대상으로 근대 스포츠를 지도하는 것이었다. 이상재가 YMCA에 입문하였을 당시에 이미 YMCA에는 초대 총재였던 Gillett의 소개로 야구, 축구, 체조 등의 서양스포츠가 도입되어 있었다. 그러나 이상재는 여기에 한국 고유의 스포츠를 더하여 검술과 유술을 특히 강조하였다(최홍희 · 김재우, 2017). 유술, 즉 우리나라 유도는 월남 이상재에 의하여 황성기독교청년회에서 유술부가 시작된 것으로 다분히 민족주의 운동의 일환으로 시작되었다. 1909년 유술부를 창설할 때 월남은 을사조약 이후 군대가 해산된 상황에서 "여기에서 장사 백 명만 양성하자"는 의미심장한 말을 한 바 있다(천광노, 2011). 이후 일본에서 유도를 연마한 나수영을 사범으로 영입한 후 유술부에서는 많은 훌륭한 제자들이 배출되었고, 청년들의 체육활동을 통한 활기찬 분위기는 "깨끗한 영혼, 튼튼한 몸, 올바른 슬기 가꾸어 나라를 살리자, 나라를 구하자"는 청년의 찬가가 울려 퍼지게 하였다(전택부, 2000). 일본의 유도가 군국주의적 사상을 배경으로 하여 무력 우위의 풍토 속에서 성장 발전한 것과 다르게 한국의 유도는 유도가 갖는 자기완성, 자타공영, 정력선용의 기본적 사상을 한민족 자강의 한 수단으로 받아들였던 것이다(이성진, 2001).

또한 이상재는 구한국 출신인 이필주, 이하종 등을 교관으로 영입하여 학관 청년들에게 군사훈련을 실시하였는데 이는 열강의 위협에 대항하고 주권 확보를 위해 노력하였던 이상재의 모습을 엿볼 수 있는 대목이다(최홍희 · 김재우, 2017). 뿐만 아니라 이상재는 야구단을 창설하고 직접 시구하는 등 체육활동을 장려하였고, 청년들과 어울려 셔플보드 선수로 활약하기도 하였다(강명숙, 2014). 이상재는 이처럼 YMCA 활동을 통해 체육교육을 적극적으로 추진하였는데 그 결과 서울YMCA는 1916년에 우리나라 최초의 실내체육관을 준공하였으며, 이즈음 800여명의 여러 계층인사들이 등록하여 체육활동에 참여하였을 뿐 아니라 매주 평균 1400여명이 체육관에 출석하는 등 민족훈련 기구로서 그 면모를 드러내었다(조규태, 2006). 당시의 YMCA 체육활동의 참여 현황을 살펴보면 다음 〈표 2〉와 같다.

〈표 2〉 YMCA 체육활동 현황(1914)

	축구	야구	농구	배구	체조	유도	지도자 훈련
집회 수	41	75	27	69	83	196	11
참가자 수	1,145	1,575	439	1,871	4,321	2,627	36

출처: 이성진(2001), 165쪽의 표 인용.

(4) 민중계몽을 위한 다양한 활동 - 강연회, 토론회, 음악회, 환등회

YMCA는 만남과 교류의 장이었을 뿐 아니라 토론과 논단의 장소였다. YMCA의 강연회와 토론회는 기독교 선교와 교육의 활동 뿐 아니라 각계각층의 인사들을 초청하여 다양한 이념과 사상을 논하는 공개논단의 장이 되었

다. 조규태(2006)는 YMCA의 평생교육 활동을 소개하며 YMCA의 강연회를 거쳐 간 다양한 사람들을 다음과 같이 소개한다.

> 수많은 선교사들이 여기에서 특수 선교의 차원을 개척하여 나갔고, 이준과 같은 애국자가 연설하였는가 하면, 친일철학자 라드(G. T. Ladd)가 연설한 일이 있고, 일본의 관영 'The Seoul Press'의 사장 쯔모도나 한국경제침탈의 원흉 메가다가 통변한 일도 있다. 때로는 한국을 스쳐가는 세계의 저명인사들이 역시 이 논단에 섰다가 가는 것이 상례로 된 일이 있었다. 영국의 저명한 정치가 세실공(Cecil of Chelwood)이나 미국의 정치가 브리안(W. J. Bryan) 그리고 물론 존 모트(J. R. Mott)를 비롯한 동서양의 YMCA 인사들, 그리고 알렌(H. N. Allen)이나 모간(E. V. Morgan), 하야시, 조단(J. N. Jordan), 우첨청, 이토오와 같은 외교 정치가들이 지나갔다(조규태, 2006, 172쪽).

월남 역시 교육 강연에 열심이었다. 당시 이상재의 강연 활동에 대해 Gregg는 "토론회 37회, 강연회 83회에 매번 300 내지 400명의 시민들이 강당을 채웠다"고 보고하였으며, "YMCA의 강연회와 토론회는 미국을 포함한 다른 곳에서도 찾아볼 수 없는 것"이라고 기록한다(Gregg, 1907; 김명구, 2007 재인용). 기독교의 윤리와 도덕을 기초로 개인의 심성을 개발하여 근대적 책임시민의식을 함양시키고자 하였던 이상재의 교육 사상은 그가 강연을 통해 민족에게 외치고자 하였던 정신적 계몽의 내용이었다.

강연과 토론 외에도 친교 형식의 환등회, 음악회 등 역시 근대 민중계몽을 위한 다양한 활동으로 자리 잡았다. YMCA는 창립초기부터 음악을 강의, 지도하는 교육활동을 펼쳤는데 이는 후에 김형준, 김활란, 임배세, 박인덕, 윤심성, 윤성덕, 윤기성, 독고선, 모리스 선교사, 김합라, 홍난파, 한기주, 이화합창단 등 음악인들의 활발한 연주활동의 모태가 되었다. 이들이 주로 활동하였던 연주회는 YMCA의 친교부 주최로 자주 개최되었으며 수백 명의 사람들이 관람하는 획기적이고 큰 행사였다(조규태, 2006). 이상재가 이러한 음악회를 자주 개최하고자 했던 것은 조선 민족에게 문화적인 역량을 심어주고자 함이었다. 이상재는 음악회를 통해 대중들이 다른 나라의 예술 문화를 접하고 익히게 함으로써 우리 문화와 예술의 발전을 꾀하고자 하였고, 우리 고유의 정서를 드러낼 수 있는 음악도 함께 함으로써 살기 힘든 시대라도 민중들이 우리의 음악으로 흥과 즐거움을 누릴 수 있기를 바랐다(구인환, 2005).

오늘날 극장에서의 영화 상영과 유사한 환등회 역시 민중을 계몽시키는 좋은 교육 수단이었다. 오랜 기간 폐쇄적이었던 조선 사회에서 민중들이 다른 나라의 문화에 대해 알 수 있었던 것은 일본을 통해 알려진 것뿐이었다. 그러나 청년회는 유럽 각국의 문화와 예술, 생활 모습을 담은 영상을 대중에게 상영함으로써 외국의 다양한 문화와 전통을 알리는데 힘썼고 이를 통해 국민들이 세계적인 시각을 갖도록 하였다(구인호나, 2005). 이 외에도 YMCA가 주최한 크고 작은 간친회, 오락회 형식의 친교 모임은 한국 사회에서의 새로유 문화를 만들어 가고 있었다(조규태, 2006).

3) 월남 이상재의 민립대학설립운동

월남 이상재의 항일성인교육운동은 YMCA 활동 외에도 조선교육협회, 민립대학설립운동과 같은 사회운동의 방식으로 전개되었다. 3·1운동 이후 월남은 보다 체계적이고 효과적인 민족교육사업을 전개하기 위하여 국내 각계 유지 91명을 발기인을 하여 조선교육협회를 창립하고 협회의 회장으로 추대되어 본격적인 교육 사업을 시작하였다. 조선교육협회의 창설 당시 사업의 목적은 한국인의 급무가 교육임을 계몽하고 교육에 관한 모든 문제를 해결하는 것이었으며, 사업의 내용은 교육에 관한 조사연구, 교육잡지 발행, 교육공로자 표창, 도서관 경영, 기타 교육 보급에 필요한 사항 등이었다(강명숙, 2014).이 중 조선교육협회가 해결해야 할 시급한 문제로 대두된 것이 일제에 의한 고등교육기회의 박탈이었다(이현희, 2006). 김명구(2004)는 조선교육협회에서 결의된 '조선민립종합대학 설립'은 3 · 1운동이 가져다 준 자신감에서 비롯된 것으로, 첫째, 한국이 자유와 정의를 표방하는 독립국이 될 수 있다는 희망과 우리의 문화나 민력이 이것을 감당하기에 충분하다는 인식의 표출이었으며, 둘째, 민족정신과 민족의 단결을 공고히 하려는 바램의 표현이었다고 분석한다.

이를 통해 이상재의 민족교육사상은 더욱 집약적으로 나타나게 되었다. 그는 민족의 자립과 독립의 기초는 교육이며, 백성들의 지적 수준을 높이는 것만이 유일한 방법이라고 생각했으며, 결국 '정치, 외교, 산업' 등 모든 것보다 기초가 되는 것이 교육이요, 교육이야말로 조선의 운명을 결정짓는 중요한 잣대라고 생각하였다(구인환, 2005). 이는 1923년 3월 YMCA 회관에서 열린 조선민립대학기성회의 발기 총회에서 발표된 다음의 취지문에서 살펴볼 수 있다.

> 오인의 운명을 여하히 개척할까? 정치냐, 외교냐, 산업이냐, 물론 차등사(此等事)가 모두 필요하도다. 그러나 기초가 되고 요건이 되며 가장 급무가 되고 가장 선결의 필요가 있으며 가장 힘 있고 가장 필요한 수단은 교육이 아니면 불능하도다. 하고(何故)오 하면 알고야 동(動)할 것이며, 안 연후여야 정치나 외교도 가히 써 발달케 할 것이다. 알지 못하고 어찌 사업의 작위

> 와 성공을 기대하리요?...(중략)...그런데 만근(輓近) 수삼 면 이래로 각지에 향학이 울연히 발흥되어 학교의 설립과 교육의 시설이 파(頗) 가관(可觀)할 것이 다(多)함은 실로 오인의 고귀한 자각으로써 생래(生來)한 것이다. 일체로 서로 경하할 일이나, 그러나 유감 되는 것은 우리에게 아직도 대학이 무(無)한 일이다. 그러므로 오등은 자에 감(感)한 바 유하여 감히 만 천하 동포에게 향하여 민립대학의 설립을 제창하노니, 형제자매는 내(來)하여 찬(贊)하며 진(進)하여 성(成)하라(구인환, 2005, 195-196쪽).

초기 조선교육협회의 활동에 대해 언론은 조선교육협회가 일제의 간섭 및 통제로 활동 없이 유명무실한 명망가들의 집합소로 그칠까 우려하였다. 그러나 창립 후 10년 간 이상재의 지도 아래 조선교육협회는 민립대학설립운동 주도, 50여회의 전국 순회강연, 『노동독본』 등의 책자 간행, 고학생 숙소 운영 등 활발한 활동을 하였다(강명숙, 2014). 특히 조선인들의 열망을 대변했던 민립대학설립운동은 총 사업비 1,000만 원 모금을 위해 단계별 계획을 수립하였을 뿐 아니라 만주와 하와이 등 해외 지방부를 포함하여 전국 1백여 개의 지방부를 조직하고 모금운동을 전개해 나갔다(전택부, 2000).

그러나 민립대학설립운동은 조직적이고 거국적이었음에도 불구하고 일제의 방해로 결국 무산되었다. 일본은 조선교육협회에 일본 내에 있는 분교로 민립대학을 설치하자고 건의하였고, 후에는 한국인들만을 위한 학교가 아닌 일선공학제(日鮮共學制)를 제안하였다. 그러나 조선교육협회가 이를 거부하고 민립대학설립추진을 강행하자 1922년 2월 교육령을 개정하여 관립대학인 경성제국대학령을 공포하고 민립대학을 위한 기금 모금을 방해하는 등 압력을 가하였다(김명구, 2004).

하지만 "저들이 물러가면 저들이 세운 관립대학이 곧 우리 것이 될 것이다"

라는 이상재의 예언처럼 해방 후 경성제국대학은 민족 최고의 학부로 거듭나는 바탕이 되었고, 민립대학 설립을 위해 모은 기금은 오늘날 고려대학교의 전신인 보성전문학교에 전해져 우리나라 고등교육 발전의 거름이 되었다(강명숙, 2014).

4. 월남 이상재의 온정적 합리주의 리더십

앞서 살펴본 바와 같이 이상재는 민족의 독립과 국가의 부흥을 위하여 교육의 중요성을 역설하고 성인교육활동을 앞장서서 전개해왔던 교육사상가이며 실천가였다. 그러나 오늘날 월남의 업적은 단순히 독립운동가와 교육자로서의 모습으로만이 아닌 '민족의 등불'로서의 역할을 감당한 민족의 위대한 지도자의 모습으로 평가된다. 암울한 시대에 등불이 되어 민족에게 희망을 외치던 지도자로서, 민족의 화합을 도모하며 독립을 위한 민족운동을 이끌었던 장본인으로서 월남 이상재의 리더십은 희망을 잃고 방황하는 오늘날의 청년들과 아직까지 갈등과 분열을 해결하지 못한 이 민족을 생각할 때 분명 주목할 만한 가치가 있다.

무엇보다 이상재는 조선 말기와 일제 강점기의 급변하는 소용돌이 속에서 매일같이 부딪히는 문제들을 이성과 논리로 지혜롭게 해결해나갔던 합리적인 리더였을 뿐 아니라, 나라 잃은 동포들의 애환을 마치 부모 잃은 형제자매 보듯 하며 그 아픔을 함께 우는 눈물 뿐 아니라 해학으로 보듬어 갔던 따뜻한 감성의 온정적인 리더였다. 이에 YMCA 이사였던 Avison은 월남 이상재를 "조선의 거인(Grand man of Korea)"으로 칭하며 "선생의 강화가 널리 미치는 비결은 성실하심과 지혜로우심과 정직하심과 두려움이 없으신 외에, 군중에게 유쾌를 주심이라"고 그의 리더십을 평한 바 있다(전택부, 2000).

이처럼 따뜻한 감성과 차가운 이성을 고루 겸비한 온정적 합리주의 리더로서의 월남의 모습은 그의 생애와 사상, 활동들 곳곳에서 구체적으로 드러난다. 온정적 합리주의 리더십은 온정적인 측면의 4개 요인(포용적 겸손, 공감적 배려, 이타적 협력, 신뢰기반 임파워먼트)과 합리적인 측면의 4개 요인(이성적 상황판단, 논리적 문제해결, 전략적 예측, 최적화 수행관리)으로 구성되어 있다(최은수, 2011). 여기에서는 월남 이상재의 민족의 화합을 주도하며 헌신했던 온정적인 측면과 민족의 선각자와 선구자로서 민족이 나아가야 할 방향을 제시하고 당면한 문제들을 해결해 나갔던 합리적인 측면에 주목하여 '포용적 겸손'과 '전략적 예측'의 측면을 중점으로 이상재의 온정적 합리주의 리더십을 논하고자 한다.

1) 월남 이상재의 온정주의 리더십 : '포용적 겸손'의 리더

'포용적 겸손'이란 리더의 성찰과 피드백에 대한 겸허한 자세, 경청과 긍정적 수용을 포함하는 개념으로 "자신의 생각과 행동에 대해 성찰적인 관점을 지니며, 다른 사람들의 비판적인 피드백에도 겸허한 자세를 가지고 상대방의 여러 의견을 경청하면서 긍정적으로 수용하는 리더십"으로 정의된다(최은수, 2014, 221쪽). '포용'의 수준에 있는 리더는 좋고 나쁨, 옳고 그름에 관심을 두기보다 문제해결에 집중하며 다양성과 차이를 존중한다. 이러한 포용의 마음이 수반되어 다른 사람들의 인격과 권리를 존중하고 평등의 가치를 중요시하는 최상의 겸손이 발현될 수 있으며, 이와 같은 포용적 겸손이야 말로 온정적 합리주의 리더십이 실현될 수 있는 바탕이 된다(최은수 외, 2018).

월남 이상재는 종교나 사상 혹은 계급이나 나이 등과 아무런 상관없이 모든 우리 민족의 스승으로 추앙받았던 인물로 그의 인격과 인품은 모든 사람들을 포용하는 구심점이 되었다(유재천, 1986). 즉 월남 이상재는 종교와 사상, 문화가 가진 다양성의 가치를 인정하고 이를 겸허하게 수용하는 포용적 겸손의 리더십을 발휘함으로써 연령과 계급, 종교와 사상을 넘어선 민족의 진정한 스승이 될 수 있었던 것이다.

월남은 양반으로 태어나 한평생 유교의 가르침과 관행에 따라 삶을 꾸린 인물이었다. 또한 그는 미국에서도 우리의 전통 옷을 입고 활보할 만큼 '우리 것'에 대한 자부심이 대단했던 인물이었다(박정신, 2006). 그러나 박정양과 함께 일본과 미국을 동행하며 새로운 사상과 문화를 접한 이상재는 자신과 박정양이 계승한 북학파의 이상적 세계관을 발견하였고 자신이 불변으로 여기는 '동도(東道)'를 지키면서도 서양의 제도와 체제를 조선에 접목시키고자 하였다. 이처럼 성찰을 통해 다양성을 긍정적으로 수용하는 포용적 겸손의 모습은 이상재가 미국에서 돌아와 박정양과 함께 근대교육제도 개혁을 주도하면서 실업을 학문적 위치로 부각시키고 신분철폐와 기회균등이라는 민권의식을 심어주는 공헌을 하게 된 바탕이 되었다(유준기, 2006).

월남이 실천한 포용적 겸손의 리더십은 독립협회 시절 만민공동회 활동을 통해서도 잘 드러난다. 독립협회는 만민공동회를 통해 정치개혁운동을 다수 국민들의 합의와 협력으로 추진하고자 하였다. 정부 고관들로부터 각 사회단체, 학교 학생, 일반시민, 상인, 그리고 맹인과 백정 같은 천민들까지 참가하여 때로 관민공동회가 되기도 하고 만민공동회가 되기도 하였던 이 대중집회는 역사상 처음 있는 각계각층의 대중집회였다. 그 이전까지 양반, 천민, 남자, 여자를 막론하고 모이는 모임은 존재하지 않았던 것이다(구인환, 2005). 당시 조선 사회에서 인간 이하의 취급을 받았던 백정이 수천 명의 사람들 앞에 등단하여 "오늘 같은 판국에서 이국(利國)하고 편민(便民)하는 방법은 관민이 합하고 협력하여야만 오로지 가능하다고 확신합니다."라고 외치고, 청중들은 그에게 우레와 같은 박수갈채를 보냈던 혁신적인 집회였다(천광노, 2011). 또한 역사상 최초의 민주적인 회의 방법으로 연사의 제안을 듣고 사회자의 진행에 따라 Yes와 No를 결정했던 획기적인 집회였다. 여기에서 이상재는 정부의 고위 관료이며 동시에 독립협회의 주축으로서 주로 이 집회를 이끌고 의견을 조율하는 사회를 맡았으며, 야전사령관의 역할을 담당했다(전택부, 2000).

우리 민족의 사상적 분열 앞에서 진정한 평화와 화합을 이루고자 했던 이상재의 모습 역시 포용적 겸손을 실천한 진정한 리더의 모습이었다. 월남 이상재는 '청년이여'라는 글을 통하여 첫째, 민족주의는 곧 사회주의의 근원이요, 사회주의는 즉 민족주의의 지류(枝流)라는 관점과 둘째, 무슨 주의든지 편집(偏執)한 국견(局見)에서 탈각(脫却)하라는 충고를 피력한 바 있다. 유재천(1986)은 바로 이러한 월남의 생각이 다음과 같은 그의 화평에 대한 신념과 결합되어 사상적, 계급적 포용력을 이루는 기초가 되고, 그것의 발현이 인품을 이룬다고 이야기한다.

> 천하만사가 화평이 아니고는 하나도 될 수 없나니라. 진정한 화평이란 무엇인가. 첫째, 인애요, 둘째, 용서이니. 화평의 효과를 논하건대 인(人)과 인(人)이 화평하여야 단합이 될지니 분리하면 약하고 단합하면 강하여 그 능력을 권위도 세력도 금전도 명예도 감히 저항치 못할지요, 권위, 세력, 금전, 명예를 능히 취사(取使)할 줄 사(思)하노니, 우리 민족은 분쟁치 말지어다. 단결할지어다. 단결력을 조출(造出)하는 진평화(眞平和)를 각 개인이 면력(勉力)할지어다.(유재천, 1986, 117쪽)

이와 같은 사상 아래 월남 이상재는 조선일보 사장직을 수락할 때에도 동아일보와 경쟁하지 않고 협력할 것을 조건으로 내세웠으며, 조선일보 사장으로서 그 리더십을 발휘하여 민족진영과 사회주의진영 기자들의 공존과 조선기자대회에서의 좌우익세력의 갈등을 수습하였다. 그의 이러한 리더십은 결국 민족 유일당인 신간회의 대표로 추대되는 바탕이 되었다.

기독교인으로서 그가 발휘한 포용적 겸손의 리더십 역시 괄목할만한 부분이다. 이상재는 기독교인으로 개종하면서도 기존의 신진 유학의 사상을 거부하거나 포기한 것이 아니라 그 사상의 긍정적 가르침을 유지한 채 기독교의 신앙을 구현하려 했다(김명구, 2006). 이는 부모에 대한 제사가 우상숭배인가 하는 문제에 대해 그가 밝힌 아래와 같은 소견에서도 잘 나타난다. 그는 부모의 제사를 지내는 것이 부모를 공경하고 사모하는 마음에서 비롯된 것이면 이는 우상숭배가 아닌 효성에서 나오는 것이라 보고 묵은 생각과 새로운 생각이 충돌되는 이 시대에 기독교인들이 제사를 지내지 않는 이유로 내쫓기거나 제사를 지낸다고 비기독교인을 내쫓는 것은 옳지 않다고 지적하였다.

> 생각건데 야소교인으로 부모의 제사를 지내는 것이 옳으냐, 안 지내는 것이 옳으냐 하는 데 대해서는 매우 큰 생각거리가 될 지라. 사람마다 이론이 다 다르겠으나 내 생각 같아서는 부모의 상식이나 제사를 지낸다고 내쫓을 구실도 없을 것이요, 만일 돌아가신 부모를 기리며 사모하는 생각으로 행한다 할진대 자기는 결코 반대할 필요가 없을까 하오 (전택부, 2000, 243쪽).

뿐만 아니라 「종교계를 위하여」라는 글을 통해 타종교를 헐뜯지 말고 독선과 배타적인 마음을 버리고 넓고 큰마음, 즉 한마음을 가져야 한다고 주장하였다(전택부, 2000). 이처럼 일생을 두고 월남이 보여준 포용적 겸손의 리더십은 종교, 사상, 지위고하를 막론하고 모든 국민과 외국인들에게까지 존경의 대상이 될 수 있었던 밑바탕이었다.

포용적 겸손의 실천은 자신에 대한 끊임없는 성찰에서 나온다. 포용적 겸손의 리더는 자신에 대한 정확한 이해에 기초해 자신의 능력과 성취에 대한 공정한 시각을 지니며 자신의 실수와 한계를 인정한다. 그들은 자신을 보잘 것 없이 여기는 것이 아닌 자연스러운 겸허함을 지닌 리더이다(최은수 외, 2018). 월남은 "우리 인생이 인생다운 진정한 인생 노릇을 하려면 먼저 자기의 '나'를 알아야 한다. '나'를 알려면 '나'를 구하여야 하겠고, '나'를 구하려면 '나'가 무엇인지를 알아야 하겠도다"라고 하였다(전택부, 2000). 우리는 여기에서 월남의 포용적 겸손의 리더십이 발휘될 수 있었던 근본적 힘을 발견할 수 있다. 월남은 끊임없는 자신에 대한 성찰과 흐르는 물과 같은 겸허함을 소유함으로써 교만이나 독선, 혹은 거짓 겸손에 휩쓸리지 않고 진정한 포용적 겸손의 리더십을 실천할 수 있었던 것이다.

2) 월남 이상재의 합리주의 리더십 : '전략적 예측'의 리더

온정적 합리주의 리더십의 구성요인 중 '전략적 예측'의 개념은 "장기적인 관점으로 문제를 보고, 이를 바탕으로 불확실한 미래의 변화를 치밀히 예측하며, 선택과 집중을 사용하여 실현가능한 전략적 목표를 계획하는 것"으로 정의된다(최은수, 2014, 221쪽). 조직의 리더는 미래의 불확실성에 대응하여 예리한 판단력으로 상황을 파악해야 하며, 이를 기반으로 단순한 목표 달성 수단 뿐 아니라 비전이나 전략적 목표와 같이 조직이 나아갈 방향을 설정하여야 한다(최은수 외, 2018). 이러한 관점에서 월남 이상재가 발휘한 전략적 예측의 리더십은 다음과 같은 사례들을 통해 논의될 수 있다.

이상재는 박정양과 함께 일본과 미국의 발전된 제도와 기술을 눈으로 직접 확인한 후 기술 문명을 도입해야 할 필요성을 절감하였으나 그것이 나라를 부강하게 하는 근본적 힘이 아니며, 정신의 올바름이 이루어져야 진정한 나라의 부강이 이루어질 수 있다는 장기적인 안목을 가지고 있었다. 이는 서구의 물질문명만을 선으로 여기고 근본적인 도덕성은 추구하지 않았던 일본의 모습에 반대하는 것으로 월남은 진정한 힘의 원리를 무시한 채 외형적인 힘만을 추구하는 것은 결국 파멸할 것이라고 확신하였다(김명구, 2006).

그의 이러한 확신은 다음의 유명한 일화에서도 나타난다. 어느 날 일본은 조선의 명사라는 사람들을 모아 일본 시찰단을 강제 조직하고 자신들의 힘을 과시하기 위하여 도쿄의 병기창을 방문하게 한 후 그 날 저녁 연회에서 각자의 소감을 말하도록 하였다. 이 자리에서 월남 이상재는 "오늘 동양에서 제일 큰 도쿄의 병기창을 보니 과연 일본이 동양의 강국임을 알게 되었소. 그런데 한 가지 걱정은 성경에 칼로 일어선 자는 칼로써 망한다고 하였으니 다만 그것이 걱정이오."라고 말하였다. 결국 이 예언은 일본의 패전으로 적중하였다(월남이상재동상건립위원회, 1986, 233쪽).

이와 같은 예측에 따라 월남이 세운 전략적 목표는 앞서 설명한 월남의 교육사상과 활동에서 찾아볼 수 있다. 월남은 우리 민족의 살 길은 오직 교육에 있으며, 이는 단순한 지식과 기술의 습득이 아닌 내면적인 도덕심을 기초로 정신적인 올바름이 선행되어야 한다고 주장하고, 이를 강연 및 다양한 교육사업의 추진으로 실천하였다. 월남의 이러한 생각은 일찍이 미국에서 아들에게 보낸 편지를 통해서도 알 수 있는데 이 편지에서 월남은 "내가 세계 정세를 살피건데, 부강과 이익을 추구하여 사람의 눈과 귀를 어둡게 하니, 마음가짐이 든든하고 도리에 밝게 통하지 아니하면 그들의 손아귀에 떨어지고 말 것이다(월남이상재동상건립위원회, 1986, 366쪽).”라고 말하며 부지런히 독서하여 진리를 탐구함으로써 마음을 굳게 할 것을 권고한다.

뿐만 아니라 그의 전략은 치밀하고 계획적이어서 문제의 핵심을 파악하고 이를 타개할 수 있는 창의적인 전략을 구사했다. YMCA의 교육부 위원장으로 재임할 당시 YMCA 조직과 사업을 체계적으로 정비해나가며 YMCA를 통한 사회교육운동의 기틀을 마련했으며, 일제가 YMCA의 교육을 방해하며 압박을 가했을 때 일제의 탄압을 피할 수 있는 방법으로 일제가 노골적으로 간섭할 수 없는 직업교육과 체육교육에 중점을 두는 전략을 구사하기도 하였다. 이른바 105인 사건을 통해 일제가 YMCA의 박멸을 시도하여 YMCA의 존폐의 위기가 닥쳤을 때에도 총무로 추대된 이상재는 유신회 일파가 제거되고 한국인이 외국인보다 더 많은 비중으로 구성된 이사회를 새롭게 조직하고 ‘조선기독교청년회 연합회’를 조직하는 등 조직개편과 적극적인 연합세력을 구축하는 전략을 사용하여 YMCA에 활기를 불어넣었다.

민립대학설립운동을 추진할 때의 이상재의 리더십 역시 전략적 예측의 리더로서의 면모를 보이고 있다. 월남은 문예부흥과 종교개혁, 정치혁명, 산업혁명, 교통과 법률, 의약과 상공업 모두가 대학에서 발하는 것으로 보고 문화의 창조와 향상을 기도하기 위해 민립대학의 설립이 필요하다고 주창하였다. 월남은 이를 추진하기 위한 전략으로 총 3단계 사업을 계획하였는데, 제1단계 사업은 자본금 400만 원으로 대지 5만평에다 교사를 지어 법과, 문과, 경제과, 이과 등 4과를 두는 것이며, 제2단계 사업은 자본금 300만 원으로 공과를 두고 제3단계 사업은 300만으로 의과를 두는 것이다(전택부, 2000). 물론 민립대학설립운동은 결국 무산되었으나 “우리에게 절대 대학을 만들어주지 않았을 일본이 우리가 민립대학을 세우지 못하도록 선수를 쳐서 대학을 만들었으니 경성제국대학은 결국 우리의 대학이 될 것이다”라는 그의 예측은 적중하였다.

무엇보다 장기적 안목으로 전략적 예측을 발휘한 그의 리더십은 3 · 1운동의 기획자로서의 모습에서 잘 나타난다. 이상재는 천도교, 기독교, 불교계 인사들이 회동하여 3 · 1운동 독립선언문 발표를 준비할 때 앞장서서 참가하지도 않았으며, 민족대표로 이름을 올리지도 않았다. 이에 일부 비판적인 사람들은 3 · 1운동에서의 이상재의 역할에 의문을 제기한다(강명숙, 2014). 그러나 변영로는 월남 이상재의 비문에 다음과 같이 3 · 1운동의 기획자로서의 이상재의 역할을 분명히 기술한다.

> 그 중에 특기할 것은 3 · 1운동의 방법을 지정한 것이다. 다수인이 한결같이 살육을 주장했으나 오직 선생은 살육하느니보다 우리가 죽기로 항거하여 대의를 세움만 같지 못하다 제의하시었다. 그리하여 무저항 비폭력의 혁명운동이 처음으로 전개되어 인류 역사상 우리가 영광스러운 사적을 가지게 되었던 것이다(전택부, 2000, 214쪽).

뿐만 아니라 전택부(2000)는 3 · 1운동의 민족대표들이 검찰에게 진술한 내용들을 토대로 월남이 민족대표에 이름을 올리지 않고 3 · 1운동에 전면적으로 나서지 않았던 것은 이상재가 3 · 1운동 후 뒷수습을 맡고 일본과 담판을 지을 수 있는 역할을 감당하기 위해서였음을 밝히고 있다. 이는 1957년 함태영의 추념사에서 정확히 표현된다.

> 이 운동의 결과로 일시에 많은 지도자를 잃게 되는 경우 그 뒤를 이어 뒷수습을 하고 새로이 민족운동을 조직하고 이끌어 갈 지도자로 월남 선생이 남아 있어야 한다는데 우리는 합의함으로써 이옹은 3 · 1운동의 일선에는

직접 나서지 않게 되었습니다(전택부, 2000, 218쪽).

월남이 일생을 두고 보여 준 기개와 헌신의 모습을 살펴볼 때, 그가 위험을 피하기 위해 3 · 1운동에 참여하지 않았다는 것은 납득하기 어렵다. 오히려 월남에 대한 진술들을 통해 전택부(2000)가 설명하였듯 이상재는 장기적인 안목으로 비폭력과 무저항의 3 · 1운동 방법을 기획하고 제시하였을 뿐 아니라, 이를 통해 벌어질 이후의 문제들을 예측하였으며, 이를 해결하기 위해 자신이 일선에 나서기보다 후일을 맡는 것이 적합하다고 판단하였던 것이다. 또한 이처럼 그가 전략적 예측의 리더십 역량을 발휘할 수 있었던 것은 그가 가지고 있었던 이성적으로 상황을 판단하는 능력, 논리적으로 문제를 해결하는 능력, 그리고 보유한 자원을 활용하여 최적의 수행을 이끌어내는 능력 등 합리적인 측면의 다른 리더십 요인들이 기반이 되었음은 물론이다.

5. 맺음말

월남 이상재의 시대는 우리 민족의 역사에서 잊을 수 없는 아픔의 시대였다. 나라의 힘없음으로 국민이 겪은 수모는 이루 말할 수 없었다. 부모 잃은 자식과 같고, 갈 곳 없이 방황하는 그 시대의 민중들에게 월남 이상재는 희망의 등불이며 겨레의 스승이었다. 나라와 민족을 향한 그의 사랑은 '조선심'으로 표현되기도 하고, '일심', 즉 '한마음'으로 표현되기도 한다. 그는 이 마음을 하나님께서 그에게 주신 사명으로 받아 일생을 나라와 민족을 위해 헌신하며 시대적 소명을 실천한 리더였다.

이를 위해 그는 교육을 통해 민중을 계몽하는데 앞장섰으며, 단순히 지식과 기술을 습득하여 외형적인 힘을 갖출 것이 아니라 도덕과 윤리로 정신을 올바르게 하여야 그 힘을 온전히 사용할 수 있다고 가르쳤다. 그의 교육사상은 서구문물의 무분별한 수용이나 배척이 아니었으며, 각각이 가진 고유의 문화적 가치를 인정하고 우리가 가진 문화와 정신에 기초하여 지 · 덕 · 체를 훈련하는 전인교육의 사상이었다. 이에 그는 평생교육의 선각자로서 직업기술과 체육, 음악활동, 토론과 강연 등의 각종 교육 사업에 힘써 나라의 인재를 양성하고, 궁극적으로 민족의 독립을 꾀하고자 하였다.

또한 그는 갈등과 분열을 반복하는 민족의 모습을 통탄하며 한 마음으로 한 뜻을 이룰 것을 누차 강조하였다. 이러한 그의 평생의 노력은 그가 세상을 떠난 뒤 지금까지도 모든 사람들에게 존경받았던 민족의 지도자로 그를 기억되게 하였다. 그가 '경애'하였던 청년과 같이 일평생 미래를 생각하며 항상 배우는 자세로 살았던 그의 리더십은 '온정적 합리주의 리더십'의 본보기라 할 수 있다. 월남은 이성적이고 냉철한 판단으로 문제를 해결해 나갔을 뿐 아니라 장기적인 안목으로 미래를 내다보며 치밀하게 전략을 세워 추진하였던 합리적인 리더였다. 또한 따뜻한 면모로 민족의 아픔을 이해하고 보듬어 나가며, 겸손한 자기 성찰로 모든 이들의 가치와 다양성을 존중하면서 포용을 실천해나갔던 온정적 리더이기도 하였다. 이처럼 냉철하면서도 따뜻한 그의 온정적 합리주의 리더십은 분열된 민족의 마음을 하나로 결집시키고 민족이 나아갈 방향을 제시하였을 뿐 아니라 모두가 일어서 움직이도록 만든 원동력이 되었다.

오늘날 우리의 시대는 어떠한가. 월남이 우려하였듯 도덕성은 상실된 채 물질문명만을 추구하는 시대, 청년들이 희망을 잃고 낙심하며 세상을 비관하는 시대, 그저 '다름'을 이유로 갈등과 반목을 거듭하는 시대는 아닌지 묻고 싶다. 4차 산업혁명시대의 도래와 함께 평생학습은 점차 생존의 필수적인 요소가 되고 있다. 이에 전 세계적으로 강조되는 성인교육의 방향은 끊임없는 지식과 기술의 습득, 그리고 이를 가능하게 하는 평생학습역량 강화에 있음이 사실이다. 그러나 월남이 주창하였던 성인교육의 정신을 생각할 때에 내면의 도덕성을 잃어버린 채 배우는 방법만을 학습하고 기계적인 지식과 기술을 습득하는 것은 그가 꼬집었듯 '칼로 흥하여 칼로 망하는 것'과 다를 바 없다. 결국 월남이 추구한 교육의 목표인 인간성의 회복과 전인교육의 실현은 오늘날의 성인교육에서도 놓칠 수 없는 중요한 목표가 되어야 한다.

또한 우리의 시대야말로 월남 이상재와 같이 시대적 소명을 가지고 온정적 합리주의 리더십을 발휘하는 진정한 리더상이 필요한 때이다. 우리는 이전보다 더욱 예측하기 어렵고 복잡 다양한 시대를 살아가고 있다. 결국 우리는 정의와 평등의 가치를 실현하며 효율성과 효과성을 동시에 추구할 수 있는 새로운 리더십의 패러다임이 필요하다. 이러한 측면에서 월남 이상재는 온정과 합리의 가치를 균형 있게 추구하며, 온정적 합리주의 리더십을 여러 방면을 통해 실천한 리더로 볼 수 있다. 우리는 모두 리더가 될 가능성과 잠재력을 가지고 있으며, 이미 자신의 삶을 이끌어가는 리더이다. 그러므로 이제 우리의 과제는 월남이 실천한 교육적 사상과 그의 리더십을 본받아 끊임없이 배우고 성찰함을 통해 외연적인 힘 뿐 아니라 내면적인 힘을 갖춘 진정한 리더로 성장하고자 정진하는 데 있을 것이다.

참고문헌

강명숙(2014). 『겨레의 시민사회 운동가. 이상재』. 서울: 역사공간.

구인환(2005). 『지지 않는 청년의 등불 이상재』. 서울: 푸른사상.

월남이상재동상건립위원회(1986). 『월남이상재연구』. 서울: 로출판.

전택부(1994). 『한국기독교청년회운동사』. 서울: 범우사.

전택부(2000). 『월남 이상재의 삶과 한마음 정신』. 서울; 조선일보사, 월남시민문화연구소.

천광노 (2011). 『민족의 스승 월남 이상재 1-5』. 서울: 한국학술정보.

박정신(2006). 「한국지성사에서 읽은 월남 이상재」. 『월남 이상재의 사상과 활동연구』. 서울YMCA 월남시민문화연구소 · 한산이씨 진사공 종중 편.

유준기(2006). 「월남 이상재의 생애와 항일 민족독립운동」. 『월남 이상재의 사상과 활동연구』. 서울YMCA 월남시민문화연구소 · 한산이씨 진사공 종중 편.

이현희(2006). 「이상재와 한국의 민족운동」. 『월남 이상재의 사상과 활동연구』. 서울YMCA 월남시민문화연구소 · 한산이씨 진사공 종중 편.

조규태(2006). 「월남의 YMCA활동 전후의 평생교육」. 『월남 이상재의 사상과 활동연구』. 서울YMCA 월남시민문화연구소 · 한산이씨 진사공 종중 편.

주재용(2006). 「월남의 사상과 YMCA활동」. 『월남 이상재의 사상과 활동연구』. 서울YMCA 월남시민문화연구소 · 한산이씨 진사공 종중 편.

김명구(2004). 「월남 이상재의 기독교 사회운동과 사상연구」. 연세대학교 대학원 박사학위논문.

김희진(2017). 「초기 YMCA운동의 전개와 특징」. 숙명여자대학교 교육대학원 석사학위논문.

박병철 · 이진석(2014). 「월남 이상재의 민족운동에 관한 연구」. 『민족사상』 8(2), pp.45-69.

스즈키 미츠오(2018). 「월남 이상재의 사상과 신념에 관한 연구」. 동아대학교 국제전문대학원 석사학위논문.

이성진(2001). 「일제하 한국 YMCA 유도 발전과정」. 『대한무도학회지』 3(1). pp.141-150.

최은수(2011). 「성인교육 리더십의 새로운 패러다임으로서의 '온정적 합리주의'에 대한 개념화」. 『Andragogy Today』 14(3). pp.61-85.

최은수(2014). 「평생교육에서의 온정적합리주의 리더십의 측정도구 개발 연구」. 『Andragogy Today』 17(4). pp.205-229.

최은수 · 강찬석 외 7명(2018). 「세상을 움직이는 리더의 비밀-온정적합리주의 리더십」. 서울: 학지사.

최홍희 · 김재우(2017). 「월남 이상재의 체육사상과 활동에 관한 연구」. 『한국체육사학회지』 22(4). pp.1-13.

온정적 합리주의 리더십 관점으로 본 남강 이승훈의 리더십

권기술 ((주)CR파트너즈 대표)

온정적 합리주의 리더십 관점으로 본 남강 이승훈의 리더십

권기술 ((주)CR파트너즈 대표)

1. 서론

조만식, 신채호, 여준, 염상섭, 유영모, 윤기섭, 이광수, 김소월, 김억, 김홍일, 이중섭, 주기철, 한경직, 함석헌 등 우리가 익히 알고 있는 민족지도자들의 공통된 특징은 무엇일까? 그들의 공통점은 평안북도 정주에 소재한 오산학교에서 교사로 혹은 학생으로 인연을 갖고 있다는 것이다. 그 인연의 중심은 바로 학교를 설립한 민족지도자 남강 이승훈(1864-1930)이다.

남강은 1864년 4월 평안북도 정주에서 태어나 1930년 5월 오산에서 서거하셨다. 그가 살다 간 시기는 1866년 프랑스함대가 강화도를 침범한 병인양요를 시작으로 제국주의가 극에 달한 구한말과 청일전쟁, 러일전쟁을 치루며 한일합병으로 일제가 우리 민족을 강제로 점령한 시기였다.

남강의 삶은 그가 도산 안창호를 만난 1907년을 기점으로 사적인 남강과 공적인 남강으로 구분할 수 있다. 44세가 되기 전까지 남강은 상업과 공업으로 돈을 많이 벌어 양반 신분을 사보겠다는 실업가였지만 44이후 66세까지는 대한 독립을 위해 온전히 헌신한 민족의 지도자이자 큰 스승이었다. 남강은 1907년 오산학교를 설립하여 민족정신을 고취하고 지도자를 양성한 교육자였으며, 신민회 활동과 3·1운동에서 기독교 대표로 민족의 독립운동에 앞장선 독립운동가였다. 또한 기독교를 받아들이고 성경의 말씀대로 사랑을 실천하신 참 신앙인이었고, 민족의 경제적 자립을 위해 물산을 장려했던 겨레의 지도자였다.

이에 그의 사후 90년이 지난 이 시점에서 남강 이승훈의 생애 전반을 알아보고, 그의 리더십 특징을 온정적 합리주의 리더십 관점에서 분석해 보고자 한다. 또한 그의 리더십 특징에서 나타난 성인교육정신을 정리해 보고자 한다.

2. 본론

1) 남강의 생애

(1) "반역의 고장" 평안도 차별받는 지역, 가난한 집안에서 태어나다

남강은 직업이 확실치 않은 아버지 이석주와 부인 김씨 사이에서 둘째 아들로 1864년 3월 25일 태어났다. 그가 태어난 평안북도 정주 지역은 몰락한 가문 출신인 홍경래가 1811년 12월에 홍경래의 난을 일으킨 "반역의 고장"으로 남자가 출세할 수 있는 유일한 방법이었던 과거에 합격한다는 것이 불가능한 차별의 땅이었다. 때문에 그 정주 지역 사람들은 살기 위해서 사·공·농·상이라는 신분을 크게 따지지 않고 상업과 공업에 종사하며 자립적 중산층으로 생계를 직접 꾸려나가야 했다. 남강이 태어난 시기는 정치적으로 철종이 세상을 뜨고 이어서 고종이 왕위에 올라 안동김씨의 세도 정치가 막을 내리고, 고종을 대신한 흥선대원군이 섭정하여 여러 가지 개혁정치를 펼쳐나갔던 시대이다.

이처럼 공부해서 출세하기가 불가능한 지방에서, 시대적으로 혼란스러웠던 때에 가난한 집안에 태어나 어렵게 생계를 이어가던 중 태어난 지 여덟 달만인 그해 10월에 어머니가 죽자 할머니 손에서 자라게 된다. 그런데 남강이 10세가 되던 해에 아버지와 할머니마저 모두 세상을 떠났고 하늘 아래 혼자가 된 남강은 임일권이라는 사람이 운영하는 상점의 점원으로 들어가 입에 풀칠을 할 수 있게 되었다.

(2) 임일권을 만나 상업을 알게 되다

남강은 성품이 부지런하고, 심성이 곧은 덕분에 임일권 밑에서 일하면서 곧 그의 눈에 들게 되었고, 신임을 얻게 되었다. 임일권은 큰 놋그릇 공장과 상점을 여러 개 운영하는 부자였으며, 나중에는 돈으로 평안북도 박천군수 자리를 샀다고 하여 임박천이라고도 불리는 사람이었다. 그는 그 일대에서는 손꼽히는 부자였기도 했지만 성품이 부드럽고 덕이 있어서 사람들로부터 존경받고 있었다.

남강은 임일권 가게에서 사환으로 일하면서 손님들의 대화를 듣고 세상 돌아가는 사정을 알 수 있었고, 유기그릇을 만들고 파는 것을 보면서 장사에 필요한 수완을 쌓을 수 있었다. 남강은 일을 하는데 있어 요령을 부리지 않고 집안 청소와 불피우기, 재떨이와 요강 비우기 등 잡일을 하면서도, 대충대충 하는 법이 없이 다른 아이가 먼저 할까 싶어 빨리 일을 찾아서 해치웠다.

남강은 바쁘고 어려운 상황에서도 제대로 배우지 못한 아쉬움을 달래기 위해 시간이 날 때 마다 글씨 쓰기 연습을 하였는데, 그 당시 책은 고사하고 변변한 종이와 붓조차 없어서 남이 쓰다 버린 종이조각을 주워서 거기에 덧칠을 하며 글자를 썼다. 이러한 모습을 본 임일권이 남강을 기특히 여겨서 깨끗한 종이에 글을 쓸 수 있도록 배려해 주었다. 덕분에 남강은 정규교육은 제대로 받지 못하였지만 자신의 노력과 임일권의 배려로 글씨도 매끈하게 쓸 수 있게 되었다. 이러한 노력 덕분에 남강은 임일권에게 사업에 대해 이런 저런 상의를 하고 조언도 구하는 믿음직한 존재이자 사업의 파트너로 성장하게 되었다.

(3) 독립된 사업주로 행상에서 시작하여 상점과 공장 주인으로 발전하다

남강 나이 24세인 1887년에 임일권은 박천군수 신분을 산 뒤에 남강에게 공장과 상점을 맡기고 은퇴하려고 하였으나 남강이 이를 거절했다. 그리고 차제에 독립해서 자신의 장사를 하고 싶다고 말했다. 임일권은 남강의 고집을 꺾을 수 없다는 것을 잘 알기 때문에 남강에게 300냥의 거금을 주고 독립을 하게 했다.

남강은 10여년 동안 모셨던 임일권의 밑에서 나와 이 장터 저 장터를 돌아다니면서 놋그릇을 팔았다. 정주군내 정주읍 1, 6일 고읍이 2, 7일 청정이 3, 8일 운전이 4, 9일 갈산이 5, 10일 식으로 5일장이 서는 장터를 돌아다니면서 한 달 내내 놋그릇을 팔았고, 이후에 활동반경을 확대하여 평안도 일대, 나중에는 황해도 안악, 신천, 봉산까지 무대를 넓혔다. 남강은 행상에서 머물지 않고, 오희순이라는 사람으로부터 자본을 차입하여 청정에 유기 상점을 내고 공장도 세웠다. 그리고 공장에서 만든 놋그릇을 친분이 있었던 행상에게 도매로 넘겨줘 사업을 확장했다.

공장을 운영할 때 남강은 근로자에게 햇빛이 잘 들고 통풍이 잘 되는 곳에 공장을 짓고 날마다 청소를 하며 작업복을 주어 쾌적한 환경에서 일하게 하였으며, 정해진 시간이 되면 휴식을 하게 하고 생산능률이 오르면 임금을 올려주고 사기를 높였다. 덕분에 공장의 작업환경이 개선되었고 생산성도 올라가 사업이 날로 번창하게 되어 평양에 유기점 지점까지 내게 되었다.

(4) 러일전쟁으로 사업의 시련을 맞이하다

1894년 당시 동북아시아의 강국인 일본과 청나라가 전쟁을 하게 되었다. 정주는 군사들의 이동로였기 때문에 남강은 어쩔 수 없이 상점과 공장을 그냥 둔 채 피난을 가게 되었고, 이듬해 정주에 돌아왔으나 모든 것이 폐허가 되어버렸다. 그러나 오희순으로부터 2만냥을 빌려, 다시 공장도 세우고 상점도 개설하여 놋그릇을 만들어 팔기 시작하였다. 당시는 다른 공장들은 아직 가동을 하지 못하고 있을 때이고 전쟁 후 물자가 부족한 상황이라 인근 상권을 독점할 수 있어서 큰돈을 벌게 되었다. 평양에도 지점을 개설하였고, 이어서 진남포에도 지점을 새롭게 내게 되었다.

1901년에는 평양과 서울, 인천을 오가면서 무역업, 운송업 등 사업을 확대하게 된다. 특히 1899년에는 우리나라 최초 철도인 경인선이 개통되어 서울과 인천의 물류 수송량이 늘어나게 되자, 인천항으로 수입되는 석유, 약품 등을 사서 황해도 평안도에 가져다가 팔았고, 서울로 들어오는 종이를 매입해서 값이 오르게 되면 되팔아서 큰돈을 벌었다. 나중에는 "이승훈이 사들인다"하면 물건 값이 오르고 "이승훈이가 내다 판다"하면 물건값이 떨어질 정도로 유통 시장에 지대한 영향력을 미치는 거상이 되었다.

하지만 사업에는 부침이 있기 마련이다. 황해도에서 수수를 사들였지만 제 때 팔리지 않아 손실을 입게 되고, 명태를 사들여 북어값이 오르기를 기다렸지만 풍어가 되어 오히려 손해를 보고 팔아야 했다. 특히, 1904년에는 러일전쟁이 일어날 거라는 소문을 듣고 소가죽 가격이 오를 것을 기대하여 우피 2만장을 사서 배에 싣고 만주 영구로 건너가 비싸게 팔려고 했으나 뜻밖에 전쟁이 일찍 끝나는 바람에 우피 가격이 폭락하여 막대한 손해를 보게된다.

(5) 사업가에서 독립운동가로 전환기를 맞이하다

사업에 실패한 뒤 남강은 자신의 삶을 되돌아보는 성찰의 시간을 갖게 된다. 황해도 안악에 소재한 연등사에 가서 머리를 식혔다. 이 때 안중근의 사촌동생 안명근을 만나서 일제의 압력으로부터 벗어나기 위해서는 교육이 필요하다는 이야기를 듣게 된다. 이후 연등사를 나와 집으로 돌아온 남강은 서당의 훈장에게서 경서를 배우는 한편 황성신문과 대한매일신보 등 다양한 신문을 열심히 읽으면서 세상이 돌아가는 상황에 대하여 관심을 갖게 된다. 때마침 1905년 11월 17일 일본이 한국의 외교권 박탈을 위해 강제로 제2차 한일협상조약(을사늑약) 체결 소식을 접하면서 풍전등화와 같은 위기에 처한 국가를 위해 무엇을 할 수 있을 것인지에 대해 고민하기 시작한다.

(6) 도산 안창호의 연설을 듣고 오산학교 창립하고, 신민회에 가입하다

① 오산학교의 설립

미국 동포사회에서 계몽운동을 펼치던 도산 안창호는 1907년 2월 조선으로 돌아와 서울을 시작으로 서북지방에서 순회강연을 하게 된다. 평양 모란봉 쾌재정에서 도산이 연설한다는 소문에 남강도 구름같이 모인 인파에 섞여 안창호 선생의 연설을 듣는다. 도산 안창호선생은 군중들을 향하여 뜨거운 눈물을 쏟으며 이렇게 외쳤다.

> "우리에게는 오직 한 가지 길이 있으니, 삼천리 방방곡곡에 새로운 교육을 일으켜 이천만 한 사람 한 사람이 덕과 지식과 기술을 가진 건전한 인격이 되고, 이 같은 새 사람들이 모여 서로 믿고 돕는 성스러운 단결을 이루어 민족의 영광을 회복하는 기초를 닦는 일이 있을 따름입니다"

도산 안창호의 주장은 서양제국이 발달된 문명을 무기로 동양을 침략해 오고 있으며, 일본이 서양을 흉내 내어 한국을 침략하려 한다는 것, 나라를 잃지 않으려면 구습을 버리고 국력을 길러야 하며, 이를 위해서는 무엇보다 교육이 급선무라는 것이었다. 이러한 연설을 들은 남강은 크게 감동을 받아 구습의 상징인 상투를 자르고 술과 담배를 끊었다. 그리고 마을 사람을 모아 놓고 도산의 연설 내용을 들려주고, 서당을 고쳐 구학문이 아닌 신학문을 가르치기로 하고 곧장 실행에 옮겼다. 강명의숙이라는 새학교 이름을 짓고 훈장을 내보내고 김덕용이라는 선생을 모셔와 신교육을 시작했다. 강명의숙은 초등교육기관으로 산술, 역사, 지리, 수신, 체조 과목을 가르쳤다.

안창호를 만나 삶의 방향을 바꾼 남강은 1907년 12월에 신교육을 위해 중등과정의 교육기관이 필요하다고 생각하여 토지와 재산이 많은 정주향교를 찾아가 유림에게 학교를 세울 것을 설득하여 오산의 승천재 자리에 중학교 과정인 오산학교를 세웠다. 교장 자리는 유림 대표인 백이행을 교장으로 모셔오고 자신은 교감으로 실제 운영을 담당하게 된다. 오산학교 설립 개교 연설에서 남강은 신입생 김도태 등 7명 앞에서 오산학교를 설립한 목적에 대해 심금을 울리는 연설을 한다.

지금 나라가 날로 기울어져 가는데 우리가 그저 앉아 있을 수만은 없습니다. 이 아름다운 강산, 조상들이 지켜온 강토를 일본인들에게 내맡길 수는 없습니다. 이 나라를 살리기 위해서는 총을 드는 사람, 칼을 드는 사람도 있어야 할 것입니다. 하지만 그보다 중요한 일은 백성들이 깨어나는 일입니다. 세상이 어떻게 돌아가는지 모르니 그들을 깨우치는 것이 급선무입니다. --중략--- 내가 오늘 이 학교를 세우는 것은 만분의 일이라도 나라에 도움이 되기를 원하기 때문입니다. 지금 이 자리에는 7명의 학생밖에 없지만 머지 않아 70명, 700명에 이를 날이 올 것입니다. 일심 협력하여 나라를 남에게 빼앗기지 않는 백성이 되기를 부탁합니다.

1907년에 개교한 오산학교는 교사로서는 조만식, 신채호, 여준, 염상섭, 유영모, 윤기섭, 이광수 등, 학생으로서는 김동환, 김소월, 김억, 김홍일 이중섭, 주기철, 한경직, 함석헌 등 민족의 등불과 같은 지도자가 교사로 혹은 학생으로 거쳐간 민족 사학으로 발전하였다. 오산학교는 1925년에 고등보통학교로 인가되어 졸업생이 상급학교로 진학하고 교사 활동을 할 수 있게 되었으며, 6 · 25사변 이후 1952년 3월에 피난지 부산에서 재건위원회를 발족하였고, 1954년 4월에 원효로에 학교를 이전하였다. 1956년 4월에 보광동 현 오산중학교 위치로 이전하여, 2019년 현재까지 민족학교라는 그 이름에 걸맞게 민족의식을 일깨우고 겨레의 힘을 되살리는 전인교육의 요람으로서 그 사명과 책무를 다하고 있다.

② 신민회의 가입

도산 안창호는 남강에게 국민들에게 실업을 가르치고 그들 사이의 친목을 도모하며 궁극적으로 실력양성을 통해 국권을 회복하자는 신민회라는 비밀

단체에 가입을 부탁한다. 신민회는 1906년 말 미국 캘리포니아주 로스앤젤레스 남쪽 리버사이드에서 안창호가 발의하여 만들어진 단체로 국권 회복을 위해 실력양성이 급선무라고 생각하고 미국 내에 있는 한국 애국지사들과 함께 조직한 단체이다. 남강은 안창호의 권유에 따라 신민회에 가입하여 신민회 평안북도 지회의 책임자가 된다. 신민회는 비밀 결사였기 때문에 그 실체는 정확히 파악할 수 없으나 중앙에 본부와 지방에 지회를 두고 국권 회복을 위해 계몽운동과 산업 활동을 전개했다. 전국각지에 학교와 학회를 설립하고 공장과 상점 등을 만들어 민족자본 육성에도 힘을 쏟았다. 대한매일신보 신문과 소년 같은 잡지가 신민회의 기관지 역할을 담당했다.

그러나 신민회는 한일합방 이후에 일본경찰의 감시감독이 강화되어 활동이 위축되었고 운영이 어려워지게 되었다. 그로 인해 도산 선생 등 중요한 인사들이 거의 다 해외로 망명을 하였으나 남강은 끝까지 국내에 남아서 신민회 사업과 교육사업을 계속해 나갔다. 실제로 신민회 운동을 유지해 나간 것은 남강 혼자라고 해도 과언이 아닐 정도였다.

(7) 관서자문론 주창과 평양 자기회사 창립

민족의 격변기를 맞이한 남강은 평안도와 황해도 자본가들이 협력해서 민족자본을 키워 장차 들어올 외국자본을 막아야 한다는 관서자문론을 주창한다. 이것은 외국자본 침투에 맞서 민족자본을 키우는 방법인데 당시 한반도는 러일 전쟁 이후 대규모의 일본 자본이 들어오면서 점차 식민지 경제 체제로 빠져들고 있었다. 남강은 관서자문론의 실천을 위해 1908년 2월에 윤성운 등 평양 유지들과 함께 평양 마산동에 조선 최초 근대적인 도자기 회사인 평양자기회사를 설립한다. 이 회사는 자본금 6만 원의 주식회사였으며, 주식은 주당 50원씩 총 1200주를 발행했다. 평양자기회사는 창립식에서 도산 안창호가 와서 축사할 정도로 사회적으로 큰 관심을 끌었지만, 자금 사정으로 회사 운영이 어려워지고 얼마 뒤에 일어난 "안명근사건"과 105인 사건의 영향으로 실패하게 된다.

1908년 5월에는 평양에 조선 민족에게 필요한 서적을 공급하며 각종 정기간행물과 도서를 출판하는 태극서관을 설립한다. 태극서관은 신민회 관련 교육기관에 교재와 교구를 납품하였으며, 신민회 회원들의 연락이나 집회 장소 역할도 했다.

(8) 기독교에 입교하여 신앙의 힘으로 고난을 이겨내다

남강의 기독교 입교는 1910년 8월 한일합병조약이 체결된 직후의 일이다. 남강은 그 해 9월 평양에 가서 한석진 목사의 특별 예배에 참석하게 되었는데, "십자가의 고난"이라는 설교를 듣고, 예수를 믿기로 결심을 한다. 1915년 2월에 105인 사건으로 복역 후 가출옥하여 정기정 목사로부터 세례를 받고 공식적으로 입교한다. 1917년에는 평양장로회 신학교에 등록하여 목사가 되기 위한 공부도 하였다. 남강은 죽을 때까지 기독교 신앙을 간직하게 되는데 말년에는 교회에 잘 나가지 않았다. 그 이유는 일제의 탄압 속에 빠져들어가는 약한 교회의 모습과 세속화 되어가는 교회 지도자들을 보고 실망하여 개인적으로 무교회 기독교인 성서조선그룹과 어울리며 신앙생활에 몰두하게 된다.

남강에게 기독교는 천당에 가고자 하는 개인의 복을 비는 구복 종교가 아니라 민족의 독립을 위한 종교였다. 감옥에 갇혀서 고문을 받아 고통을 느낄 때 즉 힘들고 어려울 때 고난을 극복할 수 있는 힘을 얻는 종교였다. 특히,

그는 105인 사건으로 감옥에 있을 때 눈만 뜨면 성경을 읽고 기도하는 것이 하루의 일과였는데, 4년여 동안 남강은 구약성경을 10번, 신약성경을 40번이나 읽었으며 기독교에 대한 책도 거의 7만 쪽 분량을 읽었다고 한다.

(9) "안명근 사건" "105인 사건"으로 9년여 간 3번의 옥고를 치르다

1910년 8월 강제 한일합병 이후 그에게 닥친 첫 번째 시련은 "안명근" 사건이었다. 안명근 사건은 안중근의 사촌 동생 안명근이 서간도에서 무관학교를 세우려고 황해도 안악에서 자금을 모으다 붙잡혀 관련자 160여명이 처벌받은 사건이다. 남강은 안명근 사건에 연루되어 1911년 4월에 제주도로 유배를 가게 되었다. 유배 생활에서도 남강은 신앙과 교육, 그리고 산업의 진흥을 통해 제주도를 발전시킬 수 있다고 제주 도민을 일깨우는 민족운동을 하였다.

하지만 그 해 9월에 "105인 사건"으로 다시 서울로 압송되어 감옥에 갇히게 된다. 105인 사건은 일본 경찰이 신민회와 기독교인들이 중심이 된 서북지역 애국지사 민족운동을 와해시키기 위해 일제 초대 총독인 데라우치 암살을 기도했다고 조작한 사건이다. 애국지사 105인을 유죄판결하고, 남강을 사건의 주모자로 몰아가려고 했으나 남강은 모진 고문과 가족에 대한 위협에도 굴하지 않고 끝까지 혐의를 부인했다. 지독한 고문에도 혐의를 부인한 이유는 총독을 암살하려고 한 것은 사실이 아니었고 또한 다른 사람에게 피해를 끼치지 않으려 했기 때문이다.

대구감옥과 경성감옥에서 4년 2개월간 옥고를 치르는 동안, 남강은 체면이나 권위를 부리지 않고 감방청소는 물론 변기를 치우고 닦는 일을 즐겁게 하고, 신약성경을 100번 이상 읽으면서 민족의 독립을 위해 열심히 기도했다.

1915년 2월에 가석방된 남강은 오산학교로 돌아와 조만식교장과 함께 오산학교의 부흥을 위해 노력하였으며, 1916년에 오산교회의 장로가 되고, 1917년에는 평양장로회 신학교에 입학하여 신학을 공부했다. 오산학교에서 남강은 학생들에게 공업과 산업의 중요성을 강조하여 전기, 기계, 토목, 농학 등 실업 공부를 위해 유학을 권했다. 또한 졸업한 학생들이 교사가 되어 국민을 일깨우는 계몽운동에 참여하길 설득하였는데 그 중 상해로 진학을 꿈꾸는 김홍일을 경신학교 교사로 추천하였다.

감옥에서 풀려난 지 4년 만에 남강은 다시 3 · 1운동의 주동자로 잡혀서 옥고를 치르게 된다. 3 · 1운동은 조선의 독립을 만천하에 선언한 운동으로 삼천리 방방곡곡에 "대한독립만세" 소리를 가득 차게 하였다. 독립선언서는 최남선이 작성하고 기독교계 16인, 천도교계 15인, 불교계 2인 등 33명이 서명한 선언서로 민족자결에 의한 자주 독립의 전개 방법을 제시하였는데 남강은 기독교계를 대표하는 인물로서 3 · 1운동에 앞장섰다. 남강은 재판을 받으면서 시종 의연한 자세를 보였으며 "3 · 1운동은 하나님의 명령이었고, 앞으로도 기회가 주어지면 계속 독립운동을 하겠다"는 의지를 주저 없이 말했다. 감방에서도 남강은 3 · 1운동으로 옥고를 치르는 동포에 대한 깊은 연민을 느끼며, 감방 생활의 개선을 위한 조치를 요구하였다. 남강은 1922년 7월에 민족 대표 33인 중 마지막으로 감옥문을 나섰다. 동아일보 1922년 7월 22일 신문에는 그 소감을 다음과 같이 적고 있다.

> 장래에 할 일은 나의 몸을 온전히 하나님께 바쳐 교회를 위하여 일할 터이니, 나의 일할 교회는 일반 세상 목사나 장로들의 교회가 아니라 온전히 하나님이 이제로부터 조선민족에게 복을 내리시려는 그 뜻을 받아 동포의 교육과 산업을 발전시키고자 하오

(10) 민족 독립의 지도자로 민립대학설립운동을 전개하고 동아일보 사장을 맡다

경성감옥에서 가출옥 후 약해진 몸을 정양하기 위해 잠시 해운대 등에서 휴식을 취하였지만 곧바로 이상재 등과 함께 조선교육협회를 창립하여 민립대학설립 운동을 전개한다. 그러나 일제의 방해공작 등으로 대학 설립을 위한 모금 운동이 실패하자 오산에 농과대학을 설립하려는 계획을 꿈꾸게 된다.

1924년 5월에는 동아일보사 제4대 사장에 취임하여 친일세력에 맞서 민족의 언론 창달에 힘쓰기도 하였으며, 조만식과 함께 물산장려운동을 주도하는 등 교육과 산업 발전에 앞장선다. 남강의 제자 김기석이 '남강 이승훈'에서 남강의 동아일보 사장 활동에 대해 이렇게 적고 있다.

> 남강은 그의 고고한 지조와 민중에 대한 신망으로 동아일보를 이끌어 나갔다. 그 때는 동아일보 사옥이 화동에 있었는데 남강은 사장실에서 밤을 밝혀가면서 간부들과 더불어 사세를 떨칠 의논을 하였다. 남강은 신문사의 일과 재단은 김성수, 편집은 설의식에게 맡기고 사회의 전면에 나서서 민립대학 기성회와 물산장려운동을 통한 국채보상 투쟁을 지도하였다. -- 남강은 동아일보 사장에 있으면서 오산학교와 동아일보의 유대를 한층 더 굳게 하였다. --이 같은 내외의 격동 속에서 남강은 민족주의 신문을 용하게 이끌어 기울어진 형세를 다시 돌려 튼튼한 기반 위에 놓았다.

(11) 자신의 뼈까지 교육을 위해 표본이 되기를 유언하며 겨레의 스승으로 남다

남강은 1925년 오산학교 이사장에 취임하면서 오산학교가 오산고등보통학교로 승격될 수 있도록 하기 위해 각고의 노력을 기울였다. 도지사를 설득하기 위해 도청과 경찰서 등 관청을 드나들게 되어, 혹자에게 변절했다는 의혹을 받기도 했지만 전혀 개의치 않고 온전히 학교의 발전과 민족 독립을 위해 열심히 일했다. 또한 고등보통학교 승격을 위한 자금 30만 원을 모집하기 위하여 각지를 돌아다니며 유지들을 만나 애타게 호소하였다. 그러한 노력 덕분에 85세의 전봉현은 1만 6,000원 상당의 집과 토지를 기부하였고, 강계의 어떤 청년은 남강의 인품과 열정을 믿고 자신의 전 재산을 내놓았다.

나이 60 환갑을 넘어서까지 열정을 잃어버리지 않고 학교의 발전과 사업을 중흥하기 위해 애쓰던 남강도 여러 해 동안의 옥고와 바쁜 생활로 인하여 체력이 급격하게 약해지게 된다. 남강은 1930년 5월 9일 새벽에 협심증으로 죽음을 맞이하게 되는데, 그는 마지막 순간에도 자신의 뼈까지 조선의 교육을 위해 인체표본을 만들 것을 옆집에 사는 박기준을 불러 유언하였다.

> 내 스스로 몸을 나라와 민족에게 바치기로 맹세했는데 이제 죽게 되었네, 내가 죽거든 시신을 병원에 보내어 해부하고 뼈를 추려 표본으로 만들어 모든 학생들이 사람의 관절과 골격의 미묘함을 연구하는데 자료로 삼게 하게나, 바라건대, 공연히 편안하게 땅속에 누워 흙보탬이나 되게하여 이 마음을 저버리지 말도록 해주게..

남강의 장례는 사회장으로 치러졌으며, 각지에서 모여든 조문객이 인산인해를 이루며 그의 죽음을 애도했다. 그리고 그의 유언대로 시신은 표본으로 만들기 위해 경성제국대학병원으로 옮겨졌다. 남강 시신의 살을 모두 빼고, 뼈를 표백하여 거의 완성단계에 이르렀는데 갑자기 총독부로부터 표본제작 금지 명령이 내려지게 되어, 그 해 겨울에 본인의 뜻과 다르게 용동 오산학교 서쪽 밭에 묻히게 된다. 그가 유명을 달리한 얼마 후에 졸업생들이 건립한 남강 동상을 일본 경찰이 철거하고, 비석의 비문도 정으로 쪼아 글자를 없애고 땅에 묻어버렸다.

2) 남강의 온정적 합리주의 리더십의 특징

온정적 합리주의 관점에서 본 남강의 리더십 특징은 무엇일까? 온정적 합리주의의 리더십은 합리성과 온정성의 균형을 유지하는 인성과 실력을 겸비한 리더가 되는 것이다. 상호 성장 관계 구축을 기반으로 목적한 바 성과를 달성하고, 더 높은 성과 달성을 위해 지속적으로 노력하는 리더십이다. 합리성을 근간으로 하지만 상황에 따라 적합하게 온정성을 발휘한다. 합리성만으로 부족한 부분을 온정성으로 보충하며, 또한 온정성만으로 부족한 부분을 합리성으로 보충하여 완성을 이룬다.

이상의 온정적 합리주의 리더십을 구성하는 온정성 요인으로 포용적 겸손, 공감적 배려, 이타적 협력, 신뢰기반 임파워먼트 4 요인과, 합리성 요인으로 이성적 상황판단, 전략적 예측, 논리적 문제해결 그리고 최적화 수행관리 4 요인이다.

온정적 합리주의 리더십의 8개 요인 관점에서, 남강 선생의 생애에서 나타나는 특징을 분석해 보았을 때, 선생의 삶 전반을 통하여 8가지 리더십 요인별 특징이 잘 드러나고 있다는 것을 확인할 수 있었다. 이러한 관점에서 남강은 온정적 합리주의 리더십을 효과적으로 발휘한 CR(Compassionate Rationalism) 리더라고 할 수 있을 것이다.

온정적 합리주의 리더십 관점에서 남강의 리더십의 특징을 정리한다면, 첫째 열린 마음을 가진 겸손의 리더십, 둘째 실용을 추구하는 실사구시의 리더십, 셋째 민족 사랑의 배려와 협력의 리더십, 넷째로 민족 독립을 위한 육성의 리더십, 그리고 마지막으로 솔선 행동하는 리더십이라고 할 수 있을 것이다.

(1) 열린 마음을 가진 겸손의 리더십

남강의 리더십 특징 중 첫 번째는 바로 열린 마음을 가진 겸손의 리더십이다. 남강은 1864년 3월에 태어나 1907년 7월 도산 안창호를 만날 때까지 44년 동안 자기 자신을 위한 독립된 삶과 경제적인 부를 얻기 위한 사적인 삶을 살았다. 그 때까지 남강은 사회적 신분을 살 수 있는 제도를 활용하여 양반이라는 신분을 사서 상놈에서 양반이 되고자 억척스럽게 돈을 번 실업가였다. 그러나 1907년 이후 공적인 삶에서 남강은 민족의 독립을 위해 독립운동을 펼친 독립운동가였으며, 국민 교육에 쓸 인재를 양성하기 위해 오산학교를 건립한 교육자였다. 한민족 모두가 실력을 축적하여 양반이 되도록 하겠다는 민족 독립운동의 지도자였다.

남강은 도산의 연설에서 44년 삶의 패러다임을 한 순간에 바꿀 수 있었던 열린 마음을 가진 리더였다. 기존의 정치 문화적 패러다임인 제국과 양반 개념에서, 국민 모두가 양반이 되는 민족개념으로 바꿀 수 있었다. 그러한 열린 마음의 소유자였기 때문에 도산의 연설을 듣고 그는 즉시 상투를 자르고, 금주와 금연을 결심할 수 있었다. 또한 남강은 1909년 9월에 평양 산정현 교회에서 한석진 목사의 "십자가의 고난" 설교를 듣고 기독교 신앙을 받아들여 신앙인으로 거듭난다. 이후에 오산학교 옆에 교회를 세우고 장로가 되며, 105인 사건으로 4년여간 감옥에서 옥살이를 하고 가출옥 되어서 평양 신학교에 입학을 한다. 1919년 3 · 1운동에서 대한 독립을 선언한 기독교계, 천도교계, 불교계 33인 중 기독교계 16명의 대표가 된다.

이러한 남강의 새로운 사상과 제도에 대한 열린 마음은 바로 온정적 합리주의 리더십의 포용적 겸손 요인에서 나타나는 중요한 특징이다. 열린 마음은 자신의 과거의 경험과 신념에 함몰되지 않고, 부단히 학습하며 사물과 사람에 대해 긍정적인 감사의 마음을 갖는 것이다. 실제로 남강은 일찍이 부모를 여의고 임일권 집에서 심부름꾼으로 일할 때도 시간만 되면 종이를 구해서 반복하여 덧칠 하듯이 글을 쓰며 학습을 하였으며, 105사건과 3·1운동으로 9년여간 감옥살이를 할 때에도 자신의 처지에 대해 비관하지 않고 성경의 구약과 신약을 수십 번 반복해서 읽으면서 학습하였다.

이상과 같이 남강의 리더십은 온정적 합리주의 8개 요인 중 포용적 겸손 요인의 특징인 열린마음, 학습, 감사의 마음을 명확히 보여주고 있다. 참고로 온정적 합리주의 리더십에서 포용적 겸손의 정의는 자기 생각과 행동에 대해 성찰적이며 반성적인 관점을 지니고 다른 사람들의 비판적인 피드백에 대해서도 겸허한 자세를 가지며, 다양한 의견을 경청하고 긍정적으로 수용함이다.

(2) 실용을 추구하는 실사구시의 리더십

둘째로 남강 리더십의 특징은 실용을 추구하는 실사구시의 리더십이다. 1905년 을사늑약체결 이후 외교권을 상실한 대한제국은 무력하게 빠른 속도로 모든 것을 일본에게 넘겨주게 된다. 그 상황에서 민족의 독립을 위해 독립운동 지도자들이 할 수 있었던 일은 무엇이었을까?

남강은 1907년 도산 안창호의 연설을 듣고 독립을 쟁취할 수 있는 현실적인 방법으로 신교육을 위해 중등교육과정의 교육기관 설립이 필요하다고 생각하고 민족의 자주 독립 정신을 일깨우고 독립운동 리더를 양성할 목적으로 오산학교를 세운다. 당시 민족이 주권을 상실한 것을 비관하여 자결하거나, 칼이나 죽창을 들고 의병이 되어 싸운 분들도 많았지만 남강은 힘이 없어서 나라를 빼앗긴 현실을 직시하고 민족의 계몽과 각성이 더 시급한 일이라는 이성적 상황판단을 하였다.

남강이 학생들에게 훈시한 글에서 "우리가 왜놈에게 나라를 빼앗긴 것은 첫째 우리 겨레가 무식해서요, 둘째 우리나라의 경제력이 약해서야, 너희들은 왜놈을 원망하기 전에 이 점을 잘 알고 장차 나라를 독립시켜야 해"라고 했다. 남강 생각에는 나라를 잃어버린 망국의 원인은 백성의 무지함과 경제적 나약함이라는 현실 인식이었다. 이러한 이성적 상황판단에 따라 남강은 독립을 위해 먼저 해야 할 일이 교육기관을 설립하여 국민을 계몽하는 일이었으며, 국민 스스로가 부를 창출할 수 있도록 산업을 활성화하고 물산을 장려하는 것이었다.

이러한 실용적 정신은 남강 자신이 독립운동가로 변신 전에 임일권 밑에서 상업과 공업을 배워서 독립적으로 사업을 하였으며, 사업을 통해 큰돈을 벌었던 것에 기인되었을 것이다. 남강은 10여년 동안 모셨던 임일권의 밑에서 나와 이 장터 저 장터를 돌아다니면서 놋그릇을 팔았다. 서북지역에서 5일장을 찾아 장사를 하였으며 이후에는 활동반경을 확대하여 평안도 일대, 황해도 안악, 신천, 봉산까지 무대를 넓혔다. 행상으로 시작한 사업이지만 나중에는 오희순이라는 사람으로부터 자본을 차입하여 청정에 유기 상점을 내고 공장도 세웠다. 그리고 공장에서 만든 놋그릇은 행상을 하면서 친분이 있었던 행상에게 도매로 넘겨줘 사업을 확장했다. 1907년 공적인 지도자가 된 남강은 국민의 경제적 자립을 위해 관서자문론을 주장하였다. 이는 평안도와 황해도 자본가들이 협력해서 민족자본을 키워 장차 들어올 외국자본을 막아야 한다는 것이었다. 관서자문론의 실천을 위해 1908년 2월에 윤성운 등 평양 유지들과 함께 평양 마산동에 우리나라 최초 근대적인 도자기 회사인 평양자기회사를 설립하였다.

백성이 무지하고 경제력이 약해서 나라를 잃어버린 상황에서 죽창과 칼을 들고 일본과 맞서 싸우는 방법도 독립을 쟁취하는 방법일 수 있다. 하지만 현실을 냉정히 판단할 때 그러한 태도는 민족의 중요한 인적 자산을 낭비하는 일이며 원했던 독립과는 더욱 멀어지게 되는 것이다. 따라서 남강은 당면한 상황을 이성적으로 판단하여 일시적 감정에 휘둘리지 않고 인내해서 국민 스스로의 힘을 키우는 방법으로 교육진흥과 산업부흥이라는 현실적인 방안을 선택했다. 이상과 같이 상업과 공업의 사업 활동 덕분에 남강은 합리적인 의사를 결정할 수 있는 실사구시의 리더가 될 수 있었을 것이다.

남강이 이성적으로 상황을 판단한 중요한 사건 중에 다른 하나는 오산학교를 고등보통학교로 전환하는 문제였다. 오산학교 졸업생은 1922년 조선교육령 공포로 졸업생이 상급학교로 진학하거나 교원이 되기 위해서는 고등보통학교로 전환이 필요했다. 이 때 남강은 변절자라는 의혹을 받으면서까지 일본 관청을 찾아다녔다. 그 노고 덕분에 1925년 오산학교는 고등보통학교로 전환이 이루어지고 현재까지 면면을 이어올 수 있었다.

이상과 같이 남강의 실용을 추구하는 실사구시의 리더십은 온정적 합리주의 8개 요인 중 이성적 상황판단 요인의 특징인 감성이 아닌 이성, 합리적 상황판단, 명확한 사명의식이라는 특징을 잘 나타내 주고 있다. 참고로 온정적 합리주의 리더십의 이성적 상황판단의 정의는 이성적 사고를 바탕으로 중요한 의사결정을 내려야 할 때 가장 효율적인 방향과 대안을 신속하게 판단하고 결정하여 대응함이다.

(3) 민족 사랑의 배려와 협력의 리더십

셋째로 남강 리더십의 특징은 민족 사랑의 배려와 협력의 리더십이다. 1907년 도산 안창호를 만난 남강은 선생의 권유에 따라 신민회에 가입한다. 남강은 안창호가 설립해서 추진하고 있었던 실력양성을 통해 국권을 회복하자는 신민회의 취지에 공감하고 협력하였으며 나중에는 평안북도 지회의 책임자가 된다. 신민회는 비밀 결사였기 때문에 그 실체는 정확히 파악할 수 없으나 중앙에 본부와 지방에 지회를 두고 국권회복을 위해 계몽운동과 산업활동을 전개했다. 그러나 남강은 신민회의 활동을 통한 독립운동 건으로 105인 사건에 연루되어 감옥에 갇히게 된다. 105인 사건은 일본 경찰이 신민회와 기독교인들이 중심이 된 서북지역 애국지사 민족운동을 와해시키기 위해 일제 초대 총독인 데라우치 암살을 기도했다고 일제가 조작한 사건이다. 일제는 이 사건을 조작하면서 남강을 사건의 주모자로 몰아가려고 모진 고문과 가족에 대한 위협을 가했으나 남강은 끝까지 혐의를 부인했다. 총독을 암살하려고 했다는 혐의는 사실이 아니었고 거짓 고백을 하지 않은 것은 다른 사람에게 피해를 끼치지 않고 배려하려는 이유였다. 1919년 남강은 3·1 운동으로 다시 감옥 생활을 하게 되는데 1922년 7월 25일자 "감옥에 대한 나의 주문"이라는 글에서 다음과 같이 말하고 있다.

> 지금 조선은 각처 감옥에는 만명이 넘는 사람이 갇혀있고, 내가 있던 경성감옥만 보아도 여러해의 징역 선고를 받은 사람이 이 천명이나 되고, 정치범만 해도 경성감옥에 이백명이나 되며, 각처에 감옥을 합치면 또한 수천명에 이를 것이라, 그러므로 이와 같이 많은 동포 형제가 현재 감옥제도 아래에서 낮으로 밤으로 얼마나 고통에 신음하는지 생각하면 실로 뼈가 저린 일이다. 따라서 어떻게 하든 약간이나마 그 고통을 줄일 수가 있다면 이

많은 동포에게는 실로 작지 않은 행복이 될 것이라.

남강은 일본 경찰의 모진 고문에도 동료에게 불리한 증언을 하지 않았다. 감옥살이를 하는 동포 형제에 대해 깊은 연민을 느껴, 감방의 음식물 개선과 크기 확장을 요구하여 동포 죄수들이 조금이나마 편하게 옥살이를 할 수 있도록 배려하였다.

남강의 배려와 협력의 리더십을 잘 보여주는 또 다른 사례는 바로 3 · 1 독립운동이다. 남강은 1919년 2월에 상해 임시정부에서 파견된 선우혁을 만나 서북지역 민족지도자들과 독립선언을 협의하게 된다. 선우혁을 만난 남강은 "그냥 누워있다고 죽을 줄 알았는데, 이제 죽을 자리가 생겼다"며 좋아했다. 다시 일제에 붙잡혀 고문을 당하고 옥고를 치를 것이 분명함에도 불구하고 형의 명의로 되어 있는 땅을 팔아 운동자금도 마련하는 등 적극적으로 3 · 1 운동 성공을 위해 협력했다. 3 · 1운동 선언서를 작성할 때도 기독교계 16인, 천도교계 15인, 불교계 2인 등 33명이 서명하게 되는 상황에서 누구 이름을 먼저 쓸까 논쟁을 벌일 때 남강이 양보하여 천도교계 대표인 손병희 이름을 먼저 쓰게 했다.

남강은 3 · 1운동의 주동자로 재판을 받으면서도 시종일관 의연한 자세를 보였으며 "3 · 1운동은 하나님의 명령이었고, 앞으로도 기회가 주어지면 계속 독립운동을 하겠다"는 의지를 한시도 망설임 없이 말했다. 남강은 1922년 7월에 민족 대표 33인 중 마지막으로 감옥문을 나서면서 동아일보에 다음과 같은 소감을 적고 있다.

장래에 할 일은 나의 몸을 온전히 하나님께 바쳐 교회를 위하여 일할 터이니, 나의 일할 교회는 일반 세상 목사나 장로들의 교회가 아니라 온전히

하나님이 이제로부터 조선민족에게 복을 내리시려는 그 뜻을 받아 동포의 교육과 산업을 발전시키고자 하오

이상과 같이 남강의 민족을 사랑하는 배려와 협력의 리더십은 온정적 합리주의 8개 요인 중 공감적 배려 요인의 특징인 타인의 감정을 느끼는 공감, 타인을 편하게 해주는 배려라는 특징을 잘 나타내 주고 있다. 또한 이타적 협력 요인의 특징인 개인보다 민족의 이익을 우선하는 것, 개인의 희생을 감수하고 먼저 돕는 협력이라는 특징을 잘 보여주고 있다.

참고로 온정적 합리주의 리더십의 공감적 배려의 정의는 상대방의 감정과 심리상태에 많은 관심을 가지고 세밀히 파악하려고 하며, 상대방의 입장에서 생각하고, 처한 상황에 따라 배려함이다. 그리고 이타적 협력의 정의는 상대방을 위해 자기희생적 행동을 취하고, 자발적으로 구성원들이 필요한 부분을 도와주며, 자신에게 이득이 되지 않은 일이라도 기꺼이 솔선수범을 보임이다.

(4) 민족 독립을 위한 육성의 리더십

넷째로 남강 리더십의 특징은 민족독립을 위한 육성의 리더십이다. 1907년을 기점으로 남강의 삶은 사적 생활과 공적 생활로 구분된다. 그의 공적 생활은 도산 안창호를 만나 신민회에 가입하고 오산학교를 설립함으로써 시작된다. 오산학교의 설립 목적은 민족의 독립을 위한 인재를 양성하는 것이었다. 남강은 오산학교에 입학한 학생 7명을 모아 놓고 "나는 민족운동에 쓸 인재, 국민 교육에 쓸 인재를 양성하기 위해서 학교를 세웠다"고 말하고 있다. 남강이 세운 오산학교는 입신출세를 위한 것이 아니라 국민을 계몽하기 위한 것이었다. 민족의 독립을 위한 인재를 양성하는 데 있어서, 학생들 저마다의 재능을 개발하여 사업가로, 군인으로, 시인으로, 정치가로, 목사로 성장할 수

있도록 지원하였다. 덕분에 오산학교는 김동환, 김소월, 김억, 김홍일, 이중섭, 주기철, 한경직, 함석헌 등 일제 강점기라는 암묵의 시대에 우리 민족에게 등불이 될 수 있었던 지도자를 양성하였다.

남강의 육성 리더십을 보여주는 또 다른 사례는 민립대학의 설립건이다. 1922년 남강은 민족교육과 간부양성을 목적으로 민립대학을 세우기 위한 운동을 전개한다. 남궁훈, 이상재, 송진우 등 각계 인사들과 민립대학 기성회 준비위원회를 조직하고, 1923년 3월에 YMCA에서 발기 총회를 개최한다. 남강은 발기총회에서 중앙집행위원으로 선출되어 안재홍 조만식 등과 함께 지방을 순회하며 강연회를 열고, 민립대학의 설립 취지를 역설했다. 또한 전국에 수백개의 지회를 조직하고 모금운동도 전개 했으며 총독부를 드나들며 실무적 교섭도 진행하였다. 하지만 청중을 해산시키는 등 일제의 방해 공작과 모금 운동 탄압으로 순탄치 못했으며, 일제가 서둘러 경성제국대학을 설립하자 민립대학 설립에 대한 모금실적이 저조하여 실패하게 된다. 그러나 남강은 이에 굴하지 않고 정주 오산 학교 부근에 농과대학을 세우겠다는 계획을 수립하여 민족 독립을 위한 지도자 양성이라는 목적 달성을 위해 부단한 노력을 지속한다.

육성의 리더십을 발휘하기 위해서는 먼저 리더 스스로가 신뢰받을 수 있는 존재가 되어야 한다. 신뢰를 받을 수 있는 조건은 리더 자신의 역량, 상대가 리더에 대해 느끼는 호감, 그리고 리더가 가진 목적의 순수성이다. (최은수 외 2018) 남강 선생의 신뢰성을 구성하는 3요소는 44세 이전에 사업가로서의 역량을 인정받았으며, 참 신앙인으로서 동포를 진정으로 사랑하여 호감을 얻고 있었고, 그리고 민족 독립을 위해 사명을 다한다는 순수한 동기를 신뢰받는 것이었다. 덕분에 남강이 설립한 오산학교에는 조만식, 신채호, 여준, 염상섭, 유영모, 윤기섭, 이광수 등 이름만 들어도 익히 알 수 있는 민족 지도자급 선생님이 모였으며, 차별의 땅 서북지역에서 독립운동의 불꽃을 피울 수 있었다.

이상과 같이 남강의 민족 독립을 위한 육성의 리더십은 온정적 합리주의 8개 요인 중 신뢰기반의 임파워먼트 요인의 특징인 리더 자신의 신뢰성, 상대방에 대한 장점 발견, 장점의 개발과 육성이라는 특징을 잘 보여 주고 있다. 참고로 온정적 합리주의 리더십의 신뢰기반 임파워먼트의 정의는 구성원들과 진정성 있는 신뢰를 바탕으로 스스로 역량을 향상시킬 수 있도록 다양한 경험과 기회를 제공함과 동시에 이에 걸맞는 권한을 부여하면서 구성원들에게 성취감을 가질 수 있도록 지원함이다.

(5) 솔선 행동하는 리더십

마지막으로 남강의 리더십 특징은 솔선 행동하는 리더십이다. 도산 안창호 선생이 언행일치의 리더십의 리더라고 한다면, 그의 영향을 받은 남강 이승훈 선생 역시 언행일치의 리더이며 특히 실행력이 뛰어난 행동하는 리더라고 말 할 수 있다. 남강은 1907년 도산 선생의 연설을 듣고, 즉시 독립을 위한 민족계몽운동에 나선다. 본인 스스로가 먼저 상투를 자르고 금주하고 금연을 실행한다. 그리고 마을 사람을 모아 놓고 도산의 연설 내용을 들려주면서 서당을 고쳐 구학문이 아닌 신학문을 가르치기로 하고 곧장 실행에 옮겼다. 강명의숙이라는 초등교육기관을 짓고, 훈장을 내보내고 김덕용이라는 선생을 모셔와 신교육을 시작했다.

행동하지 않는 양심은 양심이 아니라고 했던가? 지식인의 맹점 중 하나는 자신이 가진 신념을 행동하지 않는다는 것이다. 그래서 우리는 알고 있는 것과 행동하는 것은 다르다고 말한다. 왜냐하면 대부분의 사람들은 옳은 줄은 알지만 여러 가지 이유를 들면서 행동으로 표현하지 않기 때문이다. 하지만 남강은 본인이 옳다고 생각한 것은 누가 뭐라 하더라도 즉시 실행했다.

남강이 12살이 되던 어느 날 주인 임일권은 남강에게 선천에 가서 유기값을 받아오라고 심부름을 보낸다. 그런데 선천에 가서 그 사람을 만났더니, 돈은 주지 않고 도리어 남강을 얕 잡아보고 꾸짖기까지 한다. 남강은 부당한 처사라고 따졌지만 막무가내였다. 힘이 약한 남강은 어쩔 수 없이 돌아갈 여비라도 달라고 했지만, 그는 한 푼도 주지 않고 집에서 쫓아냈다. 돈이 한 푼도 없는 남강은 분한 마음을 삭이며 터벅터벅 걷고 있는 중에 같은 마을에 사는 김장록이라는 노인을 우연히 만난다. 노인은 남강에게 너무 늦었기 때문에 김진사 집에서 하룻밤을 자고 내일 떠나자며 김진사 댁으로 데리고 갔다. 그런데 김진사 댁에 온 남강은 집안으로 들어가려고 하지 않았다. 왜냐하면 부잣집에서 하루 밤을 자는 것이 도리가 아니라고 생각했기 때문이다. 김장록 노인은 괜찮다고 들어가자고 했지만 남강은 고집을 꺾지 않았다. 김진사가 남강의 아버지 이석주와 알고 지내던 사이라고 친분도 이야기했지만 남강은 요지부동이었다. 이처럼 남강은 나이가 어렸어도 이유 없이 남의 신세를 지기 싫어하는 성품의 소유자로 본인이 옳다고 생각한 일을 고집스럽게 행동했다.

남강의 삶의 자세는 옳은 일이라고 생각한 일에 대해서는 망설이지 않고 즉시 행동한다는 것이다. 남강이 1919년 3 · 1 독립 운동 때에도 주저하지 않고, 기독교계 대표로 나섰으며, 독립선언서 기명 순서를 정할 때에도, 첫 번째를 천도교 손병희 선생에게 양보한다. 이처럼 남강은 자신이 옳은 일이라고 판단하면 좌고우면 하지 않고 즉시 실행하였다. 남강이 1930년 5월 9일 임종을 맞이할 때, 옆집에 사는 박기준을 불러 자신이 죽거든 자신의 시신으로 인체 표본을 만들어, 학생들이 공부하는데 쓰일 수 있도록 하라고 유언을 한다. 남강은 죽는 그 순간까지도 민족의 중흥을 위한 학생들의 교육을 잊어버리지 않았다. 그는 평소에도 "내 뼈는 학교에 보관하여 표본으로 사랑하는 학생들에게 보여 주고, 또한 교육에 진력하는 사람들에게도 보여주기를 원한다"고 하였다. 남강은 죽어가는 그 순간에도 자신의 말을 망각하지 않고 행동으로 실행했다.

솔선 행동하는 리더십은 온정적 합리주의 리더십 8개 요인 모두와 관련된 사항이다. 온정적 요인인 포용적 겸손, 공감적 배려, 이타적 협력, 신뢰기반 임파워먼트, 그리고 합리적 요인인 이성적 상황판단, 전략적 예측, 논리적 문제해결 그리고 최적화 수행관리 이상 8개 요인이 솔선 행동으로 실행되지 않는다면 온정적 합리주의 리더십 효과는 반감하게 된다. 남강은 민족독립이라는 신념을 갖고 그의 주변 사람들과 상호성장의 관계구축을 통해 신념을 공유하였으며 민족독립이라는 사명 달성을 위해 오산학교 설립 등 다양한 목표를 수립하고 최적화 수행 · 관리하였고, 당면한 문제들은 논리적 해결을 통해 풀어나간 진정한 CR(Compassionate Rationalism)리더라고 할 수 있다.

3) 남강의 성인 교육 정신

남강의 성인교육정신은 남강의 삶 속에 녹아난 다양한 사건과 사실을 기반하여 정신적 관점에서 해석되어야 한다. 남강이 보여줬던 말과 행동으로부터 리더십 특성을 파악했기 때문에, 리더십 특성으로부터 남강의 성인교육정신을 도출해 낼 수가 있다. 남강의 리더십 특징으로 열린 마음을 가진 겸손의 리더십, 실용을 추구하는 실사구시의 리더십, 민족을 사랑하는 배려와 협력의 리더십, 민족 독립을 위한 육성의 리더십 그리고 마지막으로 솔선 행동하는 리더십이었다. 이상의 남강 리더십의 5가지 특징으로부터 성인교육정신을 도출하면, 제일 먼저 열린 마음을 가진 겸손의 리더십에서는 평생학습 정신을, 실용을 추구하는 실사구시의 리더십과 솔선 행동하는 리더십에서는 실용정신을, 민족을 사랑하는 배려와 협력의 리더십에서는 기독교 정신을, 그리고 민족의 독립을 위한 육성의 리더십에서는 민족 독립과 민족부흥의 정신을 찾아낼 수 있다.

〈표 1〉 리더십 특징, 성인교육정신과 온정적 합리주의 리더십 요인

리더십 특성	성인교육정신	온정적 합리주의 리더십 요인
➢ 열린 마음을 가진 겸손의 리더십	➢ 평생학습 정신	➢ 포용적 겸손
➢ 실용을 추구하는 실사구시 리더십 ➢ 솔선 행동하는 리더십	➢ 실용주의 정신	➢ 이성적 상황판단 ➢ 전략적 예측 ➢ 논리적 문제해결 ➢ 최적화 수행관리
➢ 민족을 사랑하는 배려와 협력의 리더십	➢ 기독교 정신	➢ 공감적 배려 ➢ 이타적 협력
➢ 민족의 독립을 위한 육성의 리더십	➢ 민족독립과 민중계몽 정신	➢ 신뢰기반 임파워먼트

(1) 평생학습 정신

남강은 1907년 평양 쾌재정에서 도산 안창호 선생의 연설을 듣고 크게 깨달은 바가 있어 본인 스스로가 먼저 상투를 자르고 금주와 금연을 시작하였으며, 민족독립 운동 지도자 양성을 목적으로 오산학교를 건립한다. 1907년을 기준으로 남강의 삶은 신분을 돈으로 사서 양반이 되고자 했던 사적 사업가 삶에서, 백성 모두가 교육을 통해 양반이 되도록 한다는 공적 민족지도자의 삶으로 전환된다.

이러한 전환은 어릴 때부터 부족한 공부를 메우기 위한 자기 주도 학습의 결과이며, 경제 활동을 하는 과정에서 경험과 성찰을 통해 스스로 깨우친 결과이다. 남강은 바쁘고 어려운 상황에서도 제대로 배우지 못한 아쉬움을

달래기 위해 시간이 날 때마다 글씨 쓰기 연습을 하였는데, 그 당시 책은 고사하고 변변한 종이와 붓조차 없어서 남이 쓰다 버린 종이 조각을 주워서, 쓰고 또 쓰고 덧칠하며 글자 학습을 하였다. 이러한 모습을 본 임일권이 남강을 기특히 여겨 깨끗한 종이를 주고, 편하게 공부할 수 있도록 배려해 준 덕분에 남강은 정규교육은 제대로 받지 못하였지만 자신의 노력으로 글씨도 매끈하게 쓸 수 있게 되었다.

남강은 105인사건, 3·1운동으로 9년여간 감옥살이를 할 때에도 자신의 처지에 대해 비관하지 않고 성경의 구약과 신약을 수십, 수백 번 반복하여 읽으면서 스스로 학습하였다. 이처럼 남강은 때와 장소를 가리지 않고 본인에게 필요한 학습주제에 대해 지속적으로 자기주도의 평생학습을 실천했다.

(2) 실용주의 정신

남강이 소원하는 민족 독립의 방법은 교육과 산업 중흥이었다. 힘이 없는 민족이 현실적으로 독립을 쟁취할 수 있는 방법은 스스로 힘을 키워 강해지는 방법이라고 생각했다. 그래서 남강은 1907년 도산 안창호의 연설을 듣고 강명의숙이라는 새학교를 짓고 훈장을 내보내고 김덕용이라는 선생을 모셔와 신교육을 시작했다. 그 해 말에는 중등과정인 오산학교를 설립하였으며, 1922년 조선 교육령 공포로 남강은 변절자라는 의혹을 받으면서까지 일본관청을 찾아다니며 1925년 고등보통학교로 전환을 이루어냈다. 덕분에 오늘까지 이어진 오산학교는 112년의 긴 역사를 가진 민족학교가 될 수 있었다.

남강은 평안도와 황해도 자본가들이 협력해서 민족자본을 키워 장차 들어올 외국자본을 막아야 한다는 관서자문론을 주창한다. 이것은 외국자본 침투에 맞서 민족자본을 키우는 방법인데 당시 한반도는 러일 전쟁이후 대규모의 일본 자본이 들어오면서 점차 식민지 경제 체제로 빠져들고 있었다. 관서자문론의 실천을 위해 1908년 2월에 윤성운 등 평양 유지들과 함께 평양 마산동에 우리나라 최초 근대적인 도자기 회사인 평양자기회사를 설립한다. 그리고 1908년 5월에는 평양에 우리 민족에게 필요한 서적을 공급하며 각종 정기간행물과 도서를 출판하는 태극서관을 설립한다. 태극서관은 신민회 관련 교육기관에 교재와 교구를 납품하였으며, 신민회 회원들의 연락이나 집회 장소 역할도 했다.

이처럼 남강은 조선독립이라는 당면한 현실 문제에 대해서 실사구시적으로 대응하는 실용주의 정신을 보여줬다. 힘이 없는 상황에서 죽창 들고 나선다면 목숨만 헛되이 버리게 된다. 민족독립운동하는 데 있어서도 실용적 관점에서는 힘을 키워서 독립을 쟁취하는 것이다. 남강은 현실적인 방법으로 교육과 실업의 중흥을 통한 조선독립을 도모했다.

(3) 기독교 정신

1910년 9월 남강은 평양에 가서 한석진 목사의 특별 예배에 참석하게 되었는데, "십자가의 고난"이라는 설교를 듣고, 예수를 믿기로 결심을 한다. 1915년 2월에 105인 사건으로 복역 후 가출옥하여 정기정 목사로부터 세례를 받고 정식으로 기독교에 입교한다. 1917년에는 평양장로회 신학교에 등록하여 목사가 되기 위한 공부도 하였다. 남강은 죽을 때까지 기독교 신앙을 간직하게 되는데 말년에는 무교회 기독교인 성서조선그룹과 어울리며 성경공부를 통한 신앙생활을 계속하였다.

남강에게 기독교는 구복을 위한 종교가 아니라 민족을 살리기 위한 종교였으며, 힘들고 어려울 때 고난을 극복할 수 있는 힘을 얻을 수 있었던 종교였다. 기독교 신앙을 통해 민족의 품격을 높이고 독립을 위한 힘을 키우기 위함이며, 또한 백성들을 무지에서 벗어나게 하여, 부지런하고 덕스런 자가 되어 양반국민이 되도록 하려고 함이다.

남강의 기독교 사상에서 강조되는 것은 정의와 평등이다. 기독교는 의의 종교이고, 하나님은 의를 통해 모든 역사의 흐름을 보기 때문에 한 순간 괴로움이 더 큰 성공을 주거나 한 순간 안락이 더 큰 실패를 불러 올 수 있다는 것이다. 따라서 모든 것은 의를 향한 하나님의 뜻이기 때문에 어떠한 어려움에도 굴하지 않고 정진해 나갈 수 있는 것이다.

3·1 운동 공판 기록을 보면, 기독교 관계자 19명에 대한 심문에서 "일한합방을 반대하고 조선의 독립을 희망하느냐?"고 재판관이 묻자 18명은 "그렇다"고 대답하였으나 남강은 "아니다"라고 대답했다. 남강은 독립도 하나님의 뜻이라는 정의의 실현 개념에서 대답한 것이다. 일본이 우리를 지배했기 때문에 미워한다는 주관적 단순 논리가 아니고, 우리 민족이 힘이 약하고 죄를 많이 지어서 억압되었으나 신앙의 힘으로 변화되면 하나님의 뜻으로 해방될 것을 믿는다는 것이다. 남강은 재판관의 심문에 이렇게 말했다.

> 조선 독립에 한해서는 나의 조국에 대한 사랑으로부터 시작되는 것이다. 일본이 조선을 합방한 것은 하나님의 뜻에서 나온 것이로되 나는 이것을 반대할 의사가 없다. 그런데 합방이 된 것은 우리 조선 사람들이 지은 죄 때문이다. 우리가 죄를 회개하면 하나님께서 독립시켜 줄 것이다.

남강의 평등 정신은 하나님으로부터 부여받은 자유는 빼앗아도 안되고 빼앗겨도 안되며 인류애를 가지고 서로 돕고 사랑하여야 한다는 것이다. 그런 점에서 일본이 조선을 강점한 것은 잘 못된 일이 되며, 반대로 한민족이 독립운동을 하는 것은 당연한 일이 된다. 남강은 감옥에서 남이 하기 싫어하는 변기 청소를 도맡아 하면서 기도하기를 "주여 감사합니다. 바라옵건대 문을 나가는 날까지 이 백성을 위해서 똥통 소제를 잊지 말게 해 주옵소서. 지금까지 이기고 오게 하셨으니, 이와 같이 앞으로도 이기고 나가게 해 주옵소서"라고 기도하였다. 이처럼 남들이 싫어하는 일, 다른 사람의 감정에 공감하고 배려하며, 남을 섬기고 봉사하는 자세는 기독교의 평등사상에서 연유된 것이라 하겠다.

(4) 민족독립과 민중계몽 정신

1905년 을사보호조약이 일본에 의해서 강제로 체결되었던 시기는 남강의 나이 41세가 되던 해였다. 남강은 이 때에 이미 재계에서는 부자로 손꼽히는 사업가였으나 나라가 어려워지자 사업계에서 은퇴하고 평안북도 용동에 내려와 조용히 말년을 어떻게 보낼지 고민하고 있었다. 이런저런 생각으로 시간을 보내던 중에 1907년 도산 안창호를 만나 민족운동의 방향과 방법을 결심하게 된다. 남강의 생각은 나라의 발전을 위해서는 교육과 산업의 발전이 필요하다는 것이었다. 민중을 계몽하기 위해 먼저 강명의숙을 설립하고 이어서 오산학교를 세웠으며, 안창호의 권유로 신민회에 가입한다. 신민회는 민족을 위한 교육과 산업의 투자라는 명분을 갖고 있었지만 실제로는 민족독립을 위한 비밀 결사 단체였다.

남강은 신민회의 활동에 연루되어 안명근 사건으로 제주도에 유배되고, 105인 사건으로 감옥에 가게 된다. 감옥에서 모진 고문을 당하고 4년여간 옥고를 치루면서, 남강은 민족 독립을 향한 결심을 더욱 단단히 하게 되며 마침내 1919년 3·1운동에 앞장서게 된다. 이렇게 남강의 공인으로서의 민중계몽의 사회적 운동은 1907년 도산을 만남으로써 시작되었다. 초창기 신문화를 배우는 오산학교를 설립하는 민중 계몽에서 시작하여, 오산학교에서의 독립운동가 양성과 신민회 활동으로 민족 독립운동으로 심화하여 발전한다.

남강의 사회 활동의 시작은 1907년 도산의 연설을 듣는 것이 계기가 된다. 도산의 연설을 듣고 곧바로 상투를 자르고 금주하고 금연한다. 이처럼 남강이 생각한 민족계몽주의는 일에 능률을 더하기 위해 머리를 깎고 간편한 옷을 입는 신문화 개화주의에서 시작된다. 남강이 민족운동에 앞장선 것도 내 혼자만 양반이 되는 것이 아니라 민족 백성 모두가 양반이 되는 평등한 세상을 만들자는 것이었다. 남강 자신이 조실부모하고 남의 집에서 심부름꾼으로 살아오면서 돈을 벌어 자기 혼자 양반이 되기를 희망하였으나, 도산과의 만남을 계기로 백성 모두가 경제적으로 여유 있는 양반이 되는 것을 바라는 인도주의적 평등정신을 갖게 된다. 또한 남강은 스스로의 힘에 의한 민족운동을 강조했는데, 독립운동가들이 외국에 나가서 남의 나라 힘을 빌리려고 노력하는 동안에도 남강은 끝까지 국내에 남아서 스스로의 힘을 키우는 일에 총력을 다한다. 어떤 일을 하더라도 남의 힘을 빌리지 않고 남강은 자신이 할 수 있는 데까지 최선을 다하는 자주자립 정신을 갖고 있었다.

이처럼 남강은 도산 선생과의 만남을 계기로 민중계몽을 시작하였다. 처음에는 우매한 백성을 깨우치는 민중계몽이었지만 곧바로 민족운동 지도자 양성과 신민회 활동으로 발전하여 민족독립운동에 앞장서게 된다. 남강의 초기의 민중계몽정신이 실용적 개화 정신, 인도적 평등 정신, 그리고 자주자립 정신을 기반으로 하여 민족독립정신으로 심화 발전된다.

3. 결론

사람은 살아가면서 누구를 만나는 가에 따라 그의 운명이 결정되어 지는 경향이 있다. 남강도 1907년 도산 안창호를 만남으로 해서 사인에서 공인으로 극적인 전환을 맞이한다. 44세 이전에는 성공한 실업가 정도였다면 44세 이후 남강은 민족교육자, 독립운동가, 나아가 민족의 지도자로 거듭나게 된다.

남강은 민족의 자주 독립이라는 신념을 갖고, 상호성장의 관계를 구축한 동포들과 민족독립의 신념을 공유하였으며, 그 사명의 달성을 위해 오산학교 설립, 신민회 활동, 3 · 1독립운동참여 등 다양한 전략적 목표를 수행하였다. 목표 달성과정에서 발생하는 수많은 문제들을 논리적 해결을 통해 풀어나가며 최적화 수행 관리한 진정한 CR(Compassionate Rationalism)리더라고 할 수 있다. 온정적 합리주의 리더십 관점에서 본 남강의 리더십 특징은 열린 마음을 가진 겸손의 리더십, 실용을 추구하는 실사구시 리더십, 민족을 사랑한 배려와 협력의 리더십, 민족 자주독립을 위한 육성의 리더십 그리고 솔선 행동하는 리더십으로 분석되었다.

사람의 말이나 행동은 그의 정신세계가 외부로 나타난 표상이다. 그 말과 행동을 통해서 그 사람의 정신세계를 확인할 수 있는 데, 상기 5가지 남강의 온정적 합리주의 리더십 행동 특성과 맥락적으로 연결된 그의 정신세계는 평생학습정신, 실용추구의 정신, 기독교 정신, 그리고 민족독립과 민중계몽 정신이었다.

1907년 12월에 오산학교를 건립하고, 1930년 5월에 학교 실험실에서 학생들의 공부를 위해 인체표본이 되고자 했던 남강은 오산학교 서쪽 옆 밭에 묻혔다. 민족의 지도자 남강은 90년 전에 떠났지만, 남강이 남긴 민족 사랑과 자주독립의 정신은 겨레 동포의 맘속 깊이 자리 잡고 있다.

참고문헌

김기석 · 이호승(2017). 『위대한 영혼 남강 이승훈』. 서울: 남강문화재단.

김재율(2004). 『남강문화 20년의 빛』. 서울: 남강문화재단.

김재율(2000). 『남강 이승훈의 후예』. 서울: 남강문화재단.

오혁진(2016). 『이승훈의 사회교육사상의 내용과 성격』. 한국교회사상사. 서울: 학지사.

이교현(1985). 『남강의 생애와 정신』. 서울: 남강문화재단.

한규무(2008). 『기독교 민족운동의 영원한 지도자 이승훈』. 서울: 역사공간.

최은수 · 강찬석 외 7명(2018). 『세상을 움직이는 리더의 비밀』. 서울: 미래와 경영.

황우갑(2019). 「민세 안재홍의 성인교육활동과 온정적 합리주의 리더십 연구」. 박사학위논문. 숭실대학교 대학원.

황우갑 · 최은수(2018). 「안재홍의 성인교육 활동과 사상탐색」. 『Andragogy Today』 21(4). pp.49-74.

최은수(2011). 「성인교육 리더십의 새로운 패러다임으로서의 "온정적 합리주의"에 대한 개념화」. 『Andragogy Today』 14(3). pp.61-85.

최은수(2014). 「평생교육에서의 온정적 합리주의 리더십의 측정도구 개발과 연구」. 『Andragogy Today』 17(3). pp.205-229.

도산 안창호의 성인교육 활동과 온정적 합리주의 리더십

강찬석 (숭실대 초빙교수)

도산 안창호의 성인교육 활동과 온정적 합리주의 리더십

강찬석 (숭실대 초빙교수)

1. 서론

도산 안창호는 독립운동가, 교육자, 정치가였다(황수영, 2013). 독립운동가로서 도산은 "나는 밥을 먹어도 대한의 독립을 위해, 잠을 자도 대한의 독립을 위해서 해 왔다. 이것은 내 목숨이 없어질 때까지 변함이 없을 것이다."(이광수, 1997, 135쪽)고 했다. 교육자로서 "도산의 일평생은 민족 독립을 위한 민족의 힘 기르기를 위한 교육과 계몽의 삶이었다고 해도 과언이 아니었다."(박인주, 2017, 61쪽). 정치가로서 "도산의 민족운동은 민족의 힘을 찾는 작업에서 시작하여 새로운 국민국가를 건설하려는 혁명적 통합노선으로 보여주었다."(박병철, 2018, 68쪽). 도산은 미국을 비롯한 세계 각지에 독립운동의 씨앗을 뿌리고 흥사단을 통해 인재를 양성한 업적이 있지만, 그가 염원하던 독립을 보지 못하고 순국하였다.

이광수(1997)는 도산이 염원하던 독립의 꿈을 이루지 못했다고 과연 실패한 인생이었을까? 묻는다. 도산에게는 성공이니 실패니 하는 건 안중에도 없었다고 말한다. 수고했느니(勞) 공(功)을 세웠느니 하는 것도 안중에 없었고, 오로지 애국애족의 일념으로만 살았다고 한다. "그의 일생은 과연 실패의 일생이었던가. 그는 과연 노이무공(勞而無功)하였던가. 그는 우리 민족에게 참된 애국심을 심어주고 민족의 진로를 밝히 보여주었다. 그의 생활은 과연 실패의 인생일까. 그는 과연 노이무공일까. 1세기를 두고 보면 알 것이다."(139쪽).

도산의 업적은 1공화국 때는 조명을 받지 못하다가 1962년에야 건국훈장 대한민국장이 추서되었다. 1973년에는 도산공원이 조성되어 망우리 공동묘지에 있던 도산선생 유해와 LA에 있던 이혜련 여사 유해를 모셔와 합장하였고, 논현동에서 청담동까지의 3,250m 거리를 도산대로로 명명하였다. 1998년에는 도산 안창호 기념관이 건립되어 17,000여점의 유물과 자료를 소장하였다. 1991년 LA시에서는 대한인국민회관 앞길을 '도산 안창호 거리'로 명명했고, 미국 애틀랜타의 '세계인권명예의 전당'에는 아시아인으로 처음 안창호 발자국이 헌액되었다. 또한 미국 캘리포니아주 리버사이드에는 도산의 동상이 마틴 루터 킹, 마하트마 간디의 동상과 함께 세워져 인간의 자유와 평화를 빛낸 인물로 기억되고 있다. 미국 캘리포니아주는 2018년도부터 매년 도산 안창호 선생의 출생일인 11월 9일을 '도산 안창호의 날(Dosan Ahn Chang Ho Day)'로 선포하게 됐다.

도산을 기리는 사업이 이처럼 성대했건만 그동안 역사교육이나 훌륭한 선열들에 대한 교육이 부실하여 도산의 생애와 정신, 그가 남긴 업적에 대해 아는 사람이 드물다. 특히 청소년들의 역사에 대한 무지는 심각하다. 이것은 국가적 위기수준이다. 일찍이 단재 신채호와 윈스턴 처칠(Churchill)은 '역사를 잊은 민족은 미래가 없다'고 했다. 이제 4차 산업혁명 시대를 맞아 인성교육의 중요성이 강조되고(Schwab, 2017), 사상대립으로 분단된 민족을 통일하고, 이념으로 분열되고 국익보다는 당파적 이익을 앞세우는 정치를 혁신하기 위해서 뭔가 본받을 만한 모범이 필요한 시점이다. 도산이 말하듯 뭐든 눈에 보이는 모범이 있어야 사람들은 따르기 때문이다.

도산의 언행일치와 정직, 기초부터 다져 나가는 국력배양의 방략, 새로운 국민으로서의 힘을 길러 문명대국을 만들자고 걸어간 자취, 그리고 대의를 향해 통합의 정치를 일관되게 추구함으로써 보여준 정치에 대한 가르침은 분명 오늘날 우리에게 주어진 과업을 해결하는데 빛이 되어줄 것으로 본다. 왜 도산을 성대하게 기리는지를 알기 위해서라도 도산의 생애와 자취를 조명할 필요가 있다. 도산을 배우고 그가 남긴 자취를 계승하는 것이 이광수가 말한 바 '1세기를 두고 보면 알 것이다.'라고 한 배경적 염원이 아니었을까 한다.

2. 본론

1) 도산의 생애와 사상, 그리고 인품

Flanagan(1954)의 '주요사건 기법'을 이용하여, 도산의 생애를 주요사건을 통해 살펴봄으로써 도산이 살아낸 삶의 궤적을 이해하고, 그러한 삶의 결과물로서 형성된 사상과 인품에 대해 살펴보기로 한다.

(1) 도산의 생애

도산의 생애에 영향을 미친 주요사건은 다음과 같다.

① 필대은과의 만남

1878년 11월 12일 평남 강서군 초리면에서 태어난 도산은 그의 나이 13세 때인 1890년 평양 남부산면 노남리로 이사를 하게 되었고, 서당에서 황해도 안악 출신의 청년 선각자 필대은(1875-1900)을 만나 교류하면서 세상 보는 눈을 뜨게 된다. 필대은은 한국역사, 중국고전을 섭렵하고 글도 잘 쓰고 계획도 잘 세우는 인재였다(장석흥, 2016). 도산이 14세에서야 서당에 다녔고 17세 상경할 때까지 초동으로 고향에 머물렀으니 사춘기 때의 지성과 인격형성에 필대은의 영향이 지대했을 것으로 짐작할 수 있다. 나중에 도산은 필대은을 서울로 불러 올려 구세학당에 다니게 하고, 만민공동회 관서지부를 조직하여 함께 활동하게 된다. 하지만 필대은은 1900년 폐병으로 사망하게 되었고, 훗날 도산이 대전감옥에서 출옥해 평양을 들렀을 때 필대은의 묘소를 참배한 것은 필대은과의 인연이 깊이 남아 있었기 때문이다.

② 청일전쟁 목격

1894년 6월 도산이 17세 되던 해에 발발한 청일전쟁 때 평양에서 청일 양국이 전쟁하는 가운데 평양시민들이 도망을 하고 가옥이 파괴되는 모습을 보고 '왜 타국이 우리 강토에 군대를 끌고 와서 전쟁을 하게 되었는지' 의아하게 생각했다. 동지인 필대은과 이 문제를 두고 토론한 끝에 '우리에게 힘이 없어서다'는 결론을 얻었다(이광수, 1997). 청일전쟁의 목격은 도산이 과거시험 대신 국가지도자로 성장한 결정적 계기가 되었다. "서울로 올라가서 우리나라를 부흥시키고 힘을 가진 나라를 만들려면 어떻게 해야 하는가를 알아보고 공부해야겠다는 내적 동기가 형성되었기 때문이다. 위대한 리더십은 반드시 첫 번째로 막스 베버가 말한 인터널 모티베이션(internal motivation)을 정립하는 사람이 형성할 수 있다. 큰 인물들은 대부분 어릴 때든 아주 어려서든 내적 동기에 의하여 자기의 진로를 결정한다"(신용하, 2019).

③ 구세학당, 독립협회 가입

청일전쟁을 피해서(장석흥, 2016), 그리고 뭔가 자신의 역할을 찾아보기 위하여 1894년 상경하였고, 기독교를 접함과 동시에 숙식을 제공하는 구세학당에 들어가 서양문물을 배우는 기회를 갖게 된다. 구세학당에서 수학했던 2년은 도산에게 있어 기독교 문화와 서구 문물을 수용하여 새로운 세계관을 형성하는 결정적인 계기가 되었다(박인주, 2017). 도산이 독립운동에 투신하는 삶을 살기로 작정한 데는 서울에 있으면서 1896년에 발간된 유길준의『서유견문』을 통해 실상개화론을 공부하고(신용하, 2019), 1896년 독립협회 첫 토론회에서 조선의 급선무는 인민의 교육으로 작정한다는 방향성에 공감하고, 서재필의 대중 시국강연이 결정적인 역할을 했다(이태복, 2006). 도산은 드디어 1897년 독립협회에 가입하고 평양지회 설립에 앞장섰다.

④ 쾌재정 연설

1898년 여름 독립협회 평양지회(관서지역 총괄)를 설립하고 고종 탄신일을 맞아 쾌재정에서 대중연설을 하게 되는데, 평안도관찰사 조민희와 평양부사 이계필 등 관리들도 참석하였다. 이 자리에서 타고난 웅변가였던 도산이 관리들의 부패를 낱낱이 고발하면서 폭정에 한맺힌 서민들의 가슴을 후련하게 한 연설은 도산에게 전국적인 명성을 얻게 하였고, 이어진 성토와 그 여파로 조민희와 이계필을 사직하게 만들었다. 쾌재정 연설을 계기로 장차 독립운동의 지도자로 부상하게 되었다.

⑤ 미국유학과 한인회 조직

도산이 미국유학을 결심하게 된 것은 미국과 유럽을 배우기 위해서였다. 한국을 바꾸기 위해서는 서구를 강하게 만든 교육이 필요하다고 보았다. 구세학당 설립자 언더우드의 영향과 도움이 컸다(장석흥, 2016). 도산은 1902년 결혼식을 올린 다음날 부인과 함께 유학길에 올랐다. 샌프란시스코에 도착하여 영어를 배우기 위해 소학교에 입학했으나 나이가 너무 많아 그만 두었다. LA로 이사하여 길거리에서 바지저고리를 입은 한국인 인삼장수들이 상투를 붙잡고 싸우는 것을 미국인들이 구경하는 모습을 보고 너무나 창피하고 충격적이어서 1903년 회원 9명으로 구성된 '한인친목회'를 만들었다. 도산은 야학을 열고 생활계몽과 에티켓 교육을 시키고, 청결을 강조했다. 한인들을 위한 '노동주선소'를 열어 오렌지 농장, 철도, 광산 등에 일을 알선하고, 정직하고 성실하게 자기 일처럼 정성을 다할 것을 가르쳤다. 그런 자세가 갖춰진 사람만 소개하여 신용을 높였다. 1905년 '한인친목회'를 발전시켜 동족상애, 환난상부, 항일운동을 표방하는 강력한 한인정치단체인 '공립협회'를 창설했다. '공립협회'는 1908년 2월 기준 9개 지회 800명의 회원으로 성장했고, 미국의 인정을 받는 한인자치기관이자 한인을 대표하는 외교기관으로 입지를 굳혔다. 한인친목회와 공립협회의 성공 경험은 도산으로 하여금 향후 민족운동 역량을 조직하고 독립운동 지도자로 성장하는데 밑거름이 되었다. 그 이후 국내에서의 신민회를 조직하고, 대성학교를 설립하고, 청년학우회와 흥사단을 설립하고, 신간회를 설립하는 등의 활동들은 한인회 조직과 운영 경험의 연장선상에 있다고 볼 수 있다.

신용하(2019)는 "풀뿌리 리더십이라야 부서지지 않는 리더십을 형성할 수 있는데 도산은 친화력 때문에 풀뿌리 리더십의 기초가 만들어져 있었다. 친화력 다음에는 주제를 많이 공부하는 높은 지식이다. 그 주제에 대한 지식이 없으면 절대로 리더십은 안 생긴다. 친화력으로 친구는 될 수 있는데 리더십은 지도력이다. 그래서 저절로 아저씨라 부르지 않고 선생님이라 부르고 절로 안창호 선생님 도산 선생님 하고 리더십이 형성되었다. 리더십이 형성되자마자 그들 10여 가구를 모아서 한인친목회를 만든다. 도산의 리더십은 이때 형성이 되었다. 풀뿌리 민주주의에 기초하여 국민들과 밀착된 친화력이 민주적 리더십으로 형성된 것이다."고 했다.

⑥ 상해임시정부의 출범과 통합 주도

1차 세계대전이 끝나고 전후처리 문제를 놓고 1919년 1월부터 파리에서 강화회의가 열렸는데, 강화회의의 기본원칙은 미국 윌슨대통령(재임: 1913년-1921년)이 제시한 14개조의 평화원칙이었다. 이 중 "민족자결주의는 식민지 상태에서 해방과 독립을 열망하는 약소민족들에게 큰 희망을 안겨 주었다. 민족자결주의(民族自決主義)란 한 민족이 다른 민족이나 국가의 간섭을 받지 않고 자신의 정치적 운명을 스스로 결정하는 권리를 실현하려는 사상이다"(네이버 시사상식사전). 그런데 민족자결주의로 독립하기 위해서는 우선 독립을 선언해야 하고, 임시정부가 있어야 했다. 파리강화회의에 참석한 김규식(1881-1950)이 이런 사정을 알려 주어 3·1만세운동이 일어나고, 그 이후 임시정부가 조직되었다. 상해임시정부는 1919년 4월 11일 임시 헌법을 제정하여 국호는 '대한민국'으로 하고, 정치 체제는 '민주공화국'으로 하였다. 그러나 몇 몇 실무자급들이 그려놓은 그림에 불과할 뿐 각처에서 아직 사람들이 오지도 않았고 운영할 재정자금도 없어 실체가 없는 것이나 마찬가지였다(장석흥, 2016). 1919년 5월 25일 도산이 미국에서 상해에 도착하여, 신익희, 윤현진, 여운형, 조소앙 등 임시정부 수립의 실무그룹이었던 신한청년단원들의 간청을 받아들여 6월에 정식으로 내무총장 겸 국무총리 서리로 취임하고 나서 미국동포들이 모금한 2만 5천 달러로 임시정부 청사를 구입하고, 7월에 시정방침을 발표하고 연통제가 실시되었고, 기관지 '독립신문'을 발간하고, 임시정부 수립의 역사인 '한일관계사료집'을 발간해서 정부의 면모를 갖추었다. 그리고 상해임시정부 외에 임시정부를 표방했던 2개의 다른 유력한 단체인 연해주의 대한국민의회, 서울의 대조선공화국(한성정부) 등을 통합하고 독립운동 거두들을 총 망라해 명실상부한 유일 임시정부를 1919년 9월 11일 출범시켰다. 이 통합을 이루어낸 것은 도산이었다. 상해임정 대신 한성정부의 정부조직안을 그대로 받아들이고, 대신 상해임정에서 해 놓은 일은 그대로 계승하는 선에서 통합이 이루어졌다. 이것은 상해임시정부의 정부조직안을 희생시킴으로써 가능했다. 특히 도산은 내무총장이나 국무총리서리의 직함을 내놓았다. 통합임시정부에서 도산은 국장급인 노동국총판을 맡았다. 이승만이 대통령에 취임하기까지 의정원에서 대통령 대리를 맡아줄 것을 결의했지만 도산은 단호히 거절했다. "한성정부에서 파견된 이규갑(1887-1970)이 '사실상 상해 임시정부는 도산의 출현을 계기로 출범했다고 해도 과언이 아니다. 도산이 미국에서 들어와 참가하기에 이르러 정부조직이 성립됐다.'라는 회고는 임시정부 수립에서 도산의 역할이 어떠한 것인지를 잘 말해주고 있다"(장석흥, 2016, 99쪽). 그도 그럴 것이 상해임시정부를 비롯한 독립운동의 주요 인사들은 도산이 집행원으로서 실질적으로 조직을 운영했던 신민회 출신들이 많았는데 도산이 마음만 먹으면 최고지도자의 직함을 가질 수 있었지만 그렇게 하지 않았다. 민족독립의 대의를 향해 '단결'을 이루기 위해 자신이 가진 것을 희생하는 통합의 리더십은 이때 발휘되었고, 상해임시정부가 탄생해서 오늘날 역사에서 이렇게 역할을 할 수 있게 된 것은 도산의 리더십에 의해서 만들어진 것이다(신용하, 2019).

1920년 12월 8일 이승만이 대통령 취임을 위해 상해에 도착한 것을 계기로 이승만의 위임통치론이 '독립' 분위기에 비춰 호응을 얻지 못한 데다 미국교포의 독립자금을 축내며 외교운동으로 신탁통치를 주장하는 이승만에 반대하며 국무총리 이동휘가 사임하였고, 신채호 등도 이탈하였다. 이승만은 스스로 미주 지역에서 외교활동을 하지 상해에서 대통령 역할을 할 의사가 없다는 말을 공공연히 했고, 무장투쟁을 반대했고, 독립공채를 발행했으면서도 빈손으로 와 임시정부에 자금지원을 하지 않았고, 탄핵을 받아 결국 축출되었다. 이승만을 대통령으로 옹립하고, 통합과정에서 연해주의 이동휘를 국무총리로 영입한 도산도 책임을 지고 임시정부에서 손을 떼고 말았다. 이때로부터 임시정부는 독립운동의 구심점 역할을 하지 못하고 지리멸렬한 양상을 띠게 되었다. 도산은 시간이 갈수록 독립운동역량이 이념과 노선에 따라 갈라지는 상황에서 오로지 민족의 '독립' 하나를 최고의 목표로 삼고 '대공주의(大公主義)'에 따라 역량을 통합하기 위해 노력했다. 1923년 국민대표회의를 발기하여 힘이 빠진 임시정부를 대체할 길을 모색하였고, 1926년 일제의 분열책인 자치론과 도산의 본의를 왜곡한 실력양성론을 배격한 입장에서 혁명노선과 혁명당 결성을 위한 민족대당촉성운동을 주창하며 1930년 한국독립당 결성을 주도하였다. 한국독립당 발기인 가운데 흥사단 출신이 절반에 가까웠던 사실이 이를 증명한다(장석흥, 2016). 그리고 1926년 재정난에 허덕이던 임시정부를 후원하기 위해 임시정부경제후원회를 조직하고 회장에 취임했다. 도산은 국무령 취임 권유를 거절하고 대신 김구를 국무령에 앉히고 적극 후원했으며, 김구는 민족대당운동의 흐름에 따라 '이당치국(以黨治國)'의 개헌을 하여 당을 중심으로 독립운동을 전개하기로 했다. 이처럼 도산은 교육을 통해 인재를 기르고, 결사를 통해 역량을 결집해 두었다가 탄탄한 인맥을 바탕으로 독립운동의 역량을 통합해 나갈 수 있었다. 그리고 누구나 욕심을 내는 영광된 자리에 앉지 않고 오로지 단결과 통합을 위해 뒤에서 후원하고 궂은일을 도맡아 하는 역할을 수행했다. 또한 도산은 독립운동에 필요한 재정문제를 가장 관심을 가지고 모금, 관리, 집행하였던 독립운동지도자였다(장석흥, 2016). 재정문제에 관한한 그는 단 한 푼의 의혹이나 의심을 받은 적이 없었다(서상목, 안문혜, 2010). 아무도 믿을 수 없는 상황에서 무실역행으로 언행일치의 모범을 보이는 누구나 신뢰할 수 있는 지도자가 있다는 것은 독립운동자금의 모금에 필수적인 조건이 되었다. 재정능력은 독립운동이 실질을 거두기 위해 도산이 개입했어야 했고, 그렇게 많은 분야에 도산이 왜 개입했는지 설명해 주는 단초가 된다.

⑦ 송태산장과 미소운동

도산은 윤봉길 사건으로 상해에서 체포되어 국내 송환 후 옥살이를 하던 중 1935년 2월 대전감옥에서 가출옥하여 지방 순방 후에 평남 대보산 송태산장에 은거하였다. 도산은 1937년 6월 동우회 사건으로 체포될 때까지 송태산장에 머물렀다. 송태산장은 이상촌에서 짓고 살았으면 하는 주택 모형을 몸소 설계하여 철두철미하게 감독하여 완성한 집이다. 나중에 좀 더 확장하여 동지들의 수양공간을 만들 예정이었다. 사람들은 말로 듣는 것보다 실제 모델을 눈으로 보아야 비로소 본을 받는다고 생각하고 송태산장을 개량주택의 본으로 삼은 것이다. 대성학교를 중등교육의 모델로 삼아 전국으로 확산시키고자 했던 것과 같은 맥락이었다. 도산은 집을 짓는 과정을 나라를 건국한다는 생각으로 하였고, 정원을 가꾸는 것을 국토를 정화, 미화하는 일로 생각하였다. 이 집은 일경의 눈을 피해 많은 사람들이 찾아오는 명소가 되었다. 이광수(1997)에 의하면 "도산은 영어의 스마일이라는 말을 즐겨하였다."(281쪽), "도산은 송태산장 입구에 문을 세우고 '빙그레'라고 간판을 써 붙일 것을 말하고 있었다…전국 요처에 사람 많이 모이는 곳에 '벙그레' '빙그레'라고 좋은 모양과 좋은 글씨로 써 붙이고 또는 조각으로나 회화로도 벙그레 웃는 모양을 아름답게 만들어서 전국에 미소운동을 일으키는 것도 좋겠다고 말하였다."(282쪽).

이광수(1997)에 따르면 "도산에 있어서는 우리 민족의 생명선은 선량한 동지의 단결이었다..단결의 생명은 정당한 주의와 합리적인 조직과 풍부한 재정의 삼합이 필요하거니와 이 삼합의 피가 되고 생명력이 되는 것은 동지의 情誼라고 하였다...어떤 단결도 그 주의에 대한 사랑, 조직체에 대한 사랑, 지도자와 간부에 대한 사랑, 각원 상호간의 사랑, 이런 사랑이 없으면 ..그 단체는 분열, 자멸하고 마는 것이니, 우리나라에서 훌륭한 주의를 가지고 오래 유지될 단결이 없는 것이 이 때문이라고 도산은 명언하였다."(293쪽). "단결의 생명은 주의의 일치만에 있는 것이 아니라, 정의 즉 사랑에 있다고 도산은 말한다."(252쪽). "도산은 담소의 가치를 중하게 보았다. 오락은 인생의 양식이라고 보았다....각 사람은 남을 즐겁게 할 오락거리 한두 가지 재주를 닦아둘 것이라고 도산은 말하였다."(284쪽). "도산 선생은 우인의 가정방문을 게을리 아니하시었고, 동지들과 친절히 담론하기를 좋아하셨다. 때로는 장기 바둑에도 취미를 붙였다. 누구나 선생을 만나면 참다운 인간미가 용솟음을 느낄 수 있었다."(주요한, 1990; 서상목, 안문혜, 2010, 21쪽 재인용).

"도산은 우리나라를 사랑의 나라, 미소의 나라로 하고 싶어 하였다. 그러하기 위하여서 자신이 사랑과 미소를 공부하고 또 동지들에게 사랑과 미소 공부를 권면하였다. '훈훈한 마음, 빙그레 웃는 낯'. 이것이 도산이 그리는 새 민족의 모습이었다. 백년이 되거나 천년이 되거나 이 모습을 완성하자는 것이 도산의 민족운동의 이상이었다."(이광수, 1997, 295쪽)

박인주(2017)는 도산의 생애 단계를 (1) 성장과 사회활동 진입기(1878-1902년), (2) 제1차 미주활동기(1902-1907년), (3) 국내 신민회 활동기(1907-1910년), (4) 제2차 미주 활동기(1910-1910년), (5) 통합의 상해 임정시절 및 수난기(1919-1938년) 등 5단계로 구분하고 각 단계별 대표적 활동을 정리하였다(〈표 1〉참조).

〈표 1〉 도산의 생애단계별 사회교육활동

시기	사회교육 활동
성장과 정치활동 진입기 (1878-1902년)	• 평안도 강서군 초리면에서 출생 • 서당에서 한문 공부 • 구세학당에 입학 • 독립협회 가입 및 관서지부 창립, 만민공동회에서 연설 • 점진학교 및 탄포리 교회 설립
제1차 미주 활동기 (1902-1907년)	• 교육학을 공부하기 위해 부인 이혜련과 함께 도미 • 교포생활 지도 및 상항 한인친목회 조직 • 공립협회 조직 • 공립신보 창간
국내 신민회 활동기 (1907-1910년)	• 비밀결사체 신민회 조직 및 평양 대성학교 설립 • 청년학우회 조직과 함께 마산동 자기회사 설립 • 태극서관 설립(서울, 평양, 대구) • 이상촌 건설계획 논의 • 서울, 평양 등에서 애국 계몽 연설
제2차 미주 활동기 (1910-1910년)	• 망명길에 청도에서 회담 • 대한인국민회 중앙회장으로 활동 • 흥사단 조직 및 흥사단보 발간 • 북미 실업주식회사 설립 • 세크라멘토 한인 학생양성소 운영 • 멕시코 및 하와이 교포 순방
통합의 상해 임정시절 및 수난기 (1919-1938년)	• 상해 임시정부 활동(내무총장 및 국무총리 서리 역임) • 상해판 독립신문 발간 • 상해 교민단 및 청년회 주최에서 연설 • 국민대표회의 개최와 민족통일을 역설 • 남경에 동명학원 설립 • 이동녕, 이시영, 김구 등과 대독립당 창당 • 이상촌 후보지 물색 • 대공주의 제창 • 대전감옥에서 복역, 출옥 후 송태산장 은거 • 국내 이상촌 건설계획 추진 및 강연 • 동우회 사건으로 재수감, 병보석으로 출감 후 서울대 병원 에서 순국

출처: 박인주(2017). 43-44쪽.

주요사건을 살펴보았지만 그의 삶이 그런 사건만으로 설명되지 않은 부분이 있다. 그것은 그가 천성적으로 어떤 사람이었는지를 살펴볼 필요가 있다는 의미다. 사람은 교육이나 경험을 통해 형성되는 부분도 있지만 교육만으로 설명이 안 되는 타고난 인격적 또는 능력 요소가 있다. 소위 nurture가 아닌 nature를 살펴봐야 하는데 그것은 그가 똑 같은 경험을 했어도 어떻게 그다지도 큰 사상과 업적을 이룰 수 있었느냐를 가지고 해석적 판단을 해야 드러날 수 있을 것이다.

(2) 도산의 사상과 인격

① 도산의 사상

도산 안창호는 독립운동가, 교육자, 정치가였다. 도산의 사상은 모든 각도에 따라 다양한 관점으로 조명될 수 있지만 여기서는 독립운동가, 교육자, 정치가로서의 대표적 사상을 지적하고자 한다. 도산에게 있어 독립운동가, 교육자, 정치가의 구분은 별 의미가 없다. 왜냐하면 셋이 다른 게 아니라 하나로 통합되어 있었기 때문이다. 교육이 곧 독립운동이요 정치였다. 본론 2장과 3장에서 성인교육활동과 리더십의 관점으로 도산을 조명하겠지만 같은 활동을 두고도 새롭고 다양한 통찰을 얻을 수 있는 것은 도산이 가진 신기한 매력이다.

② 힘의 철학에 기초한 독립운동사상

도산이 독립운동가로서 가졌던 대표적인 사상은 '힘의 철학'으로 볼 수 있다. 도산은 일찍이 청일전쟁을 목격하고 조선에 힘이 없어서 외국 군대가

들어와 전쟁을 벌이고, 그 피해는 조선 백성들이 보는 부조리한 현실을 체험하고 힘을 길러 국권을 회복해야 한다는 생각을 했다.

"도산은 민족의 운명은 '힘'으로 결정되는 것이라 하였고, 그 힘은...민족 각 개인의 덕력, 지력, 체력의 총화였다. 정치력이나 경제력이나 병력 같은 것은 필경 이 개인의 힘의 조직이요 결과였다."(이광수, 1997, 149쪽). "힘이란 한 사람 한사람의 건전한 인격과 그 건전한 인격들로 된 신성한 단결이다"(이광수, 1997, 190쪽)라 했다.

힘의 철학은 인과의 법칙을 철저히 믿는 합리적인 사고에서 출발한다. 인과를 믿는 사람은 자기와 관계된 일에서 발생하는 모든 책임을 자신에게 돌려 스스로 힘을 기르는 주인정신으로 나타난다. "인과를 안 믿는 사람의 특색이 첫째로 제가 당하는 일의 책임이 제게 있다고 아니 하고 혹은 하늘에, 혹은 세상에 원망을 돌리는 것이오."(이광수, 1997, 233쪽). "영미인은 인과를 믿는데 우리는 안 믿고, 영미인은 저 스스로가 제 생활과 나라의 주인이오. 따라서 책임자로 자처하는데 우리는 제 생활의 행불행도 국가의 흥망도 저는 말고 다른 누가 주인이요 책임자인 것 같이 생각하고 있습니다."(이광수, 1997, 234쪽).

나라는 내가 속한 공동체요 삶의 울타리와 같으니 나라가 망한 책임도 나 스스로에게 돌려 스스로 힘을 기르는 자강의 길을 가게 된다. "우리는 망국의 책임을 일본에게 돌리고, 이완용에게 돌리고, 양반계급에게 돌리고, 조상에게 돌리고, 유림에게 돌리고, 민족운동자에게 돌린다. 그리고 그 책임 아니 질 자는 오직 나 하나뿐인 것같이 장담한다. 그러나 우리 민족 각 사람이 힘 있는 국민이었을진댄 일본이 어찌 덤비며 이완용이 어찌 매국조약에 도장을 찍을 수가 있으랴. 그러므로 우리는 이완용을 책하는 죄로 우리 자신을 죄(罪)하여야 한다."(이광수, 1997, 71-72쪽). "결코 생활을 남에게 의뢰하지 말고 자작 자활하라"(이광수, 1997, 178쪽)고 했다.

③ 신민주의 교육사상

신민(新民)이란 말은 대학(大學)에서 유래되었지만 사회적 결사체의 중심 사상으로 드러난 것은 신민회(新民會)였다. 도산은 1차 도미시기에 미국의 부강함, 민주주의, 미국민의 부유함, 도덕성과 용감함에 강한 인상을 받았다. 신민(新民)이란 말은 미국에서 신민회통용장정을 작성하면서부터 사용했다. "도산의 신민(新民)은 신 국민과 신 민족을 포괄하는 개념이다. 봉건시대의 통치 대상으로서 군주의 백성인 신민(臣民)이 아니라, 새로운 국가와 새로운 정치의 주체로서 "새롭게 자각한 국민(國民), 신 국민(新國民)"(박만규, 2006, 79쪽)이며, 그러한 신 국민의 결체인 신 민족(新民族)이다."(박인주, 2017, 57쪽). 여기서 말하는 '새로운 국가'란 미국과 같은 공화주의 국가를 말하며, 신민이란 공화주의 국가의 시민을 뜻한다(이윤갑, 2017). 신민주의로 가야 하는 이유에 대해 도산은 "독립할 자격은 독립할 힘이 있어야 하고, 민족이 힘이 있기 위해서는 구성원 개개인의 힘이 있어야 함을 주장했다. 이를 위해 구민(舊民)이 신민으로 개조되어야 하고, 구민을 덕, 체, 지 삼육의 동맹수련으로 신민이 되고, 인재가 되어야 한다고 주장했다."(박인주, 2017, 61쪽). 여기서 도산의 힘 기르기 자강주의는 신민주의의 핵심사상임을 알 수 있다(박인주, 2017). 신민주의가 힘의 철학으로 연결되는 지점이다.

도산은 미국이 부강한 이유를 많은 학교 설립과 배움 속에 있다고 보고 미국을 배울 것을 강조했다. 도산의 교육은 신민(新民)을 만들기 위한 것이었고, 신민(臣民)에서 신민(新民)을 만드는 것이었다. 그러자면 학교에서 가르치기도 해야겠지만 저마다 자기주도적으로 자기혁신을 해 나가는 것이 중요하다. 도산은 연설이나 글을 통해 자기혁신, 자기개조, 민족개조를 통해 신민이 되어야 한다는 것을 부단히 계몽했다. 도산은 "자아혁신의 기초를 도덕적 개조에 두었다...자아혁신 대업을 성취함에 대하여 민족성 분석 즉 자아반성이라는 방법을 취하였다."(이광수, 1997, 152쪽). 그리고 우리민족의 도덕적 결함으로 가장 심각한 것을 '거짓'으로 보았다. "아아 거짓이여, 너는 내 나라를 죽인 원수로구나. 군부(君父)의 원수는 불공대천이라 하였으니 내 평생에 죽어도 다시는 거짓말을 하지 아니 하리라."(이광수, 1997, 153쪽). 신민회가 세운 대성학교의 교훈은 '죽더라도 거짓이 없어라'였다(장석흥, 2016).

무실역행은 신민이 되는 방법론이라 할 수 있다. 무실역행은 신민의 지도자, 독립운동가를 양성하기 위한 흥사단의 핵심정신이기도 하다. 무실(務實)이란 도산의 독창어가 아니고 유교적 용어이지만 유학이 워낙 공리공담을 일삼아서 새로운 용어같이 들릴 뿐이다. 무실역행이란 자신이 하는 일에 진실을 다 하고 성실을 다해 실천하는 것을 의미한다(황수영, 2013). "우리나라에 인물이 많이 나오는 길은 오직 하나이다. 그것은 저마다 인물이 될 결심을 하고 공부를 하는 것이다. 저마다 성인(聖人)을 목적으로 인격을 수양하는 것이다. 최저한도로 저마다 한 국민 구실할 만한 자격을 갖추기 위하여 덕체지를 수양하는 것이다. 이밖에는 길이 없다."(이광수, 1997, 160쪽). "도산은 입버릇처럼 '귤 하나 따는 게 나라를 위한 일'이라 했다."(장석흥, 2016, 153쪽).

④ 통합의 정치사상

도산의 정치사상은 '통합'이다. 힘의 철학에 따라 건전한 인격과 그들의 단결된 힘이 목표를 이루는 것일진대 그러한 단결을 이루게 하는 것이 정치인 것이다. 이것은 민족독립이라는 공동의 목표를 위해 각자의 주의 · 주장을 독립 이후로 미루자는 '대공주의'와도 같은 맥락이다. 그리고 단결을 이루는 데는 주의 · 주장의 일치만이 아니라 '사랑'이 중요하다고 하였다.

도산은 우리 민족성이 가진 모래알 같은 파벌과 분열을 개탄했다. 단결을 잘 하는 민족은 개체적 에고가 적은 민족이기 때문에 우수한 민족이라 할 수 있다. 단결이 안 되는 민족은 개성이 강한 것이라기보다는 개체적 에고를 극복하지 못한 저열한 민족인 것이다. "우리 민족이 가는 곳에는 불행하게도 반드시 따라가는 파벌 당쟁의 폐단…저마다 두목이 되려고 하여서 소군소당을 만들어서 국민의 통일을 교란하였다. 무엇을 위한 파쟁인지 알 수 없는 파쟁이었다"(이광수, 1997, 117-118쪽). "내 뜻과 같지 아니하다 하여서 이를 사문난적이라 하여 멸족까지 하고야 마는 것이 소위 사화요 당쟁이었으니, 그 악습이 지금도 흐르고 있소..천만가지 사상과 의견이 대립하더라도 우정과 민족적 애정만은 하나일 수가 있으니…안으로는 아무러한 의견의 대립이 있더라도 외모나 전 민족의 운명이 달린 일에 대하여서는 혼연히 하나가 되어 감연히 막아낼 수가 있는 것이오."(이광수, 1997, 251-252쪽). 분열과 투쟁의 결과는 파멸일 뿐이다. "유사 이래로 증오와 투쟁이 평화를 가져온 실례가 없는 모양으로 미래영겁에도 그러할 것이다."(이광수, 1997, 291쪽)

도산은 단결과 통일을 외쳤다. 통일해야만 독립이 될 수 있다고 외쳤다. "복종 아니 하려는 자는 대개 자기가 두령이 되려는 생각이 있습니다. 그러나 우리 중에는 결코 독력으로 독립한 자는 하나도 없습니다. 통일하면 독립하고, 아니 하면 못합니다. 우리의 모든 일 중에 급하고 급한 것이 통일이요 구할 것이 통일이외다."(이광수, 1997, 324쪽). 전진할 힘도 통일에서 온다고 했다. "전진하려면 힘이 있어야 합니다. 만사는 힘에서 나오는 것입니다…힘의 실현은…통일이 으뜸입니다…내 의견으로 보건대 이미 성립된 정부에 복종하는 것이 으뜸 되는 통일정책이 아닐까 합니다…합하여 그치지 말고 오래 참아나가야 합니다."(이광수, 1997, 330쪽). 그리고 사랑을 강조했다. 서로 주의 주장이 다르더라도 미워하지 말자는 것이다. "단결의 생명은 주의의 일치만에 있는 것이 아니라, 정의(情誼) 즉 사랑에 있다고 도산은 말한다."(이광수, 1997, 252쪽). "서로서로 이웃의 독자의 견해를 존중하여서 제 척도로 남을 재지 아니하면 미워할 이유는 없을 것 같습니다."(이광수, 1997, 251쪽)고 했다.

박병철(2018)은 "도산은 숱한 고난과 역경의 독립운동 과정 속에서 적지 않은 독립운동의 거인들과 단합하고 통합하기를 중시하며, 독립운동 노선과 사상의 차이와 갈등을 극복하며 상해임시정부를 지켜내려는 등 초인적인 능력을 보여주었다. 도산은 절박한 독립투쟁의 험로에서 모든 독립 운동가들과의 인격적인 신뢰를 쌓으며 폭넓고 두터운 존경을 받아왔으며 세심하게 준비된 독립운동 계획을 마련하고 몸소 실천하며 주도함은 물론 독립투쟁 현장과 향후 건국을 대비한 인재의 발굴과 육성에 특유의 지도력을 발휘하여 여타 독립운동가와는 다른 뛰어난 리더십을 보여 주었다."(68쪽)고 평가했다.

(3) 도산의 인품

도산은 전인(全人)으로서의 인격을 갖추고 있었다. 전인이란 통상 지정의(知情意) 내지 지덕체(智德體)를 고루 갖춘 사람을 말하고, 전인을 길러내는 교육을 전인교육이라 한다(안병영, 2011). 지정의나 지덕체를 고루 갖춘 인간이 어떤 사람인지 평가하는 것은 대단히 복잡하고 막연하고 추상적이다. 그래서 그 대신 인품이란 사람의 품격 내지 됨됨이를 뜻하므로 유가적(儒家的) 전통에서는 5상(五常)인 인의예지신(仁義禮智信)을 골고루 갖춘 사람을 온전한 인격자로 보기 때문에 5상(五常)에 비추어 도산의 전인적 면모를 살펴보기로 한다. 5상(五常)에 비추어 인성을 판단하는 것은 CR리더십의 온정주의 패러다임이기도 하다. 인성 즉 사람의 품성이 리더십의 요소임을 이를 통해 알 수 있다. Zenger와 Folkman(2005)은 품성이 성공적 리더십의 중심요소임을 확인하였다(서상목, 안문혜, 2010 재인용).

도산을 가까이 모셨던 이광수(1997)의 증언이 생생하다.

① 인(仁)

상호연결성에서 오는 고통에 대한 공감, 배려, 사랑, 동체대비, 자비심과 같은 것을 말한다.

"그는 일면 철석과 같은 의지의 사람이면서 부드러운 인정의 사람이었다." (이광수, 1997, 246쪽)

"도산은 생명에 대하여서 깊은 연민과 애착을 가졌었다."(이광수, 1997, 246쪽)

"친우와 동지의 불행을 볼 때에는 매양 자기를 잊어버렸다."(이광수, 1997, 246쪽)

② 의(義)

정의로운 마음, 정의를 추구하는 마음, 기회와 이익을 나누는 마음, 개체적 이익보다 대의를 선택하는 마음을 말한다. 용기가 뒷받침되어야 한다.

"김필순은 '만일 그러한 연설을 다시 한다면 생명의 위협이 있을 것이니 다시 하지 마라' 간청했다. 그렇지만 도산은 자신이 옳다는 일에 조금도 주저함이 없었다."(장석흥, 2016, 74쪽)

"도산은 결코 누구를 이용하는 일을 아니 하였다."(이광수, 1997, 114쪽)

"'개인은 제 민족을 위해서 일함으로 인류와 하늘에 대한 의무를 수행한다' 하는 것이 그의 인생관이었다."(이광수, 1997, 151쪽)

"도산의 끊임없는 수련의 동기와 목표는 '우리 민족을 위하여서'였다."(이

광수, 1997, 149쪽)

③ 예(禮)

존중하는 마음을 말한다. 교만하지 않고 겸손하며 공경하는 마음이다.

"도산은 친구가 찾아오면 극진한 정성으로 그를 대우하되 돈과 시간을 아낌이 없었다."(이광수, 1997, 111쪽). "북경시내 가로(街路) 상에서 도산을 힐끗 보고는 옆골목으로 피하는 몇 사람을 보았다. 도산은 일일이 그들을 향하여서 손을 들었다. 저편이야 받거나 말거나 이 편에서는 인사를 한다는 도산의 예의였다...그들은 대개 도산에게 한 두 번의 신세를 진 사람이건만 지금은 도산의 반대파로 자처하는 것이었다."(이광수, 1997, 111쪽)

"그는 평생에 누구를 속인 일이 없었고, 누구에게도 야속하거나 부정하게 한 일이 없었다. 그와 접한 일이 있는 이는 다 그의 사랑과 도우려는 우정을 받았다. 이것만 하여도 그는 현인이요 군자다."(이광수, 1997, 144쪽).

"도산은 누가 찾아오거나 만나보고, 만나면 온화하고 공손하게 또 친절하게 접대하였다. 찾아온 사람이 무슨 문제로 가르침을 청하기 전에는 도산은 결코 훈계하거나 충고하는 말을 하지 아니하였다. 또 아무리 어리석은 말이라도 끝까지 다 들었고, 남이 말하는 중에 꺾는 일이 없었다. 도산은 모든 사람의 개성을 존중하였다. 누구나의 처지에 대하여 동정하였다. 결코 누구에게 핀잔을 주는 일이 없었다. 비록 어린 사람이라 하더라도 하고자 하는 말을 다 할 기회를 주었다. 남이 하는 말에 대하여서 그는 경청하는 태도를 취하였다. 그러다가 남이 하는 말을 다 들은 뒤에 도산 자신의 의견을 말하였다. 그때에는 성의를 다하여 진실한 의견을 말하였고 조금도 저편의 뜻을 받아들여 비위를 맞추는 일은 없었다. 안 될 일은 안 된다고 하고, 아니 믿는 말은 아니 믿노라고 바로 말하였다. '글쎄'같은 어름어름하는 태도를 나타내는 말을 도산은 쓰는 일이 없었다. 그의 말은 언제나 긍정이거나 부정이었다. '그렇소'이거나 '아니오'였다. '글쎄'는 없었다."(이광수, 1997, 113쪽)

"도산은 비록 17, 8세의 소년과 문답을 하는 경우에도 자기가 높은 자리에 있는 빛을 보이지 아니하였다. 남자나 여자나 어른이나 아이나 다 평등의 지위에서 물었고 평등의 지위에서 대답하는 말을 존중하였다. 그는 평시에도 남의 말을 꺾거나 누르는 일이 없었다."(이광수, 1997, 245쪽)

④ 지(智)

지혜로운 마음을 말한다. 전체 맥락 속에서 가장 유리한 것을 선택할 수 있는 능력이다.

"도산을 찾아왔던 사람은 반드시 무엇을 얻어가지고 갔다. 충고도 훈계도 없었건만 회화 중에 언제인 줄 모르게 듣는 자에게 무슨 소득을 주어서 한번 도산을 만나고 나면 뒤에 잊히지 아니하는 무엇이 남았다. 그것은 그의 모든 말이 정확한 지식과 움직이지 않는 신념과 또 한 마디 한 마디가 애국 애인의 진정에서 나오는 까닭이었다."(이광수, 1997, 113-114쪽)

"그는 성경을 읽었고 유교 경전도 읽어 어디서나 그의 양식을 구하였지마는 어느 한 곳에 기울어지지 아니하였다. 그는 무슨 도덕률이든지 자기의 양심과 이성의 비판을 거쳐서 자기의 도덕률에 편입하는 것이었다."(이광수, 1997, 148쪽)

⑤ 신(信)

언행일치, 일관성, 지성(至誠)을 갖추어 온전히 믿을 수 있는 사람이 된 것을 말한다.

"도산의 철학은 행의 철학이요, 도산의 인식론은 실증적이었다."(이광수,

1997, 256쪽)

“공상 공론을 미워하는 도산은 아무리 좋은 이상이나 덕목이라도 높고 멀어 행하기 어려운 느낌이 있는 생각 그대로 두고는 견디지 못하였다. 그는 무슨 이상이든지 덕이든지 보통 사람이 몸소 얻어 일상생활에 실행할 수 있는 경지까지 끌어내려다가 그 이름까지도 우리가 보통 쓰는 말로 고쳐놓고야 말았다.”(이광수, 1997, 247쪽)

“군사학교를 세우는데 돈을 대겠다고 약속한 이종호의 변심으로 낭패를 겪었지만 도산에게는 어떤 고난이 따르더라도 절망은 없었다. 그것이 도산의 진정한 힘이었다.”(장석흥, 2016, 80쪽)

“지행합일의 일생을 보냈다”(이광수, 1997, 146쪽)

“성(誠)이란 참이요, 천지가 참으로 유지되어 가니 한번 참이 깨어지면 천지는 즉각에 부서지리라 생각하오.”(이광수, 1997, 197쪽)

“지성으로 터득한 지식을 지성으로 설복하는 곳에 그의 웅변이 있고 감화력이 있다. 그의 말은 듣는 사람의 마음속에 낙인같이 파고들어 그 마음에 변질 작용을 일으키고야 만다. 신민회, 청년학우회, 국민회, 흥사단 등의 동지가 40년, 30년 그 의를 변치 아니하는 이유가 여기 있으니, 연치로 보아서는 도산과 비슷한 이까지도 자신이 늙을 때까지 도산을 선생으로 여기어 경애의 염을 변치 아니하는 것이다.”(이광수, 1997, 147쪽)

“아마 그의 지인치고 그가 성낸 기색을 보이거나 크게 웃거나 근심에 잠긴 양을 본 기억은 없을 것이다.”(이광수, 1997, 147쪽)

“그의 인격의 본질을 이룬 것이 무엇이냐 하면 그것은 쉬지 않는 노력이요 수양이다.”(이광수, 1997, 147쪽)

“그는 의복, 식사, 거처에 모두 자율적인 규구가 있었다...그는 도덕이 인생을 위하여 있는 것이요, 인생이 도덕을 위하여 있지 아니하다는 것과, 도덕이란 결코 별다른 일이 아니라 개인으로서는 인성, 즉 생리적, 심리적 자연에 합하고 사회공동체의 일원으로서는 그 공동체의 약속과 복리에 위반됨이 없다는 것이라고 믿었다."(이광수, 1997, 148쪽)

"단좌와 정보, 어음(語音)이 분명한 것, 말하는 속도와 음량의 조절, 한잔의 차를 들이마시는 데도 고행수련의 자취가 있었고, 반성과 수련을 쉬지 않으므로 도산은 날마다 새롭고 날마다 무엇이 더하였다."(이광수, 1997, 149쪽)

"'그대가 나라를 사랑하는가. 그러하거든 먼저 그대가 건전한 인격이 되라. 중생의 질고를 어여삐 여기거든 그대가 먼저 의사가 되라. 의사까지는 못되더라도 그대의 병부터 고쳐서 건전한 사람이 되라.' 이것이 도산의 건전 인격 제일의 주장이다."(이광수, 1997, 157쪽)

"조그마한 일도 소홀히 아니하는 지성인(至誠人)의 풍모는 그가 심고 가꾸는 일초일목에도 벌여놓은 한 덩어리 돌멩이에도 드러났다...목수나 기타 장색, 인부가 추호만큼도 설계에 어그러지기를 용허치 아니하였다. 너무 다심하고 너무 잘고 너무 각박하다고 하리만큼 고집하였다. '한번 잘 못되면 그 잘못이 언제까지나 남는 것이오' '얼렁얼렁이 우리나라를 망하게 하였소. 우리가 최선을 다한다 하더라도 최선이 되기 어렵거든 하물며 얼렁뚱땅으로 천 년 대업을 이룰 수가 있겠소?' 하고 역설하였다. '대소간 역사에 관용한 것은 관용이 아니요 무책임이니 관용하는 자가 잘못하는 일꾼보다 더욱 죄라' 하는 것이 도산의 의견이었다."(이광수, 1997, 176-177쪽).

"지성(至誠)의 인격은 곧 성인(聖人)의 지경이다...지성의 사람은 무언중에도 능히 사람을 움직이는 힘을 가질 것이다."(이광수, 1997, 156쪽)

"최후 최고의 목표가 성인(聖人)의 자리"(이광수, 1997, 199쪽)

"동포가 백만 대금을 의심 없이 맡길 만하고, 과년한 처녀를 안심하고 의탁시킬 인물이라야 비로소 동포의 신임을 받고 또 모범이 될 것이다."(이광수,

1997, 115쪽)

2) 도산의 성인교육 활동

교육이란 교육자가 자신의 사상과 철학에 따라 실시한다. 교육자가 가진 사상은 한 가지가 아니라 복합적일진대 그가 가진 여러 사상들이 합쳐져서 총체적인 양태로 실천되기 때문에 각 사상을 기준으로 성인교육 활동을 어떻게 전개했는지 정리하는 것보다는 교육목표달성의 접근방법을 기준으로 정리해 보면 내용과 형식을 통합적으로 살펴 볼 수 있지 않을까 한다. 박인주(2017)가 평생교육학적으로 형식교육, 비형식과 무형식 교육의 형식적 관점을 원용하여 도산의 성인교육 활동을 형식적 교육을 통한 인재 양성, 운동조직을 통한 지도자 배출, 신문, 잡지를 통한 국민의 계몽과 자각, 연설과 강연을 통한 국민 의식화 교육으로 분류하여 중복됨이 없이 깔끔하게 정리하였으나 여기서는 관점을 약간 달리 하여 교육목표 달성을 위한 접근방법을 기준으로 정리하는 시도를 해 보고자 한다. 그 이유는 정형화된 틀에 내용을 담다 보면 자칫 겉으로 드러난 활동의 나열에 그칠 개연성이 크기 때문이다. 교육목표 달성을 위한 접근방법을 기준으로 정리하다 보면 활동의 동기와 방략을 좀 더 분명하게 파악할 수 있고, 사상과 형식의 통합적 이해에 도움이 되지 않을까 생각해서다.

도산의 인격은 그가 가진 삶의 목표, 목표가 구체적으로 그려진 비전 내지 꿈으로 드러난다. 인격은 그 사람의 생각과 행동을 결정짓는 자아의 수준에 달려 있다. 다산에 의하면 사람은 누구나 투명한 본원을 갖고 있고 영명하다(박석무, 2017). 이것은 모든 존재의 근원은 동일한 투명한 본원이고 그래서 서로 연결되어 있다는 것을 의미한다. 마치 형제가 부모를 통하여 연결되어 있는 것과 같다. 자식이 부모와의 관계를 무시하고 이기적으로 행동하면 부모와의 관계는 연결되어 있으되 마치 단절된 것과 같이 되고 만다. 이기심은 상호연결성을 가리는 구름과 같고 제 이익만 추구하는 삶으로 이끈다. 이기심을 기반으로 한 자아가 개체적 자아인 에고이다(Tolle, 2005). 에고가 아주 강하면 그의 삶의 목표는 자기 자신의 생존과 가족의 행복에만 집중한다. 이기심의 구름이 걷혀 상호연결성을 깨닫는 정도에 따라 상호 연결성에 바탕한 인생목표가 정해진다. 이기심의 구름이 완전히 걷히면 에고는 사라지고 모든 존재의 행복을 삶의 목표로 정하게 된다. 이런 존재가 성인이다. 이기심의 정도 즉 에고가 지배하는 정도에 따라 삶의 목표는 공동체의 번영, 나아가 국가사회, 인류, 생태계로 확장되게 된다.

자신을 지배하는 자아가 에고 수준에서 영성자아인 참나의 연속선상에서 어디에 위치하는가에 따라 삶의 목표가 달라진다. 여기서 우리는 어떻게 살아야 할 것인가에 대한 물음에 직면한다. 사람마다 자아수준이 천차만별이지만 상호 연결된 존재적 자각이 없어 혼자 이기적으로 살아가는 것은 어리석다는 것이다. 예컨대 나라가 망해서 다른 나라의 지배를 받는 상황에서 노예 취급을 받으며 민족적 멸시를 받고 살 때 아무리 호의호식한다고 해서 그게 참다운 행복이겠느냐 하는 것이다. 나의 삶을 지탱해 주는 공동체가 망하고서 나의 개인적 삶이 온전할 수 있겠느냐는 것이다. 삶의 터전인 지구가 오염되어 살 수가 없는데 내 개체가 생존할 수 없는 것과 같다. 이런 상호연결성을 공동운명체라 표현하고 있다. 이 관계를 멜 깁슨이 주연을 맡은 영화 '패트리어트'에서 잘 그리고 있다. 이 영화에서 개척지를 위해 인디언과 싸웠던 벤자민은 이제는 가족에게 돌아와 가족을 위해서만 살기로 결심하고, 미국 독립전쟁에 참전하지 않기로 결정한다. 그러나 영국군에 의해 아들이 살해당하고 가족이 납치당하자 독립전쟁에서 벗어나 홀로 가족의 안전을 지킬 수 없다는 것을 실감한다. 벤자민은 결국 자신의 가족을 보호하기 위해서는 미국의 독립과 자유를 위해 싸우는 길 밖에 없음을 깨닫고, 혁명군을 위해 총을 잡는다는 얘기다. 그래서 Tolle(2005)는 맥락과 연결성을 무시하고 개체적 이익만 맹목적으로 좇는 에고를 거짓 자아(false self)라 하였고, 본래의 상호연결성이 환하게 드러나는 자각 속에 있는 자아를 참나라 하였다. 성인은 인격완성의 존재로서 에고가 아닌 참나로 살아가는 사람이다. 도산은 건전한 인격을 갖추는 인성교육의 목표를 성인에 두자고 했다(이광수, 1997). 성인이 가진 삶의 목표와 걸어가는 행보에 비추어 보면 자신이 어느 수준의 또 얼마나 올바른 목표를 가졌는지를 가늠할 수 있다. 성인이 바로 삶의 가늠자인 것이다. 따라서 인성교육을 한다고 하면서 성인의 삶을 배우지 않고, 경전을 공부하지 않는다고 하는 것은 연목구어(緣木求魚)라는 것을 알 수 있는 대목이다.

수기(修己) 이후에 치인(治人)하는 것은 대학(大學)의 강령이고 주자학의 공부순서였다. 모름지기 그릇을 만든 후에 세상을 담으라는 것이다. 다산도 〈자찬묘지명〉에서 수기의 학인 경학(經學)으로 본(本)을 삼고 치인(治人)의 학인 경세학(經世學)으로 말(末)을 갖췄다고 했다. 이러한 유학적 전통이 도산에게서도 영향을 미쳐 먼저 민족성을 개조하여 새로운 나라를 만들자는 '신민주의(新民主義)'로 국권회복과 독립운동 방략의 기조로 삼게 했다. '신민'이란 말 역시 대학(大學)에 연원을 두고 있으며 양계초가 사용한 말을 그대로 사용한 것이다. 사회적 진화론의 관점으로 신민으로서의 힘을 길러야 한다는 자강론 역시 청말 변법자강운동을 펼쳤던 양계초의 『음빙실문집』에서 영향을 받았다(박인주, 2017). "독립할 자격은 바로 민족의 힘, 그리고 민족의 힘은 국민 개개인의 덕, 체, 지 3육의 수련과 대동단결을 통해 양성하여야 한다고 보고, 민족의 힘을 기르기 위한 도산만의 독특한 사회교육과 운동에 평생을 바쳤다."(박인주, 2017, 167쪽). 교육을 통한 독립쟁취의 방략은 전형적인 수기치인의 접근임을 알 수 있다.

서상목과 안문혜(2010)에 의하면 "도산의 궁극적인 목적은 민족성을 개조하여 일본으로부터 독립은 물론 경제적으로 번영을 누리고 세계인으로부터 존경 받는 조국을 만드는 것이나, 이를 위해서는 한국인 각자가 자신을 개조하려는 노력을 부단히 해야 한다고 굳게 믿었다."(73쪽) "도산은 세 가지 큰 꿈을 꾸었다. 대한의 독립, 경제강국 대한, 세계인으로부터 존경받는 한국인이 바로 도산의 꿈이었다."(186쪽). 그렇다면 이런 꿈을 어떻게 이룰 것인가? 작은 힘은 작은 꿈을 이룰 수 있고, 큰 힘, 단결된 힘은 큰 꿈을 이룰 수 있으니, "도산은 힘의 원리를 알아야 한다고 주장하면서 '정의는 반드시 이길 날이 있다'는 신념하에 도덕성과 힘을 동시에 가져야 한다고 호소했다."(186쪽).

이런 맥락에서 박인주(2017)는 도산의 독립역량을 기르기 위한 교육적 접근을 '신민주의 사회교육 사상'으로 정리했다. "신민족은 반드시 힘이 있어야 하고, 신민족의 힘은 힘이 없는 구민(舊民)이 힘 있는 신 국민(新 國民)으로 거듭 태어나는 데 있다고 보았다. 이를 위해 구민(舊民)은 덕, 체, 지 삼육을 수련하고, 동맹하여 건전한 인격과 대동단결을 통해 힘을 양성해야 된다고 보았다."(160쪽). 도산의 신민주의 사회교육의 목표는 민족의 완전한 자주독립과 문명국가의 건설이었음은 말할 나위가 없다(박인주, 2017). "한국민족이 힘을 가지려면 인재양성이 최우선이라는 인식하에 도산은 평생 인재와 리더 양성을 위해 온갖 노력을 경주한 것이다. 또한 도산은 한민족의 여러 가지 취약성을 발견하고 민족성 개조운동을 전개하였다(서상목, 안문혜, 75쪽).

그렇다면 도산은 '대한의 독립, 경제 강국 대한, 세계인으로부터 존경받는 한국인'을 만드는 꿈을 실현하기 위해 교육적으로 어떠한 접근방법을 선택했는가? 교육은 공급자인 교육자와 컨텐츠인 교육내용과 교육대상인 학습자의 삼요소가 필요하다. 이 삼요소만 갖춰지면 장소와 시간과 기자재 설비 기타 매체들은 상대적으로 부수적 요건에 불과하다. 재정도 필요하지만 교육자가 봉사 차원에서 재능기부를 한다면 크게 중요한 조건은 아닐 수 있다. 도산의 청년기에 해당하는 구한말인 1895년 2월에는 근대교육에 대한 고종의 교육조서가 발표되었지만 국가주도의 학교교육체제가 정비되지 못하였고, 서당식 교육이 주류를 이루었다. 그만큼 황실과 정부의 시대인식이 낙후되고 시대변화를 따라가지 못했다고 할 수 있다. 근대식 국립 소학교는 1905년 을사보호조약이 체결될 때까지 서울(10개)과 지방(50개) 합쳐 60개교에 불과하였다. 반면 한일합방이 되던 1910년까지 기독교계가 세운 학교는 796개교였고, 3,000개가 넘는 사립학교가 설립되었다가 1908년 통감부의 사립학교령으로 대폭 정리되어 1910년 7월 1일 현재 사립학교 수는 총 2,082개교로 조사되었다. 프로이센이 국가주도 의무교육으로 선진국을 따라잡아 성공한 선례에 따라 근대식 교육은 국가주도 인적자원개발 교육이라 할 수 있다. 그런 관점에서 구한말은 국가주도 근대식 교육이 확립되지 못하였고, 국가의 권리요 의무인 교육권이 국가의 손을 벗어난 상황에 있었던 것이다. 국가가 교육을 주도하지 못하고, 법과 제도로 의무교육이 실시되지 않을 때 교육의 성패는 교육의 3요소 중 교육자의 질과 권위, 지적 호기심을 자극하기에 충분한 신기하고 풍부한 컨텐츠, 배움의 열의가 강한 학습자에 달려 있다.

우선 컨텐츠 면에선 구학문의 고리타분함에 비해 신학문의 매력은 엄청났다. 수학, 과학, 세계지리, 세계역사, 외국어, 창가 등을 배우려는 열기는 뜨거웠다. 이 시기엔 학교를 세우면 학생모집을 염려할 필요는 없었다. 그래서 갑오개혁 이후 국권상실기까지 그렇게 많은 사립학교들이 설립되었던 것이다. 문제는 교사를 확보하는 것이었다. 관직에 나가지 못하고 집에서 책만 읽는 선비들이 많아서 교사가 될 수 있는 사람은 많았지만 신학문을 가르치고 국권회복에 도움이 될 만한 식견을 공유할 수 있는 교사는 부족했다. 이 부분을 기독교계 선교사나 그들이 설립한 학교 졸업생, 그리고 드물게 일본 유학생들이 채웠다.

교육자 측면은 도산의 꿈을 이루는데 가중 중요한 요소라 할 수 있다. 한사람의 건전한 인격과 그 건전한 인격들로 된 신성한 단결을 통해 힘을 길러 '대한의 독립, 경제강국 대한, 세계인으로부터 존경받는 한국인'을 만들어야 하기 때문이다. 단순히 외국어나 신학문의 기술적 지식이 해박하다고 건전한 인격자를 양성할 수 있는 게 아니다. 교육자 자신이 도덕적으로 높은 인격 수준을 갖추어야 가능한 것이어서 아무나 할 수 없다. '학생은 선생만큼만 된다'는 속담처럼 교육은 어차피 교육자의 인격적 수준과 실용지식의 수준, 그리고 강점을 통해 구현되는 것이다. 교육자가 가진 이러한 자질과 능력을 바탕으로 교육적 접근은 다양하게 이루어질 수밖에 없다. 도산이 자신의 꿈을 이루기 위한 교육적 접근방법은 첫째, 언행일치의 방법, 둘째, 모범사례를 보여주고 따르게 하는 방법, 셋째, 연설로써 사람을 감동시키는 방법, 넷째, 인쇄매체를 활용하여 글로써 감화시키는 방법, 다섯째, 조직의 위력으로써 대세를 이끌어가는 방법으로 나눌 수 있다.

(1) 언행일치로 사람들을 따르게 함

이 부분은 겉으로 드러나는 유형은 아니지만 무형식 학습을 강조하는 평생교육에서 반드시 짚어야 할 부분이다. 인격개조는 인성교육을 통해 이루어지며, 인성교육에 있어서 무형식적 인격적 감화가 중요하기 때문이다(장세근, 2007). 도산은 언행일치의 인격으로 신뢰를 받고 친화력이 좋아 주변에 사람이 많았다.

도산을 가장 존경했던 고 김수환 추기경은 "도산 안창호 선생은 다음과 같은 교훈을 겨레에 남겼습니다. '진리는 반드시 따르는 사람이 있고, 정의는 반드시 이룩될 날이 있다. 죽더라도 거짓이 없어라.'"(서상목, 안문혜, 2010, 148쪽)고 했다. "내가 살아오면서 본 것 중에 정말 명성 그대로라고 느낀 것이 두 가지인데, 하나는 금강산이고 또 하나는 도산 선생이었습니다."라는 피천득의 말(서상목, 안문혜, 2010, 149쪽)과 도산은 "지행합일의 일생을 보냈다"(이광수, 1997, 146쪽)는 이광수의 증언은 도산이 언행일치로 사람을 감화시키는 일생을 살았음을 보여준다. 주요한(1990)은 그런 도산을 '인간으로서 높은 존재'(399쪽)로 평가했다. 이러한 언행일치의 감화력으로 "도산이 가는 곳마다 사람이 모이고 독립운동 단체가 설립되었으며 신문이 발행되었다."(사이버외교사절단 반크, http://kkum.prkorea.com/ahnchangho/)

〈표 2〉 일제 강점 이전 도산의 청년기 시절 국권회복을 위한 도산의 언행

연설	실천
* "나에게 한 옳음이 있으면, 남에게도 한 옳음이 있음을 인정하여 누구나 평등한 인격으로 받아들여져야 한다"(문병준, 1983, 26쪽; 길창근, 66쪽 재인용) * 국민 스스로가 대오각성하여 참된 인격인이 되고 필요한 기술을 익혀 산업부흥을 일으키고 독립을 위하여 견고한 단결이 지어져야 되겠다고 역설하였다. (1907 귀국 당시 연설: 한기언, 1981, 149쪽; 길창근, 1997, 53쪽 재인용)	* 평등주의 실천: 아내와 여동생을 정신여학교에 보냄 도미 전 최초의 남녀공학 '점진학교' 설립 * 학교설립: 점진학교, 대성학교 * 결사체 결성: .1차 도미: 한인친목회, 공립협회 결성 .1907 귀국후: 신민회 조직, 청년학우회 조직 * 산업부흥: 평양 마산동 자기회사 설립 * 국민계몽과 지식자본 축적을 위한 출판사 설립: 태극서관(서울, 평양, 대구) * 신문발행: 공립신보

추종자들이 따르게 하려면 리더에겐 권력이나 권위가 있어야 한다. 망국의 민간인으로서 독립운동을 하는 도산에게 있어서 권력이 있을 턱이 없다.

그리고 권위의 세 가지 중 전통적 권위나 합법적 권위도 있을 리 만무하다. 그렇다면 카리스마의 권위로 밖에 볼 수 없는데, 도산에게 있어서 사람을 따르게 한 권위의 원천은 카리스마이며(이영석, 2018), 그 카리스마는 '언행일치'로부터 오는 말의 무게감과 나중에 살펴볼 타고난 연설능력에서 비롯되었다고 할 수 있다. 언행일치는 도산의 인격도야와 민족개조를 통한 독립역량을 기르자는 주장에 대한 설득력을 제공해 주었다. 자기 자신이 언행일치를 이루지 못하면서 '인격도야와 민족개조'를 주장한다는 것은 비웃음만 살 뿐이므로, '인격도야와 민족개조'를 외칠 수 있다는 것은 웬만한 사람이 감당할 수 없는 지극히 어려운 일이다.

언행일치로 인해서 넓은 인맥이 형성되었고, 무엇보다 신뢰를 얻어서 금전과 관련된 분야에서 두각을 나타내게 된다. 자금을 모금하는 데 있어서 믿고 맡길 수 있는 사람이 있다는 것은 대단히 중요하다. 독립을 위해서 돈을 내고 싶으나 어떻게 누구에게 내어야 제대로 쓰일지 알 수 없으면 모금이 안 된다. 공립협회나 대한인국민회에서는 도산을 철저히 신뢰한 나머지 도산이 어디에 돈을 쓰든, 심지어 개인적 용도로 써도 불문에 붙이겠다고 할 정도였다(이태복, 2006). 그리고 사업을 하는 데 있어서도 신용은 생명인지라 도산은 마산동 자기회사 뿐 아니라 북미실업주식회사와 같은 사업체를 설립하여 운영할 수 있었다. 상해임시정부를 설립하여 운영하는 비용을 대부분 도산이 조달했고, 김구 주석의 임시정부가 재정위기에 직면했을 때 재정후원을 자진하여 책임진 것도 도산이었다.

(2) 실체를 만들어 모델로 삼음

사람의 심리는 모범을 보고 좋으면 따라 하고, 실물을 보고 좋으면 모방한다. "백문이 불여일견으로 한번 실물을 보면 모두 그와 같이 하겠다는 자극을 받는다."(이광수, 1997, 269쪽). "도산은 '본보기'라는 것을 심히 중요시하였다. 이론이 아무리 좋아도 그것은 실천되어서 '본보기'를 이루기 전에는 널리 퍼질 방책이 생기지 못한다고 도산은 보았다."(이광수, 1997, 45쪽). 도산은 일상생활에서 주변을 깨끗이 하고, 머리를 단정히 깎고, 옷을 단정하게 입었다. 겉모양을 통해 생활자세의 모범을 보이기 위해서였다. 이것은 요즘의 '사회적 학습이론' 관점에서도 주목할 만하다. 선비들이 의관을 정제하는 것으로 하루를 시작하여 종일 정돈된 자세로 살아가는 것과 같았다. 미국에서 한인친목회와 공립협회, 국민회를 설립하여 운영할 때도 조직운영의 모범이 되도록 민주적이고 투명하게 운영했다. 그래서 한인들의 구심점이 되었고, 미국정부로부터 신뢰를 얻어 재미 한인들은 일제강점기에도 일본 영사관의 간섭을 받지 않고 국민회가 한국인의 영사관과 같은 역할을 할 수 있었다. 한인친목회와 공립협회 그리고 국민회의 조직화와 운영경험은 앞으로 도산이 결성할 모든 단체 운영의 모범이 되었다.

처음 미국에 갔을 때 도산은 화장실을 청소하고, 유리창을 닦아주는 것으로 생활환경을 개선해 나갔다. 눈에 보이는 환경부터 깨끗한 이미지를 보임으로써 미국인들로부터 인정을 받게 했다. 이런 방법은 우수한 머리를 가진 한인들에게 금방 납득이 되어 따르게 했다. 이로운 점을 눈으로 보면 따르게 되는 것이 우수한 사람들의 특징이다. 근로윤리와 관련하여 도산은 입버릇처럼 "미국의 과수원에서 귤 하나를 정성껏 따는 것이 나라를 위하는 것이다."(주요한, 1990, 48쪽)하였고, 한인들의 생활이 일변한 것을 본 샌프란시스

코의 미국인 자산가가 도산의 지도력에 감탄하여 회관 하나를 무료로 사용토록 하였다. 이것이 한인회 최초의 회관이요 예수교회가 되었다(이광수, 1997). 이렇게 하여 약속준수, 사회질서, 공익, 재산과 명예 존중, 시간과 규율, 공중위생 등 생활규범을 몸에 배게 하였고 공민으로서의 책임감과 주인의식을 갖도록 모범을 보여 힘써 실천케 하였다(길창근, 1997; 박의수, 2007).

도산은 어디를 가거나 모범의 씨앗을 뿌렸다. "잠시 셋집이나 셋방살이를 하더라도 그 집 그 방을 곱게 단장하였다. 깨끗이 쓸고 닦고 문장을 치고 그림을 걸고 화분을 놓고 뜰에 화초를 심고 이 모양으로 자기가 있는 곳을 아름답게 하였다...그래서 상해나 남경에서도 도산의 거처를 찾으려면 그 동네만 알면 그만이었다. 그 중에 가장 정(淨)하고 아름답게 꾸민 집이 도산의 거처임에 틀림없었다. 도산은 의관정제 중심필칙((衣冠整齊 中心必飭)을 그대로 믿었다. 거처 즉 환경은 거기 사는 자의 정신에 영향하는 동시에 그의 정신의 표현이라고 보았다."(이광수, 1997, 168쪽). 심지어는 감옥에서도 실천되었다. "도산은 날마다 자기의 감방을 깨끗이 청소하기로 유명하였다."(이광수, 1997, 125쪽). 이것이 일상생활에서의 생활윤리를 어떻게 실천할 것인지 모범을 보여 따르게 한 것인데, 한인친목회와 공립협회, 국민회 운영의 모범을 보여 동포 결사체가 어떻게 운영해야 하는지 길을 제시해 준 것과 같은 맥락이다.

앞서 살펴본 바와 같이 대성중학교와 송태산장은 모범사례를 만들어 널리 퍼지게 할 방책을 펼친 대표적인 사례이다. 대성중학교는 중등교육의 모델이고, 송태산장은 이상촌의 주택모형이었다(이광수, 1997).

(3) 연설로 사람을 감동시킴

'쾌재정 연설'로 약관의 나이에 전국적 명사가 되었던 바와 같이 도산의 연설은 사람들에게 깊은 감동을 주어 안중근, 이광수, 최남선 등과 같은 인물들을 독립운동에 투신하도록 하였다. 주요한(1990)에 의하면 "음성은 부드럽고 깊이가 있어 대양이 우러나는 것 같은 인상을 주었다...그의 연설은 음성이나 어조나 용어에 있어서나 언제든지 독창적이었다. 평범을 초월한 무엇이 있었다. 이러한 독창성은 그에게 있어서는 노력의 산물이라기보다는 자연스럽게 태어난 것이었다. 후일에 거듭 그의 좌담이나 연설을 듣는 때마다 나는 이런 감상을 가졌다. 그야말로 천성(天成)의 웅변가였던 것이다."(59쪽). "도산의 연설이 있다면 회장이 터지도록 만원이 되었다. 그의 신지식과 애국 · 우국의 극진한 정성과 웅변은 청중을 감동시키지 아니하고는 말지 아니하였다."(58쪽). "도산의 연설은 항용 두 시간 이상 계속되는 때가 많았다. 그러나 듣는 사람으로 하여금 지루하다 생각게 하는 일이 없었다. 다른 변객이면 혹은 삽화며 고담(古談)이며, 소화(笑話)를 섞어 장시간 군중의 주의를 끄는 방법을 취하거니와, 도산의 경우는 그렇지 아니하였다. 그는 알맹이 있는 실사(實事)와 신복(信服)시키는 논리로써만 두 시간 이상을 계속하는 것이었다. 그러면서도 싫증 안 나게 듣게 하는 것은 언제나 그 내용이 독특하고 충실하여 군소리가 없기 때문이었다. 물론 그는 원고나 노우트를 가지고 연단에 서는 법이 없었다."(60쪽).

도산은 공화시대에는 국가의 사업을 국민 전체의 의사에 의하여 행하므로 국민 각자가 자기 의사표현을 해야 하고, 따라서 연설이 중요하다고 보았다(박인주, 2017). 박인주(2017)는 "1897년 7월 평양 쾌재정 만민공동회에서 행한 첫 연설을 시작으로 1936년 10월의 천향원에서 행한 마지막 연설까지 40년간의 연설을 다섯 시기로 구분하여 분석하였다. 만민공동회 시기에는 부패한 관료 비판과 정치개혁을, 제1차 도미 시기는 문명국가 건설 비전 제시, 신민회 시기에는 대략 23회에 걸쳐 애국심 고양과 여성, 노동교육의 중요성을 강조하였고, 제2차 도미시기에는 약 23회에 걸쳐 국민으로서 의무와 권리, 국어교육을 강조하였다. 상해 임정 및 순국 시기엔 17회에 걸쳐 독립운동 방략과 통일과 통합을 주창하였다. 이러한 도산의 연설을 통한 40년간 국민의식화 운동 전개는 수 백회이었을 것으로 추측되나, 현재까지 발견된 자료에 근거하여 내용 분석하였음을 밝힌다. 하지만 중요한 연설로 보이는 연설 내용들이 일부 신문 기사로 전해지고 있어, 이를 통해 도산의 신민 사회교육 실천의 한 부분이나마 파악할 수 있었다."(151쪽)고 밝히고 있다.

신언서판(身言書判)이란 말이 있듯이 타고난 웅변실력은 도산으로 하여금 민족의 지도자로 우뚝 서게 하고 추종자를 따르게 하는 카리스마의 원천이 되었다. 웅변을 통해 사람들을 결속시키고, 회비를 갹출하도록 독려하고, 민중을 설득시켰다.

(4) 글로써 설득시킴

도산은 웅변솜씨 못지않게 글솜씨도 훌륭했다. 구체적이면서도 힘이 있었다. 대개 말을 잘 하면 글에 약하고, 글을 잘 하면 말이 어눌할 경우가 많은데 도산은 말과 글을 동시에 잘 했다. 글은 말과 달리 인쇄되어 영원히 남기 때문에 지식을 축적할 수 있는 장점이 있다. 도산은 "민족이 독립할 자격을 갖추기 위해서는 교육과 산업을 일으키고, 금전, 지식, 신용, 단결이라는 민족의 4대 자본을 축적해야 한다고 보았다."(박인주, 2017, 66쪽). 특히 지식은 세상 모든 일의 성공과 실패를 결정짓는 관건적 요소로 보았다. "이 세상 모든 일에 성(成)하고 패(敗)하는 것이 그 지식이 길고 졀음에 잇슴을 깁히 깨다르야 하오"(독립신문, 5/14/1921: 박인주, 150쪽 재인용). 지식자본을 축적하는 방법으로 도산은 언론과 출판에 주목했다. 신민회 통용장정 실천계획 10조 중 제2조는 '신문, 잡지급 서적을 간행하여 인민의 지식을 계발할 사'라 되어 있다(박인주 2017). "도산은 본인이 직접 신문사 사장을 맡거나 기자로서 활동하지는 않았으나, 국민을 계몽하고 각성을 촉구하는 도구로서 언론의 필요성과 중요성을 인식하고 있었다."(박인주, 2017, 120쪽)

도산은 공립협회를 설립하고 공립신보를 창간했고, 공립협회가 대한인국민회로 발전함으로써 공립신보를 신한민보로 개명하였다. 흥사단 기관지 흥사단보를 창간하고, 임시정부 시절에는 임시정부 기관지 독립신문을 창간했다. 그리고 흥사단 국내지부인 수양동우회는 '동광'이란 잡지를 창간했다.

1909년 2월 10일자 창간호부터 1919년 4월 19일자까지 신한민보에 실린 도산의 논 · 사설은 375건으로 정치와 국제정세에 대한 비중이 상대적으로 높았다. 특히 교육과 관련하여 노예교육을 버리고 신국민교육을 제창하였다. 노예교육은 사대사상이고 군권주의(君權主義)이며 분열을 조장하고 일본어를 사용하는 반면, 신국민교육은 자주독립사상이며 국민주의이고 단결을 촉구하고 우리말을 사용한다고 설파했다. 임시정부 기관지인 독립신문에서는 의사소통을 원활히 하여 동일한 사상을 고취하고, 민심을 통일하는 것을 주목적으로 하였다. 잡지 '동광'은 국민들이 주인의식을 자각하도록 하는데 주안점을 두었다(박인주, 2017).

글로써 설득시키는 측면에서는 개인서신도 포함시킬 수 있으나 여기서는 언론 · 출판만 다루기로 한다. 그 이유는 '힘을 길러 독립을 쟁취하자'는 도산의 기본 사상에 비추어 지식자본의 축적 측면에서는 언론이 중요하기 때문이다. 물론 언론은 지식축적 외에 '알 권리'의 충족, 변화와 개혁, 단결과 통합, 국민의식교육 등 훨씬 본질적인 역할이 많다. 박인주(2017)는 도산의 언론을 통한 설득활동에 대해 "첫째, 도산의 언론관은 개화사상의 영향과 유길준, 서재필, 독립협회 등의 영향으로 형성되었다. 둘째, 도산은 신문 발행과 잡지 발간의 언론 활동을 중요한 독립운동의 한 방편으로 보고 적극적으로 활용하였다. 셋째, 도산은 신문과 잡지를 국민교육의 도구로 인식하고, 새로운 소식 전달, 신지식의 보급, 새로운 사상의 소개와 함께 민족의식 함양, 국민의 지적 능력을 향상시키고자 노력하였다. 넷째, 도산은 언론을 사회변화와 개혁의 수단으로 생각하고, 이를 통한 개인의 개조와 사회개조의 방안으로 활용하였다. 다섯째, 도산은 언론을 민족 통합과 사회통합의 기제로 판단하고, 이를 활용해 동포 간의 상부상조와 협동, 단결, 통일, 대통합을 추구하였다. 이러한 도산의 언론 활동은 민족 독립과 국민교육에 있어서 언론의 필요성과 중요성을 파악하고, 언론을 통한 신민주의 사회교육을 실천한 것이라 할 수 있다."(박인주, 2017, 131-132쪽)

(5) 조직의 위력으로 대세를 이끌어 감

도산은 말솜씨 글솜씨 못지않게 조직을 만들고 운영하는 조직력이 탁월했다. 박기태(2018)는 도산을 스스로 규칙을 만들고 조직하여 나아간 인물로 묘사했다. 서재필은 도산과 이승만을 비교하면서 도산은 친화력이 좋아 정치에 알맞고 이승만은 주관이 뚜렷하고 논리가 좋아 교육자로 알맞다고 했다(장석흥, 2016). 친화력이 좋으니 청치가로 알맞다는 말 속엔 조직력이 좋다는 말도 내포되어 있다. 도산은 언행일치의 인품에다 연설을 잘 하여 카리스마가 있고, 글솜씨도 좋아서 그가 남긴 글들은 한글자 한글자 사람들의 마음으로 파고들기에 족하다. 이러므로 도산을 후원하려고 하는 사람들이 많고 늘 주변에 사람이 넘쳐났다. 그는 자신의 이런 조건을 십분 활용하여 가는 곳마다 조직을 만들고 조직의 힘으로 대세를 이끌어갔다. 독립협회 관서지부 창설, 점진학교와 탄포리 교회 설립, 한인친목회, 공립협회, 대한인국민회 조직, 신민회 조직과 신민회를 통해 대성학교, 태극서관, 마산동 자기회사 설립, 청년학우회 조직, 흥사단 조직, 북미실업주식회사 설립, 세크라멘토 한인학생양성소 설립과 운영, 상해임시정부 운영과 통합, 동명학원 설립, 대한독립당 창당 등 독립운동사의 굵은 획을 긋는 업적을 남겼다. 도산은 대공주의를 주창하여 이념을 초월해 독립을 최우선으로 하자고 외쳤고, 늘 단합과 단결과 통합을 위해 노력했다. 단결 통합을 위해서 제일 먼저 자기 자신을 희생했다. 그래서 도산을 한국독립운동의 혁명영수로 칭한다(이태복, 2006; 장석흥, 2016). 도산을 독립운동의 실질적 영수로 본 것은 일제였다. 일제는 안창호 내각을 제의했고, 안중근의 하얼삔 거사 때도 배후로 도산을 지목하여 용산헌병대에서 2개월간 취조를 했고, 윤봉길 의거 때도 그 배후로 지목되어 그 때문에 체포, 국내송환, 수감, 결국 순국했다. 굵직한 독립의거가 일어날 때면 늘 그 배후로 도산이 지목되었던 것이다.

도산은 개개인이 건전한 인격을 갖춰야 하며, 건전한 인격을 갖춘 개인들이 단결하여 조직력을 발휘할 때 민족독립을 위한 큰 힘을 발휘할 수 있다는 것이 일관된 신념이었다. 그래서 도산은 신민회를 결성할 때는 인격과 실력을 갖춘 사람을 엄선하여 회원으로 영입했고, 흥사단우를 선발할 때도 엄격한 입단절차를 밟도록 했다. 물론 단순한 교민친목회나 교민 권익보호를 위한 미주지역에서의 동포조직은 개방된 대중조직의 성격을 가지고 있어서 입단절차가 까다롭거나 하지는 않았지만 회칙을 반드시 따르도록 하고, 일단 회원이 되면 회원으로서의 책임과 의무를 다하도록 부단히 교육을 실시했다. 이처럼 도산은 한번 결성된 단체는 구성원의 총의를 반영하여 규칙을 만들고, 규칙을 준수하도록 했고, 자신이 모범을 보였다. 그리고 반드시 교육훈련을 강화하여 부단히 인격과 실력을 연마해 나가도록 했다. 이것은 조직을 통한 학습이요, 조직을 강화하기 위한 학습으로서 오늘날의 조직학습 개념과 부합한다. 학습조직과 조직학습은 학습효과를 올려 조직의 경쟁력을 강화하는 경영혁신 전략으로 1990년대부터 개념이 만들어지고 주목받아 왔다. 그런데 도산은 이미 80년 전에 학습조직과 조직학습을 도입한 교육훈련을 실시하였고, 그와 관련하여 주목받는 것이 청년학우회와 흥사단이다.

"도산은 1909년 청년들을 사회변혁의 중심 세력으로 보고, 청년학우회를 조직하였다. 청년학우회는 기관지 발행, 서적 발간, 도서 종람소 설립, 순회강연회 및 토론회를 통해 사회교육을 실천하였다. 청년학우회 조직의 성격은 창립 발기인들의 직업과 활동 내용으로 보아 학습공동체로서의 성격이 강한 청년교육운동 조직이었다. 특히 청년학우회 한성연회의 도서 종람소 운영은 일반 민중이 읽을 서적이 절대적으로 부족한 시대 상황에서 전개된 도서 기부 운동으로 독서운동의 성격을 띤 사회교육 활동이었다."(박인주, 2017, 155쪽). "청년학우회야말로 신민회나 대성학교 이상으로 도산이 심력을 경주한 사업이요, 또 민족향상의 가장 중요한 길이라고 보았다...신민회도 수양의 일면이 있어 구습을 고치고 새로운 국민성을 조성한다는 의도와 노력이 포함되어 있었지만, 기성세대의 자아혁신은 결코 쉬운 일이 아니었고, 이해관과 사업욕이 앞서서 자아수련의 도덕적 혁신에 흥미를 끌지 못하였다"(이광수, 1997, 47쪽). 민력민기(民力民氣)를 흥왕시켜 민족부흥을 이룩하기 위해서는 무엇보다 구습에 물들지 않은 청년 학도들을 결합하여 일대 수양 운동, 즉 민족향상 운동을 일으켜야 한다고 보았던 것이다. 청년학우회는 한일합방이 되어 발기위원회인 채로 사업이 중단되었지만 그 정신과 원칙은 훗날 흥사단조직에 그대로 계승되었다(이광수, 1997).

1913년 설립된 "흥사단의 목적은 무실역행으로 생명을 삼는 충의 남녀를 단합하여 정의를 돈수하고 덕체지 삼육을 동맹, 수련하여 건전한 인격을 육성하고 신성한 단결을 조성하여 우리 민족 전도대업의 기초를 준비함에 있다."(흥사단 홈페이지). 흥사단은 민족혁명을 위한 중간지도자 양성 및 동맹훈련기관으로서 덕체지 삼육의 동맹수련을 위해 동맹저축, 동맹독서, 동맹체조 등을 강조하였다(박인주, 2017; 이태복, 2006). 동맹수련과 동맹독서는 흥사단이 조직 차원에서 구성원의 학습을 장려하는 전형적인 학습조직이며, 그를 통해 조직이 학습하는 조직학습이라 할 수 있다. 흥사단의 활동은 100년이 지난 오늘날에도 면면히 이어져 오면서 숱한 인재를 배출하고 있는데 그것은 꾸준한 조직학습으로 조직 자체가 우수한 지능을 갖춰서 환경변화에 잘 적응하고 본래의 목적을 충실히 달성하고 있기 때문일 것이다.

3) 도산의 리더십 특성과 온정적 합리주의 리더십과의 관련성

(1) 독립운동 리더로서의 도산의 위상

도산이 독립혁명의 영수였다는 언급을 앞서 하였지만, 독립혁명 영수라는 평가는 도산이 1938년 3월 10일 서거한 후 유해는 망우리에 안장되었지만, 임시정부를 비롯하여 미주 등 여러 곳에서 추모회가 열렸는데, 중국 장사에서 있었던 임시정부 추도식에서 당시 임정 국무위원이던 차리석(車利錫)이 '한국혁명영수 안창호 선생 40혁명분투사략'(장석흥, 2014, 155쪽)을 작성 발표한 데서 비롯되었고, 후세 학자들도 도산을 독립혁명의 영수로 인정하고 있다(이태복, 2006; 장석흥, 2016). 그런데 우리가 그를 어떻게 평가하든 일제가 도산을 혁명영수로 생각하고 관리했다는 사실이다. 그 근거 중 하나로 1907년 일제는 '안창호 내각'을 제안했다는 사실이다.

특히 1907년 이토 히로부미가 도산을 불러 '안창호 내각'을 제안했을 때, 도산은 신민회 동지들과 이 문제를 깊이 논의하였고, 이갑 등 신민회 동지들은 내각제안을 받아들여 혁명적으로 나라를 바꾸자고 하는 의견이 많았다. 그러나 이 제안에 대해 도산은 준비가 안 된 상태에서 김옥균 등의 갑오개혁처럼 급진적으로 일을 추진하다 보면 실패할 확률이 높다고 설득했다. 또한 통감정치 하에서 일본이 진정으로 조선을 위한다기 보다는 일본의 국익인 조선을 식민지로 삼기 위해 이용하려 들 것이 분명하고 속셈을 정확히 모르는 상태에서 남이 주는 자리를 덥석 잡는 것은 자리를 주는 자의 손아귀에 놀아날 수밖에 없고, 처음 약속과 다르다고 자리를 박차고 나온다고 하더라도 '친일내각'의 오명이 붙어 앞으로 독립운동을 하는데 발목이 잡힐 수밖에 없다고 판단하였다. 그래서 내각제의를 거절했다. 이토의 의중은 정확히 안창호의 인물됨을 알아보고 독립운동의 구심점을 없애려고 한 것임이 역사가 증명하고 있다. 도산의 판단이 정확했던 것이다. 이것은 CR리더십의 '이성적 상황판단'에 해당하는 리더십 요소라 할 수 있다. 주요한(1990)은 "이 때 뿐 아니라 언제나 중대한 문제가 발생할 때마다 도산은 밤잠을 아니 자면서 자문자답으로 문제의 모든 각도를 심각히 검토하는 것이 그의 습관이요, 천성이다. 그러므로 이론을 전개하게 되면 도산을 당하는 사람이 없었고, 어떤 각도로 반대나 질문을 하여도 도산에게는 대답이 분명하고 철저하였다. 도산은 정객들의 토론 태도가 즉흥적이고, 감정적이라고 불만히 생각하는 의견을 가끔 말한 일도 있거니와 이는 정객들의 두뇌가 도산만 못한 것이 아니라, 깊이 연구 검토하는데 시간과 노력을 들이지 않은데 있다고 나무라는 것이 었다."(111쪽). 이성적 상황판단의 능력을 기르는데 문제를 다각도로 검토하는 다차원적 사고습관을 형성하는 것이 중요함을 알 수 있다.

신민회를 살펴보면 도산이 어떤 위상을 가진 리더인지 보다 분명해진다.

"신민회의 조직 방법과 사업계획은 주로 도산의 머리에서 나온 것이다."(주요한, 1990, 71쪽). 도산은 1차 도미기에 이미 '신민(new koreans)'라는 말을 쓰고 오래 전부터 왕조국가의 신민(臣民)이 아닌 민주국가의 신민(新民)으로 우리민족을 개조해야 한다는 생각을 하고 있었다. 비밀결사체인 신민회 회원으로는 양기탁, 전덕기, 이갑, 이동영, 이시영, 유동열, 이동휘, 안태국, 최광옥, 이승훈, 김구, 노백린, 이강, 조성환, 신채호, 유동작, 이덕환, 김동원, 김홍서, 임치정, 김지간 등 주요 민족 지도자들이 망라되어 있었다(주요한, 1990). "도산은 신민회 조직의 실질적 지도자였으나 회장의 자리를 사양하고, 총감독이라는 최고 지위에 양기탁을 추대하였을 뿐 아니라 처음부터 창안과 동지 규합의 공을 양기탁에게 돌렸다."(주요한, 1990, 72쪽). 비단 이 일 뿐 아니라 대성학교를 설립하고 교장으로 윤치호를 앉혔고, 상해임시정부를 통합하였을 때 이승만을 대통령으로 추대하고, 자신은 국장급인 노동국 총판으로 낮추어 일했고, 두 번이나 임시정부 대통령 또는 국무령으로 추대되었으나 사양했고, 특히 1926년도에 도산이 참석하지도 않은 상태에서 국무령 추대를 결의하였으나 사양하고 김구를 대신 앉혔다. 자신이 추대한 사람에 대해서는 적극 지지하고 그 역할을 다 할 수 있도록 돕는데 정성을 아끼지 않았다. 힘들고 궂은일을 마다하지 않으면서 공을 남에게 돌리고 다른 사람을 세워 권한을 위임토록 하는 것은 주인정신임과 동시에 CR리더십의 '신뢰기반 임파워먼트'에 해당한다고 할 것이다.

도산은 낙관적인 지도자였다. 이 낙관성이야말로 도산으로 하여금 암울한 상황에서도 늘 밝은 모습으로 변절하지 않고 끝까지 독립운동을 전개할 수 있게 한 원동력이었다. 도산의 난관성은 세상 변화에 대한 진리성 있는 신념에 기반한다. "진리는 반드시 따르는 자가 있고, 정의는 반드시 이루는 날이 있다."(서상목, 안문혜, 2010, 148쪽). "대한민족 전체가 대한의 독립을 믿으니 대한이 독립될 것이요, 세계의 공의가 대한의 독립을 원하니 대한의 독립이 될 것이요, 하늘이 대한의 독립을 명하니 대한은 반드시 독립할 것이다."(이광수, 1997, 135쪽). "원한 품은 2천만을 억지로 국민 중에 포함하는 것보다 우정 있는 2천만을 이웃 국민으로 두는 것이 일본의 복일 것이다. 그러므로 대한의 독립을 주장하는 것은 동양의 평화와 일본의 복리까지도 위하는 것이다."(이광수, 1997, 135-136쪽)와 같은 어록에서 보는 바와 같이 도산은 대한의 독립을 확신했다. 도산의 이런 확신은 아일랜드가 영국으로부터 독립한 사례라든가 인도의 독립 과정을 보더라도 정확한 예측이었다. 도산은 독립을 낙관하면서 독립을 위한 힘을 기르고, 독립 이후에 미국과 같은 민주공화국의 나라를 건설하기 위해 신민(新民)주의 사회교육운동을 전개해 나갔던 것이다. 이것은 CR리더십의 '전략적 예측'과 관계되는 것이다. 여기서 우리는 세상 변화와 관련하여 진리성 있는 신념을 갖는 것이 전략적 예측에서 중요하다는 것을 배울 수 있다.

도산은 준비 없이 일본과 전쟁을 치러 독립하자는 주장에 대해 계란으로 바위치기이며, 독립역량만 소진시키는 어리석은 행위라고 비판했다. 도산은 준비 없는 급진론을 싫어했다. 그래서 일각에서는 도산을 준비론자, 실력양성론자로 매도했다(박걸순, 2011). 특히 단재 신채호와 좌익 계열의 급진적 혁명론자들로부터 비판을 받았다. 예나 지금이나 급진적 입장을 취해야 운동성과 선명성, 순수성이 부각되는 것으로 생각하는 경향이 있다. 그러나 이런 평가는 도산을 잘 못 본 것이다. 대한민국 임시정부가 1920년을 독립전쟁의 해로 선포한 것은 도산이 주도한 일이었다. 도산은 단합된 힘을 길러 독립전쟁을 해서 통일을 쟁취코자 한 것이지, 마냥 준비만 하자는 입장이 결코 아니었다(장석흥, 2014). 도산의 독립운동은 국민개병주의, 국민개세주의에 따라 모든 국민이 힘을 기르고 혁명전사가 되어서 독립전쟁을 승리로 이끄는 것이었다. 힘의 철학에 바탕한 독립쟁취의 방략은 가장 보편적인 전제로부터 논리적으로 풀어갔다. "도산은 항상 말하기를 자연계의 모든 현상이 힘의 인과관계에 있는 모양으로 인사의 성쇠 흥망도 힘의 인과"(이광수, 1997, 149-150쪽)라 했다. 인과법칙에 따라 민족의 흥망성쇠도 힘의 인과라 했고, 민족이 힘을 갖기 위해서는 구성원 개개인이 힘을 길러야 하고, 단결해야 한다고 했다. 단결을 위해서는 이미 성립된 정부를 전폭적으로 따르는 길이라고 단결의 중심과 리더십의 중요성도 언급했다(이광수, 1997). "힘이 없어 잃은 것을 힘이 없는 대로 찾을 수는 없다...수양, 단결, 교육, 산업으로 민력을 배양하는 것이 조국을 회복하는 유일한 길이다."(이광수, 1997, 64쪽). "진실로 우리 민족에게 부력과 문화력 곧 있을진댄 언제나 기회 있는 대로 독립이 될 수 있는 것이다."(이광수, 1997, 91쪽). 도산은 개인의 경우 덕체지 삼육을 강조하고, 전체적으로 지력과 금력을 강조하였다(이광수, 1997). 힘을 기르기 위해 학교설립, 흥사단 설립, 주식회사 설립, 임정통합, 대한독립당 창당 등 다양한 활동을 부단히 추진하였다. 이것은 도산이 CR리더십의 구성요소 중 '논리적 문제해결' 능력을 보여준 것이다. 도산이 원고 없이 연설하고, 다차원적인 사고를 하는 것도 논리적이며 이성적인 지도자임을 보여주는 것이다. 도산은 세계를 무대로 독립운동을 펼치고, 독립운동의 고비마다 활로를 개척한 지도자였다. 미주 한인사회를 결집해 독립운동의 강력한 재정적 기반을 마련했으며, 대한제국이 망국으로 치달을 때 단신으로 귀국해 1907년 신민회를 세우고 독립군기지를 개척해 갔으며, 1919년 대한민국 임시정부가 세워질 때 그 중심에서 임시정부를 통합하고 경영했으며, 독립운동계가 사상과 이념의 분란을 거듭할 때 1923년 국민대표회의와 1926년 민족대당 촉성운동을 주창하며 독립운동의 위기를 극복해 갔던 것 등은 도산이 아니면 이뤄낼 수 없는 크나큰 업적이었다. 1930년 한국독립당 결성을 주도했다

(장석흥, 2016).

상해, 한성, 연해주 임시정부를 상해임시정부로 기어코 통합시킨 것이나, 대공주의를 제창하여 모든 독립운동단체를 통합한 것은 도산이 목표를 반드시 이루어내는 '**최적화 수행관리**'의 지도자임을 보여주는 사례다. 무엇보다 미국에서의 공립협회와 대한인국민회 설립 운영 활동에서 도산의 최적화 수행관리의 리더 면모가 잘 드러난다. 도산은 친목회 활동과 공립협회 활동을 하면서 거처의 청결을 중시했고, 예의를 지키고, 결코 거짓말 하지 말고, 교섭과 거래에서 예스와 노를 분명히 하고, 약속은 반드시 지켜 신용을 지킬 것을 역설했다. 청결에 대해선 '이웃 서양인보다 더 깨끗하게' 라는 슬로건을 걸었다. 협회 사업으로 직업주선소를 시작했는데 협회가 소개한 노동자는 좋은 평가를 받도록 철저히 훈련을 시켜 소개했다. "한국인의 상점에서는 안심하고 물건을 살 수 있다." "한국인의 노동자는 믿고 일을 맡길 수 있다." "한국인의 언약이라면 믿을 수 있다." 이 세 가지 신용만 얻으면 돈도 벌 수 있고, 대접도 받을 수 있고, 민족 전체의 명예를 드높일 수 있다고 도산은 믿었다(이광수, 1997). 돈과 부력이 눈에 보이는 물질에 있는 것이 아니라 '신용'에 있음을 알 수 있는 교훈이다. 그리고 협회는 회원 권익 침해, 대고용주 쟁의사건, 외국인에게 업신여김을 받는 것에 대해서는 회(會)의 전력을 기울여 합법적으로 싸워 소기의 결과를 보지 않고는 그만두지 않았다. 목표를 반드시 이루는 '수행관리'의 자세를 발견할 수 있는 대목이다. 반면 그 잘못과 그릇됨이 우리 편에 있을 때는 서슴지 않고 충심으로 사죄하였다. 이렇게 협회는 회원 권익보호를 위해 본연의 임무를 다했다. 그 결과 동포의 거주지는 정결하여지고, 몸가짐은 점잖아지고 신용은 높아졌다. 사업주들은 국민회가 공급하는 노동자를 신임하였다. 관헌들도 회를 신임하게 되어 한국인에게 전달될 국가의 의사는 국민회를 통하여서 하게 되고, 심지어 한국

인간의 범죄사고까지도 국민회에 일임하거나 경찰에서 심리하더라도 국민회에 고문하여 그 의사를 존중하였다. 여행권이 불비하거나 휴대금이 부족한 한국인도 국민회의 보증이 있으면 미국에 입국할 수 있었다. 국민회는 대사관, 영사관과 같았고, 국민회로 인하여 재미 한국인은 일본 신민(臣民) 대우에서 벗어나서 한국 국민으로 대우를 계속 받았다. 이런 결과는 관변활동을 통해 이루어진 일이 아니고 동포 자신이 국민회의 지도 아래 자수자득한 신용과 명예의 결과였다(이광수, 1997). 이것은 도산이 단기간에 이루어낸 '기대 이상의' 놀라운 성과였고, 재미동포들은 도산을 통해 임정운영자금이나 독립운동 자금을 꾸준히 공급해 주었다.

도산 서거 후 서재필(1864~1951)은 한인학생회보(1938. 3. 24)에 추도사를 실었다. "안창호의 갑작스런 서거는 한국에 커다란 손실이다. … 나는 그가 그의 동료들 중에서 가장 뛰어난 이라 생각한다. 나는 그가 조직을 만드는 그 능력, 어떤 상황에서도 자신의 편에 서는 친구로 만드는 그의 인품을 존경한다. 나는 한국인들 가운데 그런 확신을 심어주는 사람을 만난 적이 없다. 미국의 애브라함 링컨은 보잘 것 없는 가문에서 태어나 가난 속에서 자라 위대한 지도자가 됐다. 안창호가 링컨과 같은 기회를 가졌다면 세상에 더 알려졌을 것이다. … 그의 견해는 편협하거나 인색하지 않으며, 다른 의견을 고집하는 사람들에 대해 매우 관대함을 지녔다. 나는 그런 인내심을 갖고 의견을 나누는 사람을 보지 못했다. 그의 냉철한 제안은 확고한 신념에서 나온 것이다. 솔직하고 자유로운 토론을 요구할 경우에 자신의 의견을 나타내는데 두려움이 없었다."(장석흥, 2016, 19-20쪽). '조직을 만드는 능력' '냉철한 제안' '확고한 신념'과 같은 단어가 눈에 들어오면서 도산을 '한국의 링컨'이라 한 말이 인상적이다.

(2) 대공주의

도산의 핵심사상은 대공주의라 할 수 있다(장석홍, 2016, 24쪽). 대공주의는 통합의 방략이다(정영국, 1990). 도산이 1927년 대공주의를 제창한 배경엔 "도산이 독립운동을 펼치는 과정에서 부딪쳐야 했던 난관 가운데 가장 큰 문제는 독립운동 세력 간의 파벌, 그리고 이념과 노선상의 차이로 인한 갈등과 대립"(장석홍, 2014, 168쪽)이 있었기 때문이었다. 1917년 소련의 볼세비키 혁명으로 공산주의 정권이 들어서고 소련은 세계공산주의 확산을 위해 우리처럼 독립운동을 하는 단체나 약소국가들에게 자금을 지원해주고 있었다. 1920년대 이후 독립운동 세력들은 '일본 제국주의 타도'라는 명분과 소련으로부터의 자금지원이라는 실리 때문에 좌파세력이 급속히 확산되었다. 도산과 같은 민족주의자들은 독립이 최우선 목표였고, 공산주의자들은 독립하고 나서 정권획득이 최우선 목표였다. 좌파 독립운동의 순수성이 의심될 수 있는 대목이다. 항일투쟁을 하던 김일성이 귀국하여 정권을 잡아 오늘날까지 세습정권을 유지하는 것은 공산주의 속성을 잘 보여준다고 할 수 있다. 그래서 도산은 '대공주의'를 제창했다. 그 내용은 차리석의 '한국독립당 당의의 이론체계 초안'에 나타난 바와 같이 "주의와 노선을 따지기 전에 조국 광복을 염원하는 세력이면 가리지 않고 한국독립당으로 포용하여 대동단결을 이루자"(장석홍, 2014, 155쪽)에 드러나 있다.

"도산은 이론가가 아니라, 실천을 중시한 민족혁명가였다. 그리고 대공주의란 '민족독립'을 달성하기 위해 강구된 사상이자 주의였다."(장석홍, 2014, 167-168쪽). 도산의 대공주의는 1927년에 갑자기 나온 것이 아니었다. 대의를 위해 헌신하고, 때로는 자기 자신을 희생하기까지 하는 대의에 충실한 모습은 '대공주의'의 본모습이라 할 수 있다(박상유, 2015). 도산은 평소 "그에게는 민족을 떠나서 개인을 상상할 수 없었고, 민족을 위하는 일을 떠나서 개인의 의무나 사업이나 행복을 찾을 수가 없었다."(이광수, 1997, 151쪽). "'개인은 제 민족을 위해서 일함으로 인류와 하늘에 대한 의무를 수행한다' 하는 것이 그의 인생관이었다."(이광수, 1997, 151쪽). 내 한 개체를 위해서가 아니라 나의 뿌리인 민족을 흥하게 해서 나도 흥하게 하는 뿌리를 소중히 하는 정신('뿌리정신'으로 명명)은 대공주의의 출발이 된다. '뿌리정신'은 도산이 천성처럼 지니고 있었고, 인격화 되어 있었으며, 삶의 지혜이기도 했다. 대공주의야말로 CR리더십의 '이타적 협력'을 이루고, '신뢰기반 임파워먼트'를 할 수 있는 또 하나의 기초가 된다. 이순신 장군의 사례가 말해주듯 대공주의는 '이성적 상황판단'의 기초가 되기도 한다.

1926년 도산은 삼일당 연설에서 이름만 있지 지도력을 상실한 임시정부 대신 민족대혁명당을 주창했다. 임시정부는 존립시키되 실질적으로 제 세력을 규합하여 당체제로 일을 하자는 주장이었다. "이 제창에서 도산은 민족 당면의 최대 과제는 조국 독립인만큼 일단 독립을 달성한 뒤, 정치사상의 논쟁은 해방된 조국의 발전을 위해 쏟아 붓자고 역설하였다."(장석흥, 2014, 176쪽) 이러한 대혁명당의 이념적 기반은 겉으로 표방하지 않았지만 바로 대공주의에 바탕을 둔 것이었다. 그렇지만 도산이 표면적으로 대공주의를 내세우지 않았다. 그것은 "스스로 '주의'의 통합을 외치던 상황에서, 또 다른 주의를 주장하는 것으로 비쳐질 것을 우려한 때문이 아닌가 한다. 대신 그는 민족대혁명당의 주창으로 대공주의의 뜻을 실천해 갔던 것으로 보인다."(장석흥, 2014, 176쪽).

(3) 애기애타

도산에 있어서는 "우리 민족의 생명선은 선량한 동지의 단결이었다..단결의 생명은 정당한 주의와 합리적인 조직과 풍부한 재정의 삼합이 필요하거니와 이 삼합의 피가 되고 생명력이 되는 것은 동지의 정의(情誼)라고 하였다...어떤 단결도 그 주의에 대한 사랑, 조직체에 대한 사랑, 지도자와 간부에 대한 사랑, 각원 상호간의 사랑, 이런 사랑이 없으면.. 그 단체는 분열, 자멸하고 마는 것이니, 우리나라에서 훌륭한 주의를 가지고 오래 유지될 단결이 없는 것이 이 때문이라고 도산은 명언하였다."(이광수, 1997, 293쪽). 여기서 "정의(情誼)는 곧 사랑을 뜻한다."(이광수, 1997, 252쪽). 사랑한다는 것은 결국 내가 접하게 되는 사람을 사랑하는 것이요, 동지애는 의형제가 아니라 상호 신뢰와 존경을 기초로 한 담담한 애정이라 했다. 서로서로 상대방의 견해를 존중하여서 제 척도로 남을 재지 아니하면 미워할 이유는 없을 것 같다고 했다(이광수, 1997). 도산은 한 걸음 더 나아가 "부부간의 복락을 결정하는 것이 사랑인 것 같이, 한 단체나 한 민족의 번창을 초래하는 것이 사랑인 것과 같이, 세계 평화의 원인이요, 유일한 원인은 오직 사랑이다."(이광수, 1997, 290쪽) 했고, "도산의 애정은 물건에도 미치었다. 풍경을 사랑했고 특히 고국산천을 사랑했으며 자연물과 인공품을 다 사랑하고 아끼고 소중히 여겼다."(이광수, 1997, 291-292쪽). 도산의 애기애타 정신은 사람뿐만 아니라 모든 만물이 상호 연결되어 있어서 모두가 다 살아나야 자신도 살아날 수 있다는 상생에 대한 통찰 내지 지혜 곧 '뿌리정신' 또는 대공주의가 바탕이 되어 있음을 알 수 있다. 그래서 사람을 사랑하고, 사물도 사랑하는 데로 나아가는 것이다. 우선은 인연의 강도가 깊은 가족과 가까운 이웃에서 자민족에게로 그리고 인류의 공영을 도모하는 방향으로 확대된다. 도산은 머리로만 깨우쳐 이런 말을 하는 것이 아니라 애기애타의 인격으로 되어 있다는 것을 느낄 수 있다. 이것은 씨알리더십에서의 '공감적 배려'와 직결된다.

서상목과 안문혜(2010)는 도산의 리더십을 '애기애타 리더십'으로 규정했다. 서상목(2010)은 도산의 "'愛己愛他'라는 휘호가 도산 리더십 사상을 한 마디로 요약하고 있다고 생각한다."(7쪽)고 했다. 애기애타 리더십의 구성요소는 ① 자기성찰과 자아발견, ② 꿈과 목표설정, ③ 무실, ④ 수양과 훈련, ⑤ 역행, ⑥ 주인의식, ⑦ 정의돈수, ⑧ 변화, ⑨ 협동, ⑩ 통합으로 보았다. 그리고 주인의식은 섬기는 리더십, 변화는 변혁적 리더십, 협동은 더불어 같이 나누는 민주적 리더십과 연관지었다. 여기서 '② 꿈과 목표설정'은 씨알리더십에서의 '**이성적 상황판단**'과 연관되며, 민주적 리더십은 독단이 아니라 집단지성을 활용하기 때문에 이성적 상황판단의 제도적 장치가 된다. ⑧ '변화'를 이끌어 가려면 "변화의 흐름을 읽어낼 수 있는 통찰력과 창의력을 가져야 한다."(서상목, 안문혜, 2010, 122쪽). 그리고 실제 변화를 이루어내는 변혁적 리더십을 발휘하려면 현상유지의 관성을 타파할 수 있는 카리스마와 함께 구성원의 자발적 참여를 이끌 수 있는 영감과 지적 자극이 필요하다. 변화의 흐름을 읽어내기 위해서는 미래예측과 선견지명이 있어야 하므로 '**전략적 예측**'과 연관된다. 변화에 필요한 창의는 씨알리더십에서의 '**논리적 문제해결**'과 연관된다. 성실하고 진실되게 주어진 일을 빈틈없이 힘써 행하는 '③ 무실, ⑤ 역행'은 '**최적화 수행관리**'와 연관된다. '① 자기성찰과 자아발견', '⑦ 정의돈수', '⑨ 협동'은 CR리더십의 구성요소 중 온정주의 요소와 관련된다. '① 자기성찰과 자아발견', '④ 수양과 훈련'은 자존감을 키워드로 하는 '**포용적 겸손**'과 많은 연관을 갖고, '⑦ 정의돈수'는 '**공감적 배려**'와, '⑨ 협동'은 '**이타적 협력**'과 관계가 있다. '① 자기성찰과 자아발견' 및 '⑥ 주인의식'은 종합적으로 살펴볼 필요가 있다.

⑥ 주인의식은 다음 단락에서 별도로 살펴보기로 하고, '① 자기성찰과 자아발견'에 대해 고찰해 보자. '① 자기성찰과 자아발견'은 결국 개체적이고 이기적인 자아가 아니라 자기 스스로를 살려감은 물론 사회적 존재로서 공동체도 살려갈 수 있는 보다 진정성 있는 자아를 확립하는 것을 의미한다. 보다 진정성 있는 자아가 확립되면 올바른 가치관과 목표가 설정되고, 그 목표를 달성하기 위해 힘써 행하고, 초심이 흐트러지지 않도록 끊임없이 수양 훈련하며, 주인의식이 확고해져서 세상 모든 일에 주인된 책임감으로 섬기는 리더십을 발휘할 수 있게 되고, 나라와 이웃을 사랑하고, 사랑을 바탕으로 협력하고 대의를 중심으로 뭉쳐서 오늘보다 더 나은 바람직한 변화를 이루어 갈 수 있는 것이다. 보다 진정성 있는 자아의 확립이 바로 주인의식이요 주인정신이다. 따라서 도산의 애기애타 리더십의 핵심을 한 마디로 말하라 하면 '주인정신'이라 할 수 있다. 서상목과 안문혜(2010)는 "주인의식은 도산 리더십의 핵심 개념 중의 하나"(105쪽)라 하면서도, "도산 리더십을 모두 아우르는 개념은 '사랑'이라 말하고 싶다"(145쪽)고 했다. 하지만 받을 기대를 하지 않고 아낌없이 주는 사랑은 자기사랑에서 출발한다. 사랑의 본원에 닿아 사랑을 퍼올릴 수 있을 때 자기의 부족한 부분도 사랑할 수 있는 자기사랑이 되고, 남을 사랑할 수 있게 되고, 세상과 나라를 사랑할 수 있게 된다. 사랑의 본원에 닿으려면 이기적인 개체적 에고를 초월하여 진정한 자아 내지 근원적 자아를 회복해야 한다. 그렇지 않고 이기적 자아에서 출발하는 사랑은 뭔가 대가를 바라는 불순하고 위선적 사랑일 뿐이고, 전혀 다른 사람을 감동시키거나 정화시킬 수 없고, 부담만 안기는 거짓된 사랑이다. 이런 사랑으로는 일회성으로 끝나고 말지 신뢰를 줄 수 없고, 지속적으로 여럿을 뭉치고 통합해 나갈 수 없다.

주요한(1990)이 동지와 후배들의 전하는 글에, "도산의 정성과 사랑이라는 것은 기독교의 예수나 그럴 수 있으리라고 믿습니다."(서상목 · 안문혜, 2010, 146쪽 재인용). "도산 안창호는 사랑을 어머니가 자식을 대하는 마음으로 정의하면서 이를 습관화 하여 대인관계는 물론 조직관리에도 적용할 것을 권하고 있다."(서상목 · 안문혜, 2010, 173쪽). 이처럼 도산이 말하는 사랑은 순수한 사랑으로 자기이익을 추구하고 대가를 바라는 에고가 하는 사랑이 아니라 참주인이 하는 사랑이다. 만물의 근원이 어버이로서 만물을 살려가는 어버이 같은 사랑이다. 그래서 순수한 사랑의 본질은 '주인정신'인 것이다. 참주인이 사랑을 통해 자기 자신과 이웃과 조직과 관계를 살려가는 것이다. 서상목과 안문혜(2010)도 마침내 "도산의 주인의식은 자기중심적이 될 수밖에 없는 인간의 속성을 한 차원 승화시켜, 남을 배려하고 더 아나가 남을 섬기는 서비스 리더십으로 발전시키는 힘이 되고 있다"(152쪽)고 말하고 있다. 남을 섬기고 배려하는 것이 바로 사랑 아니고 무엇이겠는가.

리더는 군림하고 통제하는 군대 지휘관 같은 '파워리더'의 이미지가 아직도 우리 사회에 강하게 자리하고 있지만, 지금은 민주화 시대이기 때문에 조직원들의 의견을 수렴하고, 조직원들이 능력을 잘 발휘하도록 도와주는 '서비스 리더'의 역할이 요구되고 있다. 민주화 시대에는 민주적인 '서비스 리더'의 역할수행이 요구되는데, 비민주적인 왕조시대나 군계급사회에서 통용되던 '파워 리더' 내지 마초형 보스십을 시대착오적으로 행사하고 있어 '갑질'이라든지 '리더십 위기'라는 말이 나오고 있는 형편이다. 시대의 변화에 따라 '파워리더'에서 '서비스 리더'로 바뀌었다고 하지만 진실은 언제나 진정한 리더는 '서비스 리더'였다. 인권이 무시되던 미개한 시대에 통용되던 '파워리더'라는 것이 문명화된 시민으로 인간 본연의 모습을 회복하니 '서비스 리더'라는 리더의 본모습을 찾은 것일 뿐이다. "이런 관점에서 볼 때 킹, 간디, 도산 모두 20세기 최고의 '서비스 리더'들이었다고 할 수 있을 것이다."(서상목, 2010, 머리말: 서상목, 안문혜, 2010, 8쪽).

(4) 주인정신

앞서 순수한 사랑은 자기이익을 추구하고 대가를 바라는 에고가 하는 사랑이 아니라 참주인이 하는 사랑이라고 했다. 이런 사랑은 만물의 근원이 그 자식들인 만물을 어버이로서 살려가는 사랑 즉 어버이 같은 사랑이다. 시경(詩經)에 '천생증민 유물유칙(天生烝民 有物有則: 하늘이 천하 만민을 낳고 사물이 있으면 법칙도 있다)'나 열자(列子)에 '천생만물 유인위기(天生萬物 唯人爲貴: 하늘이 만물을 낳고 사람을 귀하에 하였다)의 구절들처럼 동양에선 만물의 근원을 하늘(天)로 보았다. 그렇게 본다면 참주인이 하는 사랑은 하늘의 사랑이라 할 수 있다.

월마트의 창업주 샘 월튼((Samuel Moore Walton: 1918-1992)은 지게차로 짐을 나르고 직원들에게 먼저 인사하고 허드렛일도 마다하지 않았다. 회사의 주인은 그 회사가 잘 되는데 모든 정성을 기울일 뿐 허례허식을 따지지 않는다. 참으로 하늘은 세상을 잘 돌볼 수 있는 적임자에게 일을 맡기고 뒤에서 돕는 역할을 한다. 이것이 주인이 하는 일이다. 마치 어버이가 자식을 기르듯 세상을 기르는 방식이다. 자신을 드러내지 않는다. 도산 안창호의 모습이 그랬다. 그의 일거수일투족은 주인정신의 실천이었다.

"조국을 망하게 한 것은 이완용만이 아니다. 나도 그 책임자다. 내가 곧 그 책임자다."(이광수, 1997, 71쪽). "우리는 망국의 책임을 일본에게 돌리고, 이완용에게 돌리고, 양반계급에게 돌리고, 조상에게 돌리고, 유림에게 돌리고, 민족운동자에게 돌린다. 그리고 그 책임 아니 질 자는 오직 나 하나뿐인 것같이 장담한다. 그러나 우리 민족 각 사람이 힘 있는 국민이었을진댄 일본이 어찌 덤비며 이완용이 어찌 매국조약에 도작을 찍을 수가 있으랴. 그러므로 우리는 이완용을 책하는 죄로 우리 자신을 죄(罪)하여야 한다."(이광수, 1997, 71-72쪽).

"우리 흥사단은 조림이다. 국가를 건설하고 운용하기에 필요한 재목을 준비하는 데가 곧 흥사단이다…여기는 주인도 없고 중심인물도 없다. 단우 저마다 주인이요 중심인물이다…흥사단을 다스리는 것은 오직 흥사단의 약법과 그것에 의하여 선거된 임원이 있을 뿐이다."(이광수, 1997, 120-121쪽)

"제 민족을 두고 세계주의 운운하는 것은 제 국토를 잃어버린 유랑민족이나 할 일이다. 내 소리가 들리는 범위를 위하여 말하고, 내 손이 닿는 범위를 위하여 사랑하고 돕고 일하라. 이것이 인생의 바른 길이다."(이광수, 1997, 151쪽).

대공주의와 애기애타도 근원을 따지고 보면 주인정신에서 나오는 것이라 할 수 있다. 상호 연결된 존재에 대한 자각과 상생의 원리를 깨달아 개체적 자아의 이기심을 벗고 참자아로서 전체를 살리고 모두가 상생할 수 있도록 돕는 역할을 하는 것이 주인이요, 주인이 갖는 마음가짐이 주인의식이요 주인정신이다. 사랑은 상호 연결된 존재이기 때문에 필요한 미덕이다. 연결성을 살리고 강화시켜주는 미덕이 사랑의 정체이다. 연결된 존재자들인데 관계성 내지 연결성이 약해지거나 끊어지면 살 수가 없기 때문에 사랑을 갈구하게 된다. 에고로 살아가면 연결성이 약화되므로 항상 사랑이 고프다. 참주인으로 살아가면 사랑이 넘쳐 사랑을 줄 수 있다.

CR리더십 패러다임에서 온정주의는 결론적으로 주인정신이다. 왜냐 하면 온정주의 첫째 요소는 포용적 겸손인데, 개체적 자아인 에고로 살아가기에 사람은 겸손하기 어렵다. 진정한 겸손은 에고를 떨쳐 버렸을 때 가능하다. 에고를 떨쳐 버리고 참자아로 가게 되면 포용할 수 있게 되고, 따라서 진정한 겸손은 '**포용적 겸손**'으로 드러난다. 참자아가 진정한 '나'이고(그런 의미에서 '참나'라 함), 진정한 삶의 주체라는 점에서 주인이다. 에고는 욕심으로 살아가고 참나는 양심으로 살아간다(윤홍식, 2015). 에고는 자존심을 갖고 있고, 참자아는 자존감을 갖고 있다. 에고는 자존심 때문에 포용하기 어렵지만 참자아는 자존감이 있어 포용할 수 있다. 이기심과 제욕심 채우는 것을 버릴 때 다른 사람을 생각할 수 있게 되고 배려할 수 있게 된다. 즉 온정주의의 두 번째 요소인 '**공감적 배려**'를 실천할 수 있다. 사람이 사리사욕을 버리게 되면 자기 자신을 넘어 내가 몸담고 있는 전체, 공동체, 구체적으로 국가나 민족 나아가 인류에 기여하고자 하는 대의에 눈뜨게 되고 헌신하게 된다. '**이타적 협력**'을 실천하게 되는데 사리사욕의 인품에서 공의로운 인격으로 성숙하게 되는 것이다. 삶의 큰 맥락이 보이는 것이다. 그렇게 되면 주변 사람을 살리게 된다. 기회를 주고 능력을 키워줘서 공동체가 더 발전하도록 이끌게 된다. 사람을 키워서 오히려 자리를 빼앗기고 뒤로 밀려나는 한이 있더라도 일신의 안녕보다는 공동체가 잘 되고 조직이 잘 되고 나라와 민족이 발전하는 것을 우선시하게 된다. 그래서 후계자 양성이 가능하고 공동체가 지속가능한 항구적 발전을 기약할 수 있게 된다. 이것이 온정적 합리주의의 네 번째 요소인 '**신뢰기반 임파워먼트**'인데, 주인만이 할 수 있는 일이다. 부모만이 할 수 있는 일이다. 주인이기 때문에 나는 뒷전으로 물러나는 한이 있더라도 조직이 발전하도록 뒤에서 지속적으로 도울 수 있는 것이다. 주인이기 때문에 가게를 깨끗이 청소하고 오는 손님들을 친절을 다 해 맞이하고 가게가 잘 되도록 온갖 궂은일도 솔선해서 할 수 있는 것처럼 그리한다. 도산 선생도 다른 사람을 앞세우고 자신은 늘 뒷자리에 물러나 단체가 잘 되도록 돕는데 전심전력을 기울였다. 상해임시정부에서도 이승만을 대통령, 이동휘를 국무총리에 앉히고, 자신은 모든 자금을 대고, 인재를 끌어 모으고 여러 파벌의 운동단체를 통합하도록 힘을 썼다. 이게 주인정신이다.

〈표 3〉 도산 안창호의 온정적 합리주의(CR) 리더십의 특성

CR 리더십 구성요소	사례
포용적 겸손	처음 미국 갔을 때 동포의 화장실과 유리창 청소부터 해 줌 통합임시정부 출범 때 내무총장이나 국무총리서리의 직함을 내놓고, 국장급인 노동국총판을 맡음
공감적 배려	미소(smile)운동
이타적 협력	대공주의: 대의에 헌신하고 때로는 자기희생을 하는 정신
신뢰기반 임파워먼트	국무령으로 추대되었으나 사양하고 김구를 천거하여 앉히고 적극 지지함
이성적 상황판단	이토 히루부미의 '안창호 내각' 제안 거절
전략적 예측	세상 변화에 대한 진리성 있는 신념. "진리는 반드시 따르는 자가 있고, 정의는 반드시 이루는 날이 있다." "일본은 반드시 망한다"
논리적 문제해결	모델을 제시하여 따르게 함(대성학교, 공립협회와 국민회의, 송태산장 등). 힘의 철학에 바탕한 독립쟁취의 방략. 힘을 기르기 위해 학교설립, 흥사단 설립, 주식회사 설립, 임정통합, 대한독립당 창당 등 다양한 활동 전개
최적화 수행관리	통합 임시정부를 기어코 출범시킨 것. 대공주의를 제창하여 모든 독립운동단체를 기어코 통합한 것. 국민회의의 모범적 운영

(5) 도산 리더십의 다차원성

도산 리더십은 전통적 리더십의 한 두 가지 유형으로 정형화시킬 수 없다. 그것은 도산의 리더십을 CR리더십 기준에 비추어 보더라도 CR리더십 구성요소를 모두 갖추고 있음을 알 수 있다. 이것은 도산이 '진정한 리더'의 조건을 갖춘 리더라는 것을 말해주는 것과 동시에(최은수 외, 2016), 많은 리더십 유형들을 복합적으로 갖추고 있는 리더임을 말해주고 있다고 할 수 있다.

도산의 리더십을 '애기애타 리더십'으로 규정한 서상목과 안문혜(2010)가 제시한 10가지 애기애타 리더십 요소들은 서번트 리더십, 변혁적 리더십, 민주적 리더십 등 다양한 리더십 유형들이 혼재하고 있음을 말하고 있다. 최청

평과 윤천성(2017)은 도산 리더십에는 카리스마 리더십, 변혁적 리더십, 서번트 리더십, 전략적 리더십, 수퍼 리더십, 셀프 리더십, 진정성 리더십, 윤리적 리더십 등 다양한 차원의 리더십 유형들이 통합과 융합을 통하여 상승효과를 이루어 총체적으로 발휘되었다고 말한다. 다양한 유형의 리더십을 통합할 수 있는 것은 통합의 주체가 어느 한 이념에 국집한 에고가 아니라 대의에 입각한 '주인정신'이 있기 때문에 가능한 것이다. 우리는 여기서도 도산리더십의 핵심은 '주인정신'임을 발견할 수 있다.

리더에게는 팔로워가 있다. 추종자가 따르게 하려면 권력이나 권위가 있어야 한다. 도산은 사람을 강제하고 명령하고 처벌할 수 있는 권력적 지위를 가진 적이 없었다. 단체의 회장과 같은 지위엔 있었지만 사람들이 두려워하는 권력적 지위와는 다르다. 도산에게 있어서 사람을 따르게 한 권위의 원천은 카리스마이며(이영석, 2018), 흥사단 단우들도 도산을 카리스마 리더로 보았다(최청평, 윤천성, 2016). Rees(2014)에 의하면 카리스마 리더십의 구성요소는 사명감, 대중과의 감성연계, 영웅적 면모, 미래비전, 희망제공, 일관된 신념 등 여섯 가지로 이루어진다(이영석, 2018 재인용). 도산은 구세주 같은 영웅적 면모를 보여주지는 못했지만, 나머지 다섯 가지 요소인 사명감, 감성연계, 미래비전, 희망제공, 일관된 신념은 충분히 보여 주었고, 그의 언행일치와 웅변실력은 진정으로 카리스마 넘치는 지도자로 평가하기에 부족하지 않다고 본다.

3. 결론 및 시사점

도산 안창호의 생애는 청일전쟁의 목격과 필대은과의 만남과 같은 주요사건을 거치면서 그 경험에 더해 도산이 본래부터 가지고 있었던 천성적인 성품이나 재능이 결합되어 형성되었다. 자기 자신의 인격을 결정하고 삶의 방향을 선택하는 것은 결국 자기 자신이다. 결국 자아의 의지라고 볼 수 있는데 도산은 어떠한 의지를 갖고 있었기에 언행일치의 인격과 거짓됨이 없는 도덕성을 가지고 어떤 역경에도 굴하지 않고 민족독립의 대의를 위해 끝까지 변절하지 않고 독립운동가, 교육자, 정치가로서의 삶을 살아낼 수 있었는가가 가장 궁금한 점이다. 즉 어떻게 주인정신을 갖춘 리더가 될 수 있었느냐 하는 점이다. 결론적으로 '참을 추구하는 마음' 즉 '진리를 추구하는 마음'이 도산을 개체적 이익을 추구하는 욕심의 삶으로부터 대의에 헌신하는 양심의 삶을 살아낸 원동력이라 본다. '**진리를 추구하는 마음**'이 있었기에 거짓 없는 인격이 되고자 했고, 다각적인 사고를 해서 옳은 길을 찾으려 했고, 자신이 찾은 이치가 맞는지 안 맞는지 성현의 말씀에 비추어 보고, 논리적으로 따져 보고, 다른 사람에게서 의견을 구하고 실생활에서 실천하고 적용해 보고 검증해서 옳다고 생각한 그 자리를 굳게 지키며 흔들림 없이 행동으로 옮겼다. 그래서 도산은 아는 것이 바로 행동으로 나왔고, 그 행동은 성심이 담겨 있어 다른 사람을 감동시키기에 충분했다. 그의 연설은 언행일치가 된 그 자리에서 나오기 때문에 힘이 있었다. 불변의 신념은 참에 바탕 할 때 나온다는 것, 참이 아닌 거짓일 때 그 신념은 오래 갈 수 없다는 교훈을 확인할 수 있다. 에고는 거짓된 자아이기 때문에(Tolle, 2005), 참을 추구하고 참으로 다가갈수록 에고를 초월하고 진정한 자아인 전체맥락에 깨어 있는 참나로 가게 된다. 참나는 주인의식을 가지고 대의를 따르는 삶을 선택하게 되고, 사랑받을 것을 기대하기 보다는 넘치는 사랑으로 살려가게 되고, 공동체가 잘 되도록 궂은일을 마다하지 않고 헌신하게 된다. 도산의 삶과 리더십의 키워드인 '주인정신', '대공주의', '애기애타', '통합'과 같은 것들은 이런 맥락에서 설명 가능한 것이다.

이만열(2006)은 "2005년 8월, 국가보훈처는 이달의 독립운동가로 도산 선생을 지목했다. 광복 60주년을 맞는 이 달에 도산 안창호 선생을 이달의 독립운동가로 지목한 것은 특별한 의미가 있다고 본다. 그것은 광복 60주년을 맞아 지금까지 지내온 한국 민족의 진로를 되돌아보면서 앞으로 새로운 방향을 모색하는 데는 도산 선생이 가장 적합하다고 판단했기 때문일 것으로 생각한다. 미래의 진로와 관련, 앞으로 한국 민족은 개인적으로나 사회적으로는 도덕적인 수준을 높이고, 민족적으로는 통일을 이룩해야 하며, 세계사적으로는 세계평화를 지향하면서 한국 민족이 바로 그 세계사적인 책임을 어떻게 감당해야 할 것인가를 고민해야 한다는 것이다. 한국 민족의 진로를 이런 관점에서 풀이할 수 있다면, 거기에 부합되는 지도자를 독립운동사에서 찾는다면, 바로 도산 선생을 떠올리지 않을 수 없기 때문에 그를 선정했을 것으로 본다."(109쪽)고 했다.

도덕적 수준을 높여야 한다는 주장은 오늘날 인사청문회에서 보여주는 고위공직 후보자의 검증 과정에서 국민 모두가 느끼는 바이고, 역대 대통령들의 가족이나 친인척이 비리에 연루되지 않은 경우가 드물었고, 고위공직자들이 비리 혐의로 수사를 받을 때 하나같이 거짓말로 발뺌하는 모습을 보면, 도산이 망국의 주범으로 개탄했던 '거짓말'의 폐습이 아직도 해소되지 않고 있다는 점에서 설득력을 갖는다. 도산의 인격개조, 민족개조, 신민주의 교육은 완료된 것이 아니라 앞으로도 계속되어야 할 것임을 알 수 있다. 도산의 가르침은 완료형이 아니라 현재 진행형이다. 그런 관점에서 도산의 생애와 성인교육 활동, 리더십과 관련한 본 연구가 우리에게 주는 시사점을 탐색해 볼 필요가 있다.

첫째, 도산의 생애를 통해 타고난 천품도 중요하지만 살면서 누구를 만나

느냐가 중요하다는 것을 다시금 확인할 수 있었다. 도산의 생애에서 필대은과 언더우드와의 만남, 서재필과 유길준, 차리석과의 만남이 인상적이다. 필대은, 유길준, 서재필과의 인격적, 정신적, 사상적 만남은 도산에게 많은 영향을 미쳤다(박인주, 2017; 이순복, 2012). 명시된 자료는 없지만 도산이 미국에 가서 한인친목회를 만들어 공립협회로 발전시키면서 발휘한 민주적 리더십을 보면 민주적 가치를 체득한 민주국가 시민으로부터 깊은 영향을 받지 않고는 왕조시대에 시골에서 자란 사람이 이런 리더십을 발휘하기는 어렵다는 것을 감안할 때 언더우드의 영향을 많이 받았을 것으로 합리적 추론이 가능하다. 차리석은 도산의 평생 동지요 후배로서 평생 함께 했던 인물로 대한 독립당 강령이 조소앙의 '삼균주의'가 아니라 도산의 '대공주의'라고 분명히 밝힌 명실상부한 도산사상의 계승자요, 도산이 독립운동의 실질적 영수였음을 천명했고, 도산 사후에 유품을 끝까지 챙긴 동지였다. 리더는 혼자 갈 수 없다. 위대한 리더는 위대한 팔로워가 있다는 것을 차리석을 통해 확인할 수 있다.

둘째, 국력이 무엇일까에 대한 함의를 읽을 수 있다. "신민족은 반드시 힘이 있어야 하고, 신민족의 힘은 힘이 없는 구민(舊民)이 힘 있는 신 국민으로 거듭 태어나는 데 있다고 보았다. 이를 위해 구민(舊民)은 덕, 체, 지 삼육을 수련하고, 동맹하여 건전한 인격과 대동단결을 통해 힘을 양성해야 된다고 보았다."(박인주, 2017, 160쪽). 이 부분에서 국력이 뭐냐고 했을 때 이광수(1997)가 '민력민기(民力民氣)의 흥왕'이라는 표현을 썼듯이 민력(民力)이 국력이라고 하는 도산의 관점을 읽을 수 있다. 민력이 국력이란 사실은 국가총동원령이 발동되었던 2차 세계대전을 통해 구체화되었기 때문에, 도산은 그 이전 시기라 아직 완전한 개념형성까지 간 것은 아니지만 도산은 직관적으로 이 사실을 알고 있었다고 할 수 있다. 특히 건전한 인격과 신성한 단결이 힘의 요체라고 설파한 도산의 관점에서 위화감을 조성하고 분열을 일으켜 단결을 해치는 것은 국력을 약화시키는 원인이 된다. 따라서 양극화를 해소하여 국민들의 고르게 윤택한 삶을 보장하는 것이 민력을 키우고 국력을 키우는 길임을 알 수 있다.

셋째, CR리더십 패러다임에서 온정주의는 바로 주인정신임을 확인하였다. 도산의 핵심사상인 대공주의와 애기애타도 주인정신에서 비롯된 것임도 살펴보았다. 모두가 상호 연결된 존재라는 자각을 통해 이기심과 개체적 자아를 초월함으로써 비로소 참자아가 확립되고, 주인의식이 발현된다. 주인의식이 발현되면 전체맥락에 늘 깨어 있기 때문에 전체를 살림으로써 개체도 살려가는 대공주의와 사랑을 통해 나와 다른 존재와의 연결성을 튼튼히 하는 애기애타가 가장 지혜로운 삶의 경영임을 알게 되고 그렇게 행동하게 된다. CR리더는 '인성과 실력을 갖춘 믿음직한 리더'이며(강찬석, 2016), 온정주의 요소를 통해 인성을 기른다. 도산이 말하는 '건전한 인격'이란 바로 CR리더십의 인성적 측면을 말한다. 도산은 "자아혁신의 기초를 도덕적 개조에 두었다…자아혁신 대업을 성취함에 대하여 민족성 분석 즉 자아반성이라는 방법을 취하였다."(이광수, 1997, 152쪽). "**자아혁신**, 민족혁신, 이것은 일본 관헌의 눈을 피하는 가장의 어구가 아니었다. 이 두 마디 속에 도산의 민족운동 이념의 전체가 포괄되었다…**민족 개인의 자아**가 허위에서 성실로, 이기에서 애국 애족으로, 서로 미워하는 것과 서로 배제하는 데서 서로 돕는 것과 서로 사랑하고 서로 공경하는 데로, 고식에서 원려로, 개인에서 단결로 혁신되지 아니하고는, 민족이 무신용에서 신용으로, 상극에서 화합으로, 무력에서 유력으로 혁신될 수 없고, 이렇게 민족이 혁신되지 아니하고는 도저히 국가의 독립과 민족의 번영이 있을 수 없기 때문이다."(이광수, 1997, 159쪽). 도산의 자아혁신 인격개조의 종착점이 '신용있는 사람'이듯이 CR리더십의 온정주의의 종착점도 '신뢰(기반)'이요 CR리더십의 전체가 '믿음직한 리더'를 지향한다. 개체적 자아인 에고를 초월해야 진정한 삶의 주인이 되고, 에고를 완전 초월하면 완전한 주인이 될 수 있다. 에고를 완전히 초월한 존재가 바로 인격의 궁극인 '성인(聖人)'이다. 이렇게 본다면 인성교육은 '성인(聖人)'에 목표를 두어야 한다는 것을 알 수 있다. CR리더십의 인성적 목표도 '성인(聖人)' 임은 두말할 나위가 없다. 우리가 평생교육을 '성인교육(成人敎育)'으로 부르고 있는데, 성인(成人)이란 글자 자체의 뜻을 보면 '사람답게 된 사람' 즉 '사람다운 사람'이란 뜻이다. 가장 사람다운 사람이 바로 성인(聖人)이다. 그래서 성인교육(成人敎育)의 의미 속에 성인교육(聖人敎育)의 의미를 좀 더 적극적으로 포함하여 '성인(聖人)'이 되는 것을 성인교육의 목표로 삼을 것을 이 기회를 빌려 제안해 본다. 그렇게 되면 평생교육이 좀 더 양심 있는 세상, 인간답게 사는 세상으로 나아가는데 기여하지 않을까 한다. 조선의 성리학은 '성인(聖人)'이 되는 데 목표를 두고, 성리학을 '성학(聖學)'이라 불렀다. 도산의 인격이나 언행일치를 보면 거의 성인(聖人)과 버금가는 수준이었음을 느낄 수 있다(최청평, 윤천성, 2017). 이광수(1997)에 의하면 도산에 대해 "조그마한 일도 소홀히 아니하는 지성인(至誠人)의 풍모는 그가 심고 가꾸는 일초일목에도 벌여놓은 한 덩어리 돌멩이에도 드러났다."(176쪽). "지성의 인격은 곧 성인(聖人)의 지경이다...지성의 사람은 무언중에도 능히 사람을 움직이는 힘을 가질 것이다."(156쪽). "도산은 쉬지 않고 애국자 공부를 수련했으며"(161쪽), "그의 인격의 본질을 이룬 것이 무엇이냐 하면 그것은 쉬지 않는 노력이요 수양이다."(147쪽)고 했다. 평생교육인의 진정한 면모를 도산을 통해 확인할 수 있다.

넷째, 이 논문은 우리가 평범한 국가가 아니라 우리민족의 문화를 꽃피우고 평화적으로 민족통일을 이루어서 인류 최고의 문명대국을 만들 것인가?

라는 높은 이상을 가질 때, 그것을 실현하기 위해 어떻게 접근해야 할 것인가에 대한 시사점을 도산을 통해 얻기 위한 시도로 탐색되었다. 역사에 가정은 없지만 만약 도산의 가르침대로 민족을 개조하고 힘을 길렀다면 지금 대한민국의 모습은 어떻게 달라졌을까? 인성교육을 소홀히 하고 역량교육에 치우친 결과 정치, 경제, 종교, 교육 어디 하나 믿을 만한 지도자가 없고 어른이 없는 세상이 되었다. 믿을 만한 사람이 없는 세상은 무질서와 신뢰의 비용을 지불하게 되어 있다. 마음과 몸, 정신과 물질은 둘이 아니어서 정신이 병들고 허약해지면 몸과 물질적 삶도 병들게 되어 있다. 우리나라 잠재성장력이 떨어진 것은 정신이 퇴보한 데 큰 원인의 일단이 있다고 볼 수 있다. 정신이 퇴보하여 도덕적으로 신뢰를 주지 못하면 단결과 협동이 안 되어 시너지를 내지 못한다. 물질자본주의의 구조적 결함에서 양극화가 심화되고 자기만 아는 이기적 물성적 자아가 강화되면 배려심이 약화되어 눈에 보이는 재산과 지위를 과시하여 상대적 만족을 느끼고 없는 사람을 깔보고 무시하는 천민자본주의의 민낯이 드러나게 된다. 그러면 사회적 위화감 때문에 주인의식이 감퇴되고, 그 결과 '헬조선'이란 말처럼 공동체에 대한 애정이 식어버려서 기여하고자 하는 마음도 식게 되어 창의력과 같은 정신적 열정이 발휘되지 못하게 되는 것이다. 이러한 원리로 정신적 가치를 무시하고 인성교육을 소홀히 하면 물질적인 풍요도 사라질 뿐만 아니라 따뜻한 인정이라고는 없는 이기적이고 약육강식의 동물적 세상이 되고 마는 것이다. 인성교육과 역량교육이 균형있게 이루어져야 무한한 잠재성장 가능성이 계발되어 무궁한 발전을 이루어 나갈 수 있는 것이다.

다섯째, 도산은 독립운동가, 교육자로서의 면모 외에 정치가로서의 면모가 있다. 그의 활동을 통해 정치의 본질을 배울 수 있다. 지금의 정당정치는 어디서 배웠는지 몰라도 자신들의 주의 주장을 국민 대중에게 설득시켜 정권을 획득하는 게 목적이라고 가르쳐지고 그렇게 행동하고 있다. 그래서 권력투쟁이 정치의 본업이 되다시피 하고 다른 정당의 의견은 비록 국익에 도움이 되더라도 무조건 무시하고 반대한다. 오히려 국익에 도움이 되는 의견일수록 더욱 맹렬히 반대하여 다른 정당의 인기가 올라가지 않도록 한다. 이런 정치가 계속된다면 나라의 장래는 암담할 뿐이다. 논어에 '정치는 바르게 하는 것이다(政者正也)'고 했다. 목표설정과 과정이 올발라야 한다는 뜻이다. 그리고 목표설정이 바르게 되었다면 정치적 리더십을 발휘하여 목표를 달성하도록 행동을 유도하는 것이다(박병철, 2018). 정치라는 말 속에 이미 다스림의 뜻이 들어 있어서 정치와 리더십은 합체되어 분리할 수가 없다. 합의를 이끌어 통일된 힘으로 목표를 달성하는 게 정치라면, 합의를 끌어내는 것도 통합이요, 힘을 모아 목표달성에 매진토록 하는 것도 통합이니, 정치의 요체는 바로 '통합'이라는 것을 알 수 있다. 도산이 걸었던 정치가 바로 통합의 정치였다. 도산의 정치는 민족통일 국민국가 창설이라는 목표를 위해 각자의 주의·주장을 양보하여 통합을 이뤄가는 것이다. 이처럼 정치는 국익을 깨는 것이 아니라 국익을 위해 당리당략을 양보하고 타협하는 것이다. 정치는 이념을 국익보다 앞세우는 것이 아니라 양보하는 것임을 대공주의를 통해 배울 수 있다. 정치의 목적은 권력을 잡아 국민을 지배하기 위해서가 아니라 국가번영에 헌신하는 데 있기 때문이다. 도산은 "살아서 독립의 영광을 보려 하지 말고 죽어서 독립의 거름이 됩시다."(이광수, 1997, 307쪽)고 했다. 또 "'나는 여러분의 머리가 되려 하지 않습니다. 여러분을 섬기려 왔습니다.'는 도산의 말이 섬기는 리더십을 잘 표현하고 있다."(서상목, 안문혜, 57). 민주주의 시대에 살고 있으면서 정치인들을 비롯한 각계의 리더들은 아직도 권력을 쥐고 갑질하고, 특권을 향유하려 하고, 군림하는 것을 리더십으로 착각하는 자들이 많다. 그래서 서상목과 안문혜(2010)는 "한국의 최대

문제는 리더십 위기라고 지적하는 이들이 많다. 매일경제신문 설문조사에 의하면 국내 여론지도층 인사의 90%가 한국의 리더십에 문제가 있다고 응답하였고, 리더십 회복을 위해서는 응답자의 88%가 정치권이 변해야 한다고 하였다."(14쪽). 뭐든 사회에 파급효과를 미치려면 모범을 보여야 하는데 나라를 다스리는 위치에 있는 정치인들이 모범을 보여야 한다는 것이다. 정치인들이 봉사하는 리더십을 발휘하려면 먼저 사리사욕을 일체 버리고, 당리당략 보다는 국익을 우선함으로 나라에 봉사하는 모습부터 보여야 한다. 그리고 국민들의 삶이 나아지도록 하는데 혼신의 힘을 기울여야 한다. 지도층들이 민주적 리더십을 발휘해야만 한국에 진정한 민주주의가 찾아올 것이다. 지방자치가 풀뿌리 민주주의가 아니라 가정에서부터 모든 조직 · 집단들이 민주적 리더십을 발휘하는 것이 진정한 풀뿌리 민주주의라 할 것이다. 우리 사회가 도산정신을 이어 받아 가장 기초단위인 가정에서 부터 합의를 통해 목표설정과 의사결정을 하고, 단결 화합하여 힘을 합해 목표를 이루어나가는 훈련을 하는 것이 정치훈련이요 리더십훈련이라 할 것이다.

여섯째, 대한민국의 국부(國父)를 누구로 할 것인가에 대해 여러 가지 논란이 있다. 주로 이승만 초대 대통령을 국부(國父)로 하자는 데 대한 찬반논쟁이고, 아직 결론을 내지 못하고 있다. 국부를 누구로 정할 것인가가 중요한 이유는 조지 워싱턴이 미국의 국부로서 민주주의와 미국의 번영, 정직성과 용기 등 도덕적 기풍에 끼친 영향을 보더라도 잘 알 수 있다. 조지 워싱턴은 미국 번영의 초석을 놓았다고 해도 과언이 아니다. 미국은 미국의 독립운동가를 가장 존경하는 인물로 여기고 이를 위해 자국의 화폐에 새겨 생활 속에서 끊임없이 기억하게 하고 있다. 우선 미국 독립군 총사령관이자 초대 대통령인 워싱턴은 영국과의 독립전쟁에서 승리하고, 연방헌법을 제정했으며 만장일치로 미국 초대 대통령에 뽑혔다. 그에게는 언제나 '미국 건국의 아버지',

'미국 역사상 가장 존경받는 대통령'이라는 수식어가 붙는다. 미국인들이 가장 많이 사용하는 1달러짜리 지폐엔 그의 초상화를 새겨 '첫째, 으뜸, 통합, 원초' 등 '1'의 상징을 부여하고 있다. 미국의 수도인 워싱턴D.C, 조지워싱턴 대학교 등은 그의 이름을 딴 것이다. 미국인들은 매일 1달러를 쓸 때마다, 또 뉴스를 들을 때마다 워싱턴이란 이름을 듣는다. 그러면서 워싱턴의 업적과 정신을 무의식적으로 배우게 되고, 민주주의 가치를 배움으로써 많은 돈을 들여 미국정신을 가르칠 필요 없이 사회통합을 이루고, 이것이 번영의 토대가 되는 것이다. 행운의 2달러 지폐에는 미국 독립선언서를 기초하고 '행복추구권'을 천부인권의 하나로 명시한 토머스 제퍼슨의 초상화가 그려져 있다. 또 밴저민 프랭클린은 미국의 독립선언서, 파리조약, 미국 연방헌법의 초안 작성에 참여한 유일한 인물이다. 이 공로를 기려 미국인들은 그를 '위대한 독립운동가', '첫 번째 미국인', '미국인의 미래상'이라고 말한다. 그래서 100달러 앞면에는 초상화를, 뒷면에는 미국 독립을 향한 그의 활동 무대였던 독립기념관을 새겼다. 미국인들은 오늘날 미국이 누리는 세계적인 영향력과 세계사적 성취가 바로 미국의 독립을 위해 헌신한 미국의 위대한 독립운동가들의 독립정신과 꿈으로부터 시작됐다고 말한다(박기태, 2018, 146-147쪽). 이승만은 친일파 청산을 하지 못했고, 그를 국부로 추대하는 세력들이 친일잔존세력이라는 의심을 받고 있는데다, 그의 독립운동 행각들이 뚜렷한 업적이 없었고, 독재의 선례를 남겼다는 문제점이 있다. 1930년대 미국 정보 보고서에는 국민회의 회비를 걷어 외교를 한다는 명분으로 개인적 인맥 쌓기에 치중한 야심가라는 내용이 있다(유튜브 동영상: https://www.youtube.com/watch?v=idbhQx10-9A). 서상목과 안문혜(2010)에 의하면 "이승만은 도산의 대한인국민회 조직 활동에 대해 시기했으며, 하와이 지회가 탈퇴하도록 유도하여 분열을 조장하였다. 이에 더해 이승만은 도산을 정치적 라이벌로 인식하여 그를 공산주의자라고 미국정부에 고발하였으며, 그 결과 도산은 미 국무성으로부터 수사 대상이 되기도 하였다. 심지어 상해에서 프랑스 경찰이 도산의 신병을 일본에 넘겨준 것도 도산이 공산주의자라는 오해에 기인했다는 주장도 있다."(59쪽). 지금 우리나라 헌법은 상해 임시정부를 법통으로 인정하고 있다. 상해임시정부가 지금의 대한민국보다 앞선다. 대한민국이란 국호, 민주공화국이라는 국체와 정체, 대통령중심제, 국기인 태극기, 도산의 작사가 유력한 애국가는 임시정부의 유산이며 국민의 기본권과 삼대의무를 정한 임시헌법 등은 해방 후 대한민국 헌법에 계승되었다. 그래서 통합 임시정부의 출범을 이끌었던 도산 안창호를 국부로 세운다면 도산의 인격과 사상을 후손들이 배워 도산이 바라는 문명국을 만드는데 기여할 수 있지 않을까 한다. 도산은 남북한 공히 국부로 인정될 수 있는 인물이고, 특히 도산의 대공주의와 민족사랑, 통합의 정신은 남북통일에도 빛이 되리라 본다. 뭐든 눈에 보이는 모델이 있어야 믿고 따른다는 도산의 신념에 비춰 보더라도 믿고 따를 상징으로서의 국부(國父)가 필요하다고 본다.

끝으로 다산(정약용, 1762-1836)도 말했듯이 사람의 본원은 투명하고 영명하기 때문에 늘 새로운 선택을 할 수 있고, 선택을 통해 자신의 모든 것을 바꿔나갈 수 있다(박석무, 2017). 제2, 제3의 도산을 양성하려면 도산이 보여준 우수한 천성적인 부분을 어떻게 교육적으로 다룰지 고민할 필요가 있다. '성실함'이나 '존엄성', '진리를 추구하는 마음'과 같은 양심은 본래 누구나 갖고 있는 천성이어서 일깨우고 깨우칠 수 있다. 욕심에 가려 드러나지 않을 뿐이다. 인성교육에 있어서만큼은 절대적 평등교육이 이루어져야 하는 이유다. 인성교육은 궁극적으로 사람이면 누구나 그 가능성을 갖고 있는 성인(聖人)의 경지에 이르도록 목표를 두어야 한다. 하지만 '친화력'이나 '연설능력' '논리력' '기억력' '용기'와 같은 능력은 노력과 교육으로 어느 정도 극복할 수 있지만 타고난 개인차는 엄연히 존재한다. 이런 것들을 어떻게 다룰지가 교육적으로 굉장히 중요한 문제이고 소위 적성교육을 통해 교육적 낭비를 줄이기 위한 교육적 설득도 필요한 시점이다.

독립운동가, 교육자, 정치가로서의 도산이 오늘날 우리 앞에 살아온다면 그의 꿈을 어떻게 제시할까? 현실적으로 도산이 살아 돌아올 수는 없겠지만 그가 추구한 목표를 가지고 합리적인 추론을 해 보면 그의 꿈을 어느 정도 짐작할 수 있을 것이다. 먼저 독립운동가로서 도산은 '국민 각자가 자아혁신을 하고 민족개조를 하여 금전, 지식, 신용, 단결이라는 민족의 4대 자본을 축적하여 단합된 힘으로 독립을 쟁취'하는데 목표를 두었고, 교육가로서 신민주의 교육은 '민족의 완전한 자주독립과 문명국가 건설'에 그 목표를 두었다. 도산의 정치는 민족통일 국민국가 건설을 위해 각자의 주의주장을 양보하여 통합을 이루는 대공주의를 지향했다. 이러한 도산의 목표들을 오늘날의 버전으로 묶어 보면 '민족의 단결과 통일, 부강한 나라, 문명국가를 만들어 세계인으로부터 존경받는 한국인'으로 집약될 수 있다. 이것이 도산의 꿈이라 할 수 있다. 이 꿈은 여전히 오늘날 우리 민족과 국가의 꿈이기도 하다. 그렇기 때문에 지금 우리는 도산의 삶과 가르침에 주목할 필요가 있다는 것이다. 즉 우리는 '민족단결과 통일, 부강한 조국, 존경받는 문명대국'의 꿈을 실현하기 위하여 도산의 삶과 리더십의 키워드인 '주인정신', '대공주의', '애기애타', '통합'과 같은 정신과 가치로 돌아가 먼저 이념으로 분열된 정치를 치유하고, 민족통일을 이룩할 수 있는 정신적 토대부터 갖출 필요가 있다고 하겠다.

참고문헌

박기태(2018). 『백 년 전 독립운동가들의 꿈은 무엇이었을까?』. 숨.

박석무(2017). 『유배지에서 보낸 편지』. 서울: 창비.

서상목 · 안문혜(2010). 『도산 안창호의 애기애타 리더십: 사랑 그리고 나눔』. 서울: 북코리아.

윤홍식(2015). 『논어: 양심을 밝히는 길』. 경기 파주: 살림.

이광수(1997). 『도산 안창호』. (초판 2쇄). 서울: 범우사.

이영석(2018). 『도산 안창호의 정치적 리더십』. 서울: 박영사.

이태복(2006). 『도산 안창호 평전. 파주: 동녘.

장석흥(2016). 『한국독립운동의 혁명영수: 안창호』. 서울: 역사공간.

주요한(1990). 『안도산전서』. 서울: 범양사.

최은수 · 강찬석 외 7명(2016). 『진정한 리더의 조건: 온정적 합리주의로 리드하라』. 서울: 미래와경영.

한기언(1981). 「도산 안창호」. 『한국의 교사상』. 서울: 창지사.

Rees, L.(2014). *Hitler's Charisma: Leading millions into the abyss.* NY: Vintage Books.

Schwab, K.(2017). 『클라우스 슈밥의 제4차 산업혁명(*The fourth industrial revolution*, 송경진 역)』(초판 3쇄). 서울: 새로운현재. (원저 2016년 출판).

Tolle, E.(2005). *A new earth: Awakening to your life's purpose.* NY: A Plume Book.

Zenger, J. H., & Folkman, J. R.(2005). *The extraordinary leader: Turning good managers into great leaders*(2nd ed.). NY: McGraw-Hill.

강찬석(2016). 「유가(儒家)적 관점에서 본 온정적 합리주의(CR) 리더십 패러다임의 특성에 대한 고찰」. 『Andragogy Today』 19(3). pp.121-147.

길창근(1997). 「도산 안창호의 생애와 교육사상에 대한 고찰」. 『사회과학연구』 6(1). pp.47-80.

문병준(1983). 「도산 안창호의 민족개조론 연구」. 영남대학교 교육대학원 석사학위 논문.

박걸순(2011). 「국가지정기록물로서 도산 안창호 관련 자료의 역사적 가치」. 『기록인』 2011 Winter(17). pp.100-105.

박만규(2016). 「도산 안창호의 개혁사상과 민족개조론」. 『역사학연구』 61. pp.227-253. UCI: I410-ECN-0102-2016-910-000770803.

박병철(2018). 「도산 안창호의 정치리더십에 관한 연구」. 『민족사상』 12(1). pp.67-96.
박상유(2015). 「도산 안창호의 민족운동과 대공주의」. 『민족사상』 9(2). pp.165-190.
박의수(2007). 「개화기 인성교육의 특징과 안창호의 인격혁명론」. 『한국교육학연구』 13(2). pp.5-24. UCI: I410-ECN-0102-2009-370-000105514.
박인주(2017). 「도산 안창호의 신민주의 사회교육 사상과 실천 연구」. 아주대학교 대학원 박사학위 논문.
신용하(2019). 「독립운동 지도자, 도산 안창호 리더십의 특징」. 세종국가리더십포럼 9차(5/17/2019). 서울 한국프레스센터 20층.
동영상 자료. https://www.youtube.com/watch?v=iKSHSOHkBRM
안병영(2011). 「전인교육과 교육정책」. 『전인교육』 3. pp.5-31.
이만열(2006). 「도산 안창호의 생애와 활동」. 『도산학연구』 11(12). pp.109-137.
URL: http://db.koreascholar.com/article.aspx?code=328858
이순복(2012). 「도산 안창호의 성인교육연구」. 강남대학교 대학원 박사학위 논문.
이윤갑(2017). 「도산 안창호의 민족운동과 공화주의 시민교육」. 『한국학논집』 67. pp.37-92. DO I: 10.18399/actako.2017..67.002
장석흥(2014). 「차리석의 「한국독립당 당의의 이론체계초안(1942)」과 안창호의 대공주의」. 『한국독립운동사연구』 49. pp.153-186.
DOI : 10.15799/kimos.2014..49.005
장세근(2007). 「퇴계 교학사상의 현대교육적 고찰」. 성신여자대학교 대학원 박사학위 논문.
정영국(1990). 「도산 안창호의 정치변동관과 독립운동」. 『사회과학연구』 2. pp.76-80.
최청평 · 윤천성(2016). 「흥사단우의 도산 안창호 리더십 인식에 관한 연구」. 『리더십연구』 7(4). pp.87-127.
최청평 · 윤천성(2017). 「도산 안창호의 다차원적 리더십에 관한 실증연구」. 『리더십연구』 8(3). pp.111-144. https://doi.org/10.22243/tklq.2017.8.3.111
황수영(2013). 「도산 안창호의 무실사상에 관한 연구」. 『한국사상과 문화』 67. pp.215-236. UCI : G704-000697.2013..67.001
Flanagan, J. C. (1954). The critical incident technique. *Psychological Bulletin*, 51(4), 327-358. DOI: https://doi.org/10.1037/h0061470

고당 조만식의 성인교육 활동과 온정적 합리주의 리더십

김미자 (숭실대 초빙교수)

고당 조만식의 성인교육 활동과 온정적 합리주의 리더십

김미자 (숭실대 초빙교수)

1. 서론

나라마다 그 나라를 대표하는 스승들이 있는데 그중 조만식이야말로 '선생'이란 직함이 가장 어울리는 인물로, 학생을 사랑하고 나라를 사랑하며 실제로 모범을 보여주면서 자신의 전 생애를 희생한 교육자였다(김학중, 2010). 그는 평안북도 오산학교에서 교사와 교장을 지내며 모두에게 존경을 받는 스승이었다. 고당의 말 한마디 행동 하나는 그대로 학생들의 전범(典範)이 되었고 곧 그들 사이에 깊은 감명과 반향을 불러일으켰다(고당 조만식회상록, 1995). 조만식은 당시에 편재해 있던 일제식 교육을 지양하고 미래 지향적인 전인교육을 실시했다. 그래서 생활을 교육화 했고, 교육을 생활화했다(김학중, 2010). 오늘날 가르침과 배움의 장에서는 사랑으로 가르치는 것에 대한 구호만 있되 사랑의 실제는 없는 것이 현실이다(김진한, 2010). 조만식은 기독교 신앙을 바탕으로 학생들과 민족을 위해 끊임없는 사랑의 실천을 하였고, 자기 성찰과 가르침을 위한 노력에 의해 많은 사람에게 인정과 존경을 받았다. 무엇보다 그는 한평생 외세와 타협하지 않고 자신의 신념을 굳건히 지켰으며, 실천하고 행동하는 지성으로서 민중의 지지를 얻었다(윤은순, 2014).

우리나라 역사에서 일본에게 나라를 빼앗긴 일제 강점기는 우리 민족에게 있어서는 수난의 시기였다. 이 시기에 많은 독립운동가들은 우리나라의 주권을 회복하기 위해 목숨을 걸고 투쟁하였다. 고당 조만식은 기독교 신앙을 바탕으로 일제 강점기와 해방 초기에 걸쳐 교육 · 경제 · 언론 · 체육 · 정치 등 근대 한국의 민족운동에 큰 흔적을 남긴 대표적인 인물로 평가받는다(김권정, 2006). 그것은 일제 강점기 한민족의 다양하게 전개된 독립투쟁의 역사 속에서 일관되게 민족운동의 길을 간 사람이 많지 않다는 현실에서, 그가 민족주의자로서 시대와 민족의 양심을 배반하지 않고 일관된 삶을 지향했기 때문일 것이다(김권정, 2006). '조선의 간디'라는 이름으로 알려진 고당(古堂) 조만식(曺晩植)은 일제강점기에 3 · 1운동과 조선민립대학 설립운동 및 농촌계몽운동을 직간접적으로 주도하였으며, 대표적 경제 자립 운동인 물산장려운동에 앞장서신 분으로 민족운동의 지도자였다. 조만식은 물산장려운동을 사회적으로 조직화하였으며 가장 앞장서 실천한 전형이었고, 또 각종유파를 초월한 상징적 존재의 일인(一人)이었다(김영호, 1997). 물산장려운동은 조선물산을 장려하여 자작자급(自作自給)을 이룸으로써 경제계를 진흥시키고, 사회의 발달을 도모하며, 실업자를 취직케하고, 우리 것을 소중히 여기고 사랑하는 자중자애심(自重自愛心)을 함양함과 아울러, 근검한 기풍과 용감한 품성을 진작시키려는 민족갱생운동이었다(장규식, 2009). 또한 조만식을 기억하거나 평가할 때에 빠지지 않는 것이 바로 검소한 생활, 솔선수범, 현실생활에 기초한 실천적 모습으로, 그는 평생을 실천 가능한 사업을 전개하고,

현실생활을 이롭게 할 수 있는 일들을 찾아서 해왔다(윤은순, 2014).

그는 1883년 평안도 강서에서 창녕 조씨 가문의 선비인 조경학과 경주 김씨 가문의 김경건 사이의 1남 2녀 중 독자로 태어났다(김상수, 2000). 7세 때부터 한학자 장정봉(張正鳳)으로부터 한학을 배우게 되는데, 이 때 같이 공부했던 학생들 중 한정교(韓鼎敎)와 김동원(金東元)이 있었다. 15세에 한학을 마치고 그 후 22세까지 평양 성내 상점에서 일하며 장사를 배우게 된다(김상수, 2000). 10대부터 상업에 종사했고, 22세에 그는 어릴 적 글동무 한정교의 전도로 기독교를 받아들였고, 기독교 수용 후 조만식은 이전의 허랑방탕한 생활을 일순간 끊어버리고 23세라는 비교적 늦은 나이에 평양 숭실중학교에 입학한다(윤은순, 2014). 이후 그는 암담한 조국의 현실을 타개하기 위해서는 무엇보다 실력을 배양할 필요가 있다고 지각하고, 1908년 일본 동경으로 유학하여 세이소쿠영어학교(正則英語學校)를 거쳐 1910년 메이지대학(明治大學) 법학부에 입학하였다(고당기념사업회, 2010). 유학 중 백남훈(白南薰)·김정식(金貞植)과 함께 장로교·감리교연합회 조선인교회를 설립하였고, 간디(Gandhi,M.K.)의 무저항주의에 심취하여 민족운동의 거울로 삼았다(한국민족문화대백과사전 2019.5.18. 검색). 조만식은 1913년 31세의 나이로 메이지대학(明治大學) 법학부를 졸업하고 미국 유학의 생각을 접고 귀국하여 평안북도 정주에 있는 오산학교의 교사로 초빙되어 부임했다가, 2년 뒤에는 교장의 자리를 맡아 학교의 책임자로 활동했다(김권정, 2006; 고당기념사업회, 2010). 1919년 3·1만세운동이 일어나자 평안남도 사천에서 만세운동을 이끌었고, 징역 1년을 받아 옥고를 치른 후에 1921년에 평양기독교청년회 총무에 취임하여 활동을 하였고, 1922년에는 그 시대를 대표하는 교회인 산정현교회(山亭峴敎會)의 장로가 되었다(김학중, 2010; 고당기념사업회, 2010). 1922년에는 평양에서 물산장려협회를 창립하여 회장을 맡아 물산장려운동을 전개하였다(윤은순, 2014; 국사편찬위원회, 2019.5.22 검색). 그는 타고난 교육자로 민족교육을 실시할 수 있는 대학교 설립 운동을 전개하여 1922년 조선민립대학 기성회를 조직하였고 전국을 순회하며 모금 운동을 벌였다(김학중, 2010). 1924년 신간회(新幹會)에 참여했으나 일제의 방해로 활동이 좌절되었다. 또한 숭실중학교 재학 시절부터 체육에 뛰어난 재질을 보였던 그는 체육을 통한 청소년 사기 진작을 위해 1930년 '관서체육회'를 조직하였다(김학중, 2010). 1932년에 조선일보사 사장에 추대되어 언론을 통하여 민족의 기개를 펴는 데 앞장섰고, 1945년에는 조선건국 평남준비위원회 창립 위원장에 선임되었다(고당기념사업회, 2010). 1946년에는 모스크바 3상회의에 따른 신탁통치 반대 의견을 표명하였고, 소련군에 의해 평양 고려호텔에 연금되어 1950년 10월 18일 유엔군과 한국군의 공격으로 퇴각하던 북한 공산당 상부의 지시에 의해 최후를 맞은 것으로 전해지고 있다(고당기념사업회, 2010). 1991년 11월 5일 동작동 국립묘지에서 추모식을 거행하고 국가유공자 제2묘역 안장되었다(고당기념사업회, 2010).

본 연구는 일제 강점기에 국내에서 기독교 정신에 바탕을 둔 항일운동의 대표적 민족지도자로 리더십을 발휘한 고당 조만식의 생애를 성인교육자로서의 항일성인교육 활동과 우리나라 독립 쟁취에 크게 일조한 조만식의 성인교육 리더십을 온정적 합리주의 리더십의 8가지 요인의 측면에서 분석하였다. 이를 위해 조만식에 대한 문헌과, 단행본의 전기, 조만식이 신문에 기고한 자료 등을 바탕으로 결정적인 생애사 사건들을 중심으로 조만식의 성인교육자로서의 항일성인교육 활동과 온정적 합리주의 리더십을 분석했다.

2. 이론적 배경

1) 성인교육

평생교육 주 대상자는 성인이다. 성인이란 스스로 자아능력을 개발하고, 필요한 지식을 확장시킬 줄 알며, 기술적·전문적 직업능력을 향상시켜 나가며, 자신의 태도와 행동을 변화시켜 나갈 줄 아는 존재이다(신용주, 2004; 한상길, 2011 재인용).

성인 교육 (成人教育, adult education)은 성인을 대상으로 하는 교육이다. 성인교육은 삶의 과정 속에서 이루어지는 총체적인 교육을 뜻한다(허준, 2014). 린드만은 성인교육을 삶, 생활, 생애의 관점에서 파악하며, 성인교육은 성인이라는 대상에 국한된 교육이 아니라 성인의 원숙함에 도달하기 위한 교육이라는 점을 강조한다(김동진 역, 2013).

학교교육이 미래를 위한 준비의 성격이 강한 데 비해 성인교육은 현재에 초점을 맞추어 실생활에서 일어나는 문제를 해결하고 개인의 요구를 충족시키기 위해 실제 생활을 중심으로 학습자의 필요와 요구에 따라 실시되는 교육을 근간으로 한다(이현림, 김지혜, 2014).

서양근대 성인교육자로서 대표적인 사람은 페스탈로찌(Pestalozzi)이다. 페스탈로찌는 좋은 교육을 위해서는 잘 가르치는 것이 중요함으로 인식했던 교육자로, 좋은 교육을 위해서는 교육에 참여하는 모든 이들, 말하자면 교수자와 학습자 모두가 존중되어야 함을 주장한 이론가이다(김성길, 2011). 그는 빈민과 사회적 약자에 대한 교육을 강조하고 실천한 인물로 근대 국민대중교육론의 기초를 제공하였다(황우갑, 2019). 그는 민족의 중요성을 강조했으며 국민교육을 강조하고 이를 가정교육·직업교육·평생교육·종교교육으로까지 확장하는데 기여했다(김정환, 2008; 황우갑, 2019 재인용). 페스탈로찌(Pestalozzi)는 단순히 좋은 교육자를 넘어서는 교육실천가이면서 교육이론가인 동시에 사상가이자 철학자로 그는 직관과 자율, 조화의 원칙을 바탕으로 자기 성찰을 수행한 인물이다(김성길, 2011). 이러한 페스탈로찌(Pestalozzi)의 교육사상은 덴마크의 성인교육자 그룬트비(Grundtvig)에게 큰 영향을 미쳤고, 그는 인간의 존엄, 자유, 평등, 계몽과 자유로운 상호작용을 중시하여, 계급과 직업에 관계없이 모든 사람들이 다닐 수 있는 계절 학교이자 성인교육기관인 평민대학을 설립하여 덴마크인의 삶의 계몽에 크게 공헌을 했다(황우갑, 2019). 또한 페스탈로치는 좋은 교육은 인간 내면의 본성을 온전히 드러내는 일임을 직시했던 사상가로, 인간을 이해하고 존중한 사랑의 철학자다(김성길, 2011).

한국의 근대 성인교육의 맹아는 페스탈로찌(Pestalozzi)와 같은 시기를 살았던 중농주의 실학자로 근현대 지식사회에 큰 영향을 끼친 다산 정약용에서 찾을 수 있는데, 정약용의 성인교육 사상은 현실개선을 위한 진보주의와 실용주의적 특성, 주체성 교육, 자기 성찰에 바탕을 둔 건전한 인격형성의 토대로서 도덕교육 중시와 창조적 교육관을 특징으로 한다(박준영, 2005; 황우갑, 2019 재인용).

일제 강점기에 페스탈로찌(Pestalozzi)와 그룬트비(Grundtvig)의 교육사상에 영향을 받은 성인교육자는 안창호, 이승훈, 남궁억, 최현배, 함석헌, 배민수 등으로 평양을 중심으로 활동한 조만식은 오산학교, 숭실전문학교 등을 통해 교육구국을 목표로 성인교육을 하였으며 기독교 민족지도자로서 성인교육에 이바지했다(황우갑, 2018).

김권정은 일제시기 조만식의 사회활동을 정리하고 그 사상을 종합하여 기독교민족운동으로 자리매김하였으며, 장규식은 조만식의 정치사회적 모든 활동을 망라하여 살피고 그를 '시민사회의 개척자'라고 평가하였다(윤은순, 2014). 조만식은 "기근구제 유산맹성-재산가의 참된 동정 무엇보다 첩경"[1)]이라는 제목의 글에서 상호부조의 복지사회 구축을 통한 공동체성 강화를 독려함으로써 시민사회의 역할을 강조하였다(정태식, 2014). 또한 조만식은 조선인들로 하여금 스스로의 힘을 키우고 능력을 갖출 수 있는 장의 마련을 조선인들이 할 수 있는 최소한의 과제로 설정하여, 민족의 당면한 문제 해결을 위해 이상을 세우고 그 이상을 실천하였다(정태식, 2014).

우리나라의 근대 성인교육은 1876년 강화도조약 이후의 갑신정변과 동학농민운동으로 이어지는 자주적 근대화의 노력과 좌절, 그 결과로서 을사늑약, 한일강제합병을 거친 일제 강점이라는 민족의 수난과 그에 대한 능동적 대응이라는 특수한 환경에서 시작되었다(황우갑, 2019). 해방 후에 우리나라의 성인교육은 일제강점기에 잃어버린 한글을 되찾기 위한 문해교육(literacy)을 필두로 하여 지역사회개발과 함께 이루어져 왔다(이상오, 2010). 실제로 해방 후(1946년) 우리 정부의 문교부 산하에 성인교육국이 담당 부서로 설치되면서, 성인교육은 비록 미군정 하에서이지만 정부 주도로 보다 체계적이고 조직적으로 운영될 수 있는 기반이 되기도 했다(이상오, 2010).

2) 온정적 합리주의 리더십

온정적 합리주의 리더십(Compassionate Rationalism Leadership)은 합리주의를 기반으로 하면서 상황에 따라 온정을 베푸는 새로운 패러다임의 리더십으로 이때의 상황이란 사회적 윤리성, 평등성, 정의의 가치를 실현하는 경우

1) 『동아일보』, 1925년 1월 1일. 정태식(2014). 종교와 사회발전: 조만식의 실사구시적인 사회사상과 시민사회운동. p.93.

를 의미한다(강혜정, 2018). 따라서 성인교육 속에서의 리더는 성인교육이 추구해야 하는 윤리성과 평등성, 공정성을 실현해야 한다(강혜정, 2018). 성인교육 리더의 주요한 역할은 문화를 조종하고 조직에 내재한 문화를 변화시키는 것이다(Rose, 1992; 강혜정, 2018 재인용). 온정적 합리주의 리더십은 이성적 상황 판단, 전략적 예측, 논리적 문제해결, 최적화 수행관리와 같은 합리주의 패러다임을 바탕으로, 포용적 겸손, 공감적 배려, 이타적 협력, 신뢰기반 임파워먼트와 같은 온정주의 요소로 보완한 리더십이다(최은수 외, 2018). 이러한 온정적 합리주의 리더십은 이성과 감성, 영성이 어우러지는 홀리스틱한(holistic)한 리더십 접근으로 인성을 중시하는 동양적 패러다임과 실적과 성과를 강조하는 서양적 패러다임을 종합한 특성을 가지고 있다(강찬석, 2016; 황우갑, 2019 재인용).

최은수(2014)가 개발한 온정적 합리주의 리더십 측정도구인 CRLQ (Compassionate Rationalism Leadership Questionnaire)는 다음의 〈표 1〉과 같다.

3. 연구방법

1) 전기적 접근(Biographical approach) 연구

본 연구는 고당 조만식의 생애에 나타난 기독교 정신에 바탕을 둔 항일성인교육 활동과 온정적 합리주의 리더십의 특성을 알아보고자 하는데 목적이 있다.

전기적 접근(Biographical approach)은 생애사와 구술사는 물론 자서전, 일기, 신문, 편지 등 생의 대부분을 담고 있는 각종 전기적 자료를 이용한 인문

〈표 1〉 온정적 합리주의 리더십 구성요인 정의

차원	하위영역	정의
합리주의 리더십	이성적 상황판단	이성적 사고를 바탕으로 중요한 의사결정을 내려야 할 때 가장 효율적인 방향과 대안을 신속하게 결정하여 대응하는 것
	전략적 예측	장기적 관점으로 문제를 바라보고, 이를 바탕으로 불확실한 미래의 변화를 치밀하게 예측하며, 선택과 집중을 통해 실현 가능한 전략적 목표를 계획하는 것
	논리적 문제해결	주어진 상황이나 업무 관련 이슈를 다양한 관점 및 방법으로 분석하여 문제의 발생 원인과 핵심을 냉철하게 판단하고, 문제해결을 위해 논리는 관계를 파악하여 해결방안을 제시하는 것
	최적화 수행관리	다양한 인적 · 물적 자원을 최적의 상태로 유지 또는 관리 · 통제하여 효율성을 극대화함으로써 성과의 질을 높이는 것
온정주의 리더십	포용적 겸손	자기의 생각과 행동에 대해 성찰적인 관점을 지니고, 다른 사람들의 비판적인 피드백에 대해서도 겸허한 자세를 가지며, 상대방의 다양한 의견을 경청하고 긍정적으로 수용하는 것
	공감적 배려	상대방의 감정과 심리상태에 많은 관심을 가지고 세밀히 파악하려고 하며, 상대방의 입장에서 생각하고, 주어진 상황에 따라 배려하는 것
	이타적 협력	상대방을 위해 자기희생적 행동을 취하고, 자발적으로 구성원들이 필요한 부분을 도와주며, 자신에게 이득이 되지 않은 일이라도 기꺼이 솔선수범을 보이는 것
	신뢰기반 임파워먼트	구성원들과 진정성 있는 신뢰를 바탕으로 스스로 역량을 향상시킬 수 있도록 다양한 경험과 기회를 제공함과 동시에 이에 걸맞은 권한을 부여하면서 구성원들에게 성취감을 가질 수 있도록 지원하는 것

출처: 최은수(2014). 221쪽.

사회과학의 연구 방법이다(이지혜, 2005).

본 연구에서는 조만식의 민족활동에서 나타난 항일성인교육 활동과 리더십 특징을 알아보기 위해 조만식의 생애사를 숭실중학교 입학 전(1883-1904): 1세-22세, 숭실중학교 입학과 졸업(1905-1908): 23세-25세, 일본 유학(1908-1913): 26세-31세, 일본 유학 후 귀국[2]: (1913-1944) 31세-62세, 1945년 해방 이

2) 한국민족문화대백과사전 2019.5.18. 검색.

후로 살펴보았다.

연구에 사용된 자료는 조만식에 대한 문헌과, 단행본의 전기, 조만식이 신문에 기고한 자료 등이다. 이러한 자료를 바탕으로 항일성인교육 활동과 리더십 관련한 사건들을 분류하였고, 결정적인 생애사 사건들을 분석하여 항일성인교육 활동과 온정적 합리주의 리더십의 연결을 시도하였다.

2) 조만식의 생애

(1) 숭실중학교 입학 전(1883-1904) : 1세-22세

그는 1883년 평안도 강서에서 창녕 조씨 가문의 선비인 조경학과 경주 김씨 가문의 김경건 사이의 1남2녀 중 독자로 태어났다(김상수, 2000). 7세 때부터 한학자 장정봉(張正鳳)으로부터 한학을 배우게 되는데, 이 때 같이 공부했던 학생들 중 한정교(韓鼎教)와 김동원(金東元)이 있었다. 15세에 한학을 마치고 그 후 22세까지 평양 성내 상점에서 일하며 장사를 배우게 된다(김상수, 2000; 고당기념사업회, 2010). 10대부터 상업에 종사했고, 22세에 조만식은 술과 담배를 끊고 기독교인이 되었다. 서당 친구인 한정교(한국 최초의 목사인 한석진 아들)의 전도로 기독교를 받아들였다(장규식, 2009; 김학중, 2010).

(2) 숭실중학교 입학과 졸업(1905-1908) : 23세-25세

청년 조만식은 숭실학교의 베어드 교장을 찾아가 다짜고짜 입학을 시켜달라고 졸랐다. "왜 공부를 하려고 하느냐?" 베어드 교장의 질문에 "하나님의 일을 하려고 합니다"고 명료하게 대답을 하였다(고당기념사회업회, 2010). 23세라는 비교적 늦은 나이에 평양숭실중학교에 입학하였다. 입학과 동시에 조만식은 환골탈태했다. 상업에서 손을 떼고 평양 숭실중학교에 입학하면서 술의 악몽에서 깨끗하게 벗어났던 것이다(고당기념사회업회, 2010). 조만식에 있어 숭실학교의 시간은 삶의 전환이었고, 내일을 준비하는 시간이었다(김상수, 2000). 베어드 교장으로부터 합리적인 서구 사상과 사랑의 기독교 정신에 대해 배웠으며, 전도의 목적은 영혼을 구원하는 것뿐만 아니라, 이 현실의 상황속에서 민족적 구원을 성취하기 위해서라는 사실을 대의적으로 깨닫게 되었다(김학중, 2010). 조만식은 숭실학교를 통해 독실한 신앙인이자 투철한 애국자로 거듭나게 되었고(고당기념사회업회, 2010), 신앙생활과 학업을 통해 민족의식이 싹트게 되었다.

(3) 일본 유학(1908-1913) : 26세-31세

1908년 숭실학교를 졸업한 조만식은 26세에 도쿄(東京)로 유학을 떠났다. 암담한 조국의 현실을 타계하기 위해서는 무엇보다 실력을 배양할 필요가 있다고 자각했고, 민족 독립의 소명이 있을 때 언제든지 달려갈 수 있는 힘을 키워야겠다는 굳센 결의였다(고당기념사회업회, 2010). 일본 도쿄 세이소쿠 영어학교 입학하여 3년간 영어를 공부하였고, 1910년에는 메이지대학 법학부에 입학한다. 5년의 유학 기간 동안 고당은 무던히도 학업에 열중했다. 웬만하면 귀국하지 않고 학업에 몰두했다(고당기념사회업회, 2010). 그는 다달이 오르는 학비를 위해 근검절약했고, 그렇게 아낀 돈을 친구의 학비에 보태기도 했다((고당기념사업회, 2010). 유학 중 조만식은 백남훈(白南薰), 김정식(金貞植)과 함께 장로교·감리교연합회 조선인교회를 설립하였고, 간디(Gandhi, M.K.)의 무저항주의에 심취하여 민족운동의 거울로 삼았다(한국민족문화대백과사전 2019.5.18. 검색). 조선인 연합교회는 숭실에서의 민족의식이 처음으로 표출되는 사건이었다(한국민족문화대백과사전 2019.5.18. 검

색; 김상수, 2000). 고당은 1913년 31세에 메이지대학을 졸업하였다.

(4) 일본 유학 후 귀국[3] : (1913-1944) 31세-62세

1913년 졸업 후 귀국하여 평안북도 정주에 있는 오산학교에 가서 9년을 머물게 된다(고당기념사회업회, 2010). 남강(南岡) 이승훈(李承薰)이 설립한 오산학교(五山學校)의 교사가 되었으며, 2년 후인 1915년 교장이 되었다(한국민족문화대백과사전 2019.5.18.검색). 1919년 교장직을 사임하고 3·1운동에 참가하였다가 잡혀 1년간 옥고를 치렀다. 출옥 후 다시 오산학교 교장으로 복귀하였으나 일본관헌의 탄압으로 제대로 재직하지 못하고 평양으로 돌아가 1921년 평양기독교청년회 총무에 취임하는 한편, 1922년에 산정현교회(山亭峴敎會)의 장로가 되었다. 이 무렵 알게 된 평생의 심우(心友) 오윤선(吳胤善)과 함께 1922년에 민족경제의 자립과 발전을 위해 조선물산장려회(朝鮮物產奬勵會)를 조직하여 그 회장이 되어 국산품애용운동을 벌였다. 1923년에 송진우(宋鎭禹)·김성수(金性洙) 등과 함께 연정회(硏政會)를 발기하여 민립대학기성회(民立大學期成會)를 조직하였으나 일제탄압으로 실패하였고, 숭인중학교(崇仁中學校) 교장을 지내다가 1926년 일제에 의해 강제 사임 당하였다. 1927년에는 항일운동단체 신간회(新幹會)를 결성하여 신간회중앙위원 겸 평양지회장으로 참여했으나 일제의 방해로 활동이 좌절되었다. 1930년에 관서체육회(關西體育會) 회장으로 민족지도자 육성에 이바지하였다. 1932년에 조선일보사 사장에 추대되어 언론을 통하여 민족의 기개를 펴는 데 앞장섰다.

---

[3] 한국민족문화대백과사전 2019.5.18. 검색
한국일보 김광수 기자 2015.10.15.
고당기념사회업회(2010). 고당 조만식의 전기. 서울: 기파랑.

(5) 1945년 해방 이후[4)]

광복 당시 고당(古堂) 조만식(曺晩植 · 1883~1950)은 어느 한 정파의 지도자가 아니라 38선 이북 지역을 대표하던 민족지도자였다. 미국을 배경으로 활약했던 우남 이승만, 장제스(蔣介石)의 중국을 무대로 활동했던 백범 김구 등과 비교하면, 조만식은 철저히 국내의 민중과 함께 했던 민족지도자였다. 조만식은 1913년 일본 메이지대학 법학부를 졸업하고 평안북도 정주의 오산학교(五山學校) 교사로 부임한 이래 단 한 번도 한국 땅을 벗어나지 않고 국내 민족운동을 이끌었다. 이처럼 국내를 기반으로 활동했던 지도자라는 점에서 조만식은 광복 이후 서울의 몽양 여운형(1886~1947)이 수행했던 것과 비슷한 역할을 이북지역에서 수행하게 된다. 조만식은 해방 되자 평남 건국준비위원회 · 인민정치위원회 위원장을 맡았고, 그 해 소련 군정청에서 북조선 인민정치위를 설치해 그에게 위원장 취임을 권고했으나 소련의 한국공산화 정책에 반대해 거부했다. 그 해 11월 민족주의자를 결집해 조선민주당을 창당해 당수로 신탁통치 반대운동을 활발히 전개했다. 소련 군정에 대한 비타협적인 태도와 신탁통치 반대로 1946년 1월 평양 고려호텔에 감금됐고, 제자들의 월남 권유를 거절하였다(한국일보 김광수 기자, 2015.10.15.). 1950년 10월 18일 유엔군과 한국군의 공격으로 퇴각하던 북한 공산당 상부의 지시에 의해 최후를 맞은 것으로 전해졌다(고당기념사회업회, 2010). 정부는 조만식 선생의 공훈을 기려 1970년 8월 15일에 대한민국정부가 건국공로훈장 대한민국장을 추서했다(고당기념사회업회, 2010).

---

4) 김명섭(2008). 「대한민국 건국의 영웅들(3)」 조만식. 민족신문(2008/05/22). http://www.minjokcorea.co.kr/data/minjokcorea_co_kr/

4. 조만식의 성인교육 활동

1) 기독교 민족지도자로서의 조만식의 성인교육 활동

성인교육은 학습자가 자신의 삶에서 행복과 삶의 의미를 얻도록 돕고 자기 자신, 자신의 재능과 한계, 타인과의 관계를 이해하며, 정신적, 문화적, 육체적, 정치적, 직업적으로 보다 성장할 수 있는 조건과 기회를 제공한다(Paul, 1967; 황우갑, 2018 재인용). 성인이 갖는 학습경험은 '구체적으로 제공된 과제에 대한 해결책을 찾는 과정'이며, '발견된 문제에 직면하는 창조적 사고'와 '새로운 중요 문제 및 질문을 생성하고 이에 반응하는 능력'의 구현 과정(Arlin, 1975; Merriam & Caffarella, 1999)으로, 성인들은 그들의 학습이 구체적인 문제에 대한 해결책을 얻는 단서가 되기를 기대하고, 그것을 얻으려는 방향성을 보인다(Knowles, 1980; 최라영, 2012 재인용).

성인은 자기 주도적이고자 하는 심오한 욕구를 지니고 있으며, 주변 환경과의 적응을 통하여 지속적인 경험과 느낌과 행동의 변화를 수반하고, 나가서는 이를 동기부여의 계기로 삼아 배움 활동에 참여한다(한상길, 2011).

성인교육자인 Pestalozzi(1746-4827)는 죽음에 이르기까지 빈민에게 사랑의 손길을 뻗쳤고 교육이란 선천적으로 신이 인간 안에 소질로 깃들게 하여 준 여러 힘을 사랑의 손과 사랑의 대지로 부드럽고 조화롭게 발전시키는 것으로 인식했다(황우갑, 2019).

조만식은 평생 국내에서 고통 받는 식민지 한민족과 함께하며 절대독립의 꿈을 버리지 않았고, 그는 교육을 통한 인재양성의 중요성을 깨닫고 다양한 성인교육활동을 실천했다(황우갑, 2018). 청년기의 조만식에게 영향을 준 인물로는 도산 안창호로, 그는 만민공동회 등에서 연설하며 민족을 각성시키기 위해 노력하였다. 이러한 활동은 조만식의 독립운동에 영향을 끼쳤다. 또한 조만식은 인도의 독립운동가 마하트마 간디의 영향을 받았다. 그는 유학 중 간디의 비폭력 무저항주의에 깊이 빠져들었고 민족운동을 하는데 있어 그의 정신을 본받았다(국가보훈처, 2018.9.17. 검색).

조만식은 1913년에 메이지대학 유학을 다녀와서 평양을 중심으로 3·1운동, 물산장려운동, 신간회운동 등을 주도하며 국내비타협 민족주의를 대표하는 성인교육지도자로 리더십을 발휘했다(황우갑, 2018). 조만식의 활동에는 기독교적 가치가 작동하고 있었다. 그가 일제시기 내내 물산장려운동, 농촌운동, 생활개선운동 등을 전개할 때 그 사상적 배경이 되었던 기독교와 실질숭상의 가치관이 작동하고 있었다(윤은순, 2014). 그는 식민지 상황에서 민족을 구원하는 것이 기독교인의 사명이라고 이해하고 민족을 지배하는 일제에 대한 저항적인 민족의식을 가지고 있었는데, 성인교육자로서 조만식의 기독교 평생교육 활동은 크게 '평양 YMCA 총무의 경험, 기독교농촌연구회 활동, 생활개선운동과 기독교절제운동회 활동의 경험이다(황우갑, 2018). 본 연구에서는 평양 YMCA 총무 활동과 생활개선운동을 중심으로 살펴보았다.

(1) 평양 YMCA 총무 활동

3·1운동 당시 평안도 일대 만세를 주도하다 체포된 조만식은 오산학교를 물러나 1921년 3월 평양 YMCA를 조직하고 총무직을 맡는다(윤은순, 2014). 평양 YMCA는 김득수, 김동원, 오윤선, 김성업 등 평양지역 기독교 지도자들이 대거 참여한 관서지역의 최고의 사회운동단체로 조만식은 이후 1932년까지 약 12년간 총무로 있으면서 물산장려운동, 상공협회 조직, 저축조합 설립, 농촌운동, 생활개선운동, 절제운동을 전개할 때 평양 YMCA는 평양일대 민족

운동의 구심적 역할을 하게 된다(김권정, 2006; 윤은순, 2014). YMCA는 회원이 대개 20-30대 청장년으로 구성되었기 때문에 이들이 사회문제에 관심을 갖고 능동적으로 참여할 수 있었고, 일반교회들이 부딪힐 수 있는 종교적 문제들을 피할 수 있었기 때문에 사회문제에 관련된 프로그램을 자유롭게 진행할 수 있다(김권정, 2006). 고당은 YMCA에서 특히 청년들과 대화하는 것을 즐겼는데, 그러한 직접적 교류를 통해 자신의 정신과 많은 교양을 전해주었다(고당기념사업회, 2010). 고당이 기독청년회 지도자의 한 사람으로 활동하면서 식민지하에서 신음하고 있는 조선인들의 아픔을 위로하고 그들과 고난을 같이하는 제사장적인 사명을 감당하였다, 그러기에 시민들은 고당이 그 곳에 있는 것만으로도 위로를 얻었고 희망을 포기하지 않았던 것이다(이만열, 1997).

> "선생이 매일 같이 기독교청년회에 나와 앉아 있으면 그를 찾아오는 사람은 정말 각 방면 인물이다. 억울한 호소 ,딱한 의논, 입학시험에 낙제한 학생의 부형, 낙제할 염려가 있는 부형, 평양에 처음 온 사람, 심지어 가출한 딸 걱정에 찾아온 노동자도 있었다. 선생은 반드시 이들과 악수하고 친절로써 그의 온화한 성품을 발휘한다"(이만열, 1997; 고당기념사업회, 2010).[5]

조만식은 이 YMCA라는 공간을 통해 자신의 인적관계를 바탕으로 평양지역과 전국지역을 아우르는 다양한 민족운동에 적극 참여했다(김권정, 2006). 그는 기독교 청년회 총무직에 무보수로 봉사하였으나 그 총무직이 갖는 다양한 활동영역을 활용하여 민족운동에 헌신할 수 있는 중요한 발판으로 만들어갔다(이만열, 1997). 이렇게 보면 고당의 YMCA 총무로서의 활동기간은

---

5) 오기영. 「조만식씨의 이꼴 저꼴」. 『고당 조만식의 회상록』. 61쪽.

그의 기독교 이념을 사회에 적용하는 한편 기독교 신앙에 바탕한 인격을 실험하는 때였고, 그가 조선의 기독교계 및 민족의 지도자로서 발돋움하는 것과 때를 같이하고 있다.

(2) 생활개선운동[6)]

개신교 수용 초기 기독교 신자의 본분이나 지켜야할 덕목, 혹은 문명개화의 도구 정도로 강조된 술, 담배, 축첩 금지는 1920년대부터 본격적인 절제운동으로 전개되기 시작했다(윤은순, 2014). 그런데 1920년대 후반 이후 절제운동은 그동안 금주금연 중심의 활동에서 나아가 소비절약과 저축회 및 조합조직, 생활개선운동으로까지 그 영역을 넓혀갔다. 조만식은 절제운동의 외연을 넓히는 데 큰 역할을 했다. 조만식은 금주금연을 강조하였다. 일찍이 기독교를 받아들이고 숭실학교에 입학하면서 일체의 술과 담배를 끊은 조만식은 개인의 결심에서 나아가 우선 금주금연운동을 적극 전개했다((고당기념사회업회, 2010; 윤은순, 2014). 금주운동을 단행할 이유로, '첫째, 정신적으로 살자 함이요, 둘째, 경제적으로 살자 함이요, 셋째, 문화적으로 살자 함이다'라고 정리하였다. 또한 기독청년면려회 주최의 각종 금주강연회에서 청년들의 각성과 금주를 촉구하였다(윤은순, 2014). 1930년대에 들어서면서 조만식은 생활개선운동을 보다 본격적으로 전개한다. 그는 이것을 농촌운동, 자작자급운동, 신간운동과 아울러 민족의 사활을 지배하는 중차대한 운동으로 인식하고 한층 노력할 것을 주장하였다(동아일보, 1931년 1월 1일; 윤은순, 2014 재인용). 그는 평양을 중심으로 그가 관계하고 있던 평양물산장려회,

6) 윤은순(2014). 「조만식의 생활개선운동」. 『한국기독교연구소』 제41호(2014.9), pp.5-36.; 김권정(2006). 「1920-1930년대 조만식의 기독교 민족운동」. 『한국민족운동사연구』 제47집. 한국민족운동사학회. pp.219-206.

평양 YMCA, 조선기독교절제운동회 등의 모든 활동을 통해 생활개선운동을 전개하였다(윤은순, 2014). 조만식이 1932년 11월 조선일보 8대 사장에 취임하면서 그가 주장한 생활개선운동은 조선일보의 생활개신운동과 맞물려 전국적인 호응과 지지를 얻었을 뿐만 아니라, 조만식 개인으로도 평안도를 넘어 전국적인 인지도를 확보하게 되었다(윤은순, 2014).

2) 민족운동단체 지도자 조만식의 성인교육 활동

(1) 조만식과 간디

고당 조만식은 흔히 인도의 정신적 지도자 마하트마 간디에 비견된다. 식민본국의 심장부에 유학하여 법학을 전공한 이력이라든지, 일상에서 몸소 토산장려의 모범을 보이며 민중의 교사로 나선 점에서, 그리고 강한 종교적 신념을 바탕으로 비폭력 무저항의 민족운동을 이끌어 나간 종교적 신념을 바탕으로 비폭력 무저항의 민족운동을 이끌어 나간 점에서 두 사람을 닮은 꼴이었다(장규식, 2009). 두 지도자가 다 같이 비살생, 비폭력, 무저항, 불복종을 민족해방과 조국 독립 방안의 기본 원칙으로 했고, 특히 종교적인 신앙을 그 바탕으로 했다는 점에서 많은 유사점을 찾아볼 수 있다(고당 조만식회상록, 1995)[7]. 물산장려운동에서 조만식이 취했던 무정항적인 운동은 그를 한국의 간디로 만들었다(김상수, 2000). 고당이 본격적으로 물산 장려운동을 펼치는 모습을 지켜보던 사람들 사이에서 저절로 새로운 고당의 별명의 하나가 지어졌다. '조선의 간디'라는 게 그것이었다. 간디가 영국 지배 하의 조국 인도에서 펼쳤던 운동이나, 고당이 이 땅에서 정성을 쏟아 벌이는 운동이

[7] 오영진. 고당 조만식 선생; 고당조만식 회상록(1995). p.30.

일맥상통했기 때문이다(고당기념사업회, 2010). 조만식은 토산애용운동과 함께 한복과 순 조선산 무명천 갓과 탕건만 고집하여 평양주민들의 대표적인 패션이 되었다(장규식, 2009). 1910년대 일본유학시절 간디(Gandhi,M.K.)의 자서전을 통해 경제독립을 지향하는 '비폭력' 저항방식에 동감을 표시했던 조만식은 간디의 무저항주의와 비폭력주의, 평화중의 공감하고 심취하여 민족운동의 거울로 삼았다. 즉, 간디의 방식에 따른 독립운동 지표를 설정하였다(김권정, 2006; 장규식, 2009).

(2) 조산물산장려회

1920년, 38세의 고당은 평양에서 조선물산장려회를 발기하여 2년 후에 창립, 스스로 회장이 되었고, 민족적 신념으로 홀로 실천해 오던 것을 대중운동으로 조직화하여 사회에 널리 보급하고자 했던 것이다(고당기념사업회, 2010). 이 운동은 전국적인 호응에 힘입어 바람 탄 들판의 불길처럼 삽시간에 번졌으며, 일본 당국은 탄압의 명분이 없어 속수무책 바라볼 수밖에 없었다(고당기념사업회, 2010). 1922년 6월 평양 조선물산장려회의 창립을 시발로 전국 각지에는 물산장려회, 토산장려회, 자작회, 소비조합 등 다양한 물산장려운동 조직들이 등장하기 시작하였다. 애초에 이 운동의 목적은 국산품을 생산하고 애용하자는 것이었는데, 도덕성 성격을 띤 금주회, 단연(斷煙)동맹 등의 조직으로까지 확산됐다(고당기념사업회, 2010). 그리하여 1923년 1월 20일 서울에 중앙조직을 표방한 조선물산회가 조직되기에 이르렀다(장규식, 2009). 조선물산장려 운동은 조선물산을 장려하여 자작자급(自作自給)을 이룸으로써 경제계를 진흥시키고, 사회발달을 도모하며 실업자를 취직케 하고, 우리 것을 소중히 여기고 사랑하는 자중자애심(自重自愛心)을 함양함과 아울러, 근검한 기풍과 용감한 품성을 장작 시키려는 민족갱생운동이었다(장규식, 2009).

> "일본의 자본주의적 경제침략은 사소한 일용품에서부터 우리의 심장부를 범하였다. 이 침략을 막기 위해서는 우리 생산품을 애용해서 생산을 증대시키고 우수화(優秀化)시키는데 있다. 그리해서 민족경제의 자립을 도모해야 한다"(평남일보사, 102-103쪽. 고당 조만식; 유영렬, 1997 재인용).

우리 생활이 이렇게 궁핍하게 된 것은 민족의 자각이 없어 제 것을 천시하고 사랑하지 않기 때문이다. 그래서 자기도 모르는 사이에 외국의 경제적 침략을 당하고 있다. 이 침략을 막기 위해서는 우리 손으로 국산품을 많이 생산해야 한다. 많이 생산하려면 그 생산품을 애용해서 생산을 증대시키고 품질을 높이는 게 중요하다. 그리해서 민족경제의 자립을 도모해야 한다(고당기념사업회, 2010).

> "우리는 우리의 것을 먹고 입고 쓰고 살림합시다. 우리는 우리의 물건을 많이 만들기에 힘씁시다. 우리는 말로만 하지 말고 끝까지 실행합시다. 그리하여 우리도 남들과 같이 제법 살아봅시다. 사랑하는 우리 동포들아!"(장규식, 2009).

조만식이 실천한 물산장려운동은 식민지체제 내에서 민족기업을 일으키고 민족기업을 위하여 보호무역을 실시해줄 민족국가가 없는 조건 속에서 생산자가 직접 소비자와 연대하여 민족경제를 재건해보려는 모델이었다(김영호, 1997; 황우갑, 2018 재인용). 물산장려운동의 민족사적 의의는[8] 첫째,

3·1운동 이후 국내에서 가장 광범위한 지역과 계층을 망라하여 조직화시킨 최초의 민족운동이라는 것이다. 둘째, 온건주의적 운동방법을 모색하였는데, 인내와 절제에 바탕을 둔 점진주의와 온건주의를 운동방법론으로 채택한 것이다. 셋째, 일제하의 국내 민족운동사상에서 물산장려운동만큼 오래 동안 계속된 것이 없다. 이 운동은 약 20여 년간(1920-40) 계속 되었다. 넷째, 경제민족주의 의식을 식민지하의 한국인에게 광범위하게 확산시켜, 반 경제민족운동의 중요한 계기를 삼았다.

(3) 신간회

신간회는 일제강점하 최대의 항일민족 운동단체였다(황우갑, 2018). 신간회는 민족의 단결과 정치적, 경제적 각성을 촉구하고 기회주의를 배격하는 투쟁적 강령을 내걸고 전국 149개소의 지회와 4만여 명의 회원을 헤아리는 거대한 단체로 성장하여, 5년 동안 민족운동을 이끌었다(유영열, 1997). 조만식은 1920년대 중반 대두된 민족협동전선운동으로 결성된 신간회에 적극 참여 활동했는데, 조만식의 신간회 참여는 그가 평양 YMCA 총무로 활동하면서 평양을 중심으로 하는 민족주의세력이 주도한 다양한 민족운동의 리더였던 것이 큰 배경이 되었던 것으로 보인다(김권정, 2006). 신간회 중앙위원이며, 평양지회장을 맡았던 고당은 처음부터 적극 참가하여 육성에 전력을 기울였다(고당기념사업회, 2010). 평소 "우리 민족이 일제의 압박에 해방되기까지는 전 민족이 한데 뭉쳐 투쟁해야 한다"는 신념을 갖고 있는 그는 민족협동전선체로 결성된 신간회에 참여한다는 것이 자연스러운 현상이었고 이를 우리 민족의 사활을 지배하는 중차대한 운동으로 인식하고 있었다(동아일보, 1930년

---

8) 이만열(1993). 고당 조만식선생과 조선물산장려운동의 만족사적 의의. pp.9-10. 김상수(2000). 조만식의 생애와 민족운동. p.36.

1월 1일자; 김권정, 2006 재인용).

신간회는 당시 80% 가까운 조선인의 문맹 문제를 해결하기 위해 문자보급운동을 전개했으며, 야학활동은 신간회 지방 지회의 전국적인 공동운동으로 실천되었고, 또한 언론출판집회 결사의 자유, 조선인 본위의 교육, 노동과 농민문제 등 다양한 주제를 가지고 일제식민지배에 타격을 가했다(황우갑, 2018). 아울러 신간회는 당시 조선 내에서 이루어진 농민 노동자 청년 여성 등 다양한 성인교육 발전에도 크게 기여하였다(황우갑, 2018).

> "조국이 일제압박에서 해방되기까지는 전 민족이 한데 뭉쳐서 싸워야 한다"(고당기념사업회, 2010).

고당은 신간회 설립이나 해체 후에도 초지일관, 그 같은 신념을 지켰다. 위기의 순간마다 고당의 판단은 정확했고, 특히 군중심리로 과열된 대중의 흥분을 잘 가라앉혔다(고당기념사업회, 2010).

3) 조만식의 평생교육시설 건립 활동

성인교육자로서 조만식의 평생교육기관 건립활동을 '백선행기념관'과 '인정도서관' 나누어 살펴보면 다음과 같다.

(1) 백선행기념관

평양은 경성 다음으로 제2의 도시였으나, 문화시설 면에서 일본인의 신시가지와 조선인의 구시가지 사이에 현격한 격차가 있었다(장규식, 2009; 고당기념사업회, 2010). 때는 바야흐로 민족적 문화운동이 활발했던 시기인 만큼 자유로이 집회할 공회당이 절실히 필요했으나 평양시민들을 위한 강연회, 음악회, 오락행사 등을 열려고 해도 마땅한 장소가 없었던 것이다(고당기념사업회, 2010). 당시 조선인들은 집회나 공연을 교회나 학교의 빈 시간을 활용하고 있었다(황우갑, 2018). 그래서 조선인들이 자유롭게 집회를 갖고 문화공연도 할 공회당의 건립이 평양 조선인사회의 당면 현안으로 등장하였다(장규식, 2009). "아무래도 평양에 공회당을 세워야겠다." 고당은 막연히 느껴오던 필요성을 분명이 통감하고 공회당 설립을 추진하기로 결심했고, 이때 평양 사회의 숙원사업인 공화당의 건립을 위해 14만 6천 원이라는 거액을 쾌척한 독지가가 나타났는데, 80세의 백선행이라는 과부가 그 주인공이었다(장규식, 2009). 고당의 의지는 마침내 백선행(白善行) 여사의 마음을 움직여 평양에 공회당 건립을 실현시켰다(고당기념사업회, 2010). 백선행기념관은 현대식 석조 건물로 1,200명을 수용할 수 있는 대강당이 있어 개관이후 평양의 명물이 되었고, 이런 공회당이 생기자 평양에서는 모든 옥내 집회문제는 완전히 해결되었다. 더욱이 일본인들의 공회당보다 더 위용을 자랑해서 한민족의 자긍심을 높여 주었다(고당기념사업회, 2010). 백선행기념관은 개관이후로 각종 집회와 공연을 개최하며 평양 조선인사회의 여론의 광장이 되었고, 8·15 해방 직후 고당을 위원장으로 하여 발족한 평안남도 건국준비위원회가 백선행기념관에 본부를 둔 사실은 이 공회당이 평양 사회에서 차지하는 상징성이 어느 정도였는지를 보여주는 단적인 지표였다(장규식, 2009). 여성으로서 공공사업을 위하여 거금을 쾌척한 용기는 평양은 물론이고 전국에 큰 감동을 주었다. 백선행여사는 고독과 가난을 극복하고 성공한 입지전적인 사람으로, 백여사는 기념관 설립 외에도 고당의 조언에 따라 학교 등 교육사업에 많은 기부를 했다(고당기념사업회, 2010).

(2) 인정도서관[9]

백선행 여사가 공회당을 설립한 뒤 얼마 안 되어 김인정(金仁貞)여사가 도서관을 설립한 것은 또 다른 장거(長擧)였다. 이 도서관 설립에도 고당은 많은 노력을 기울였다. 고당은 백선행기념관 건립 때와 마찬가지로 김인정 여사가 기부한 8만 5천 원을 기본금으로 하여 인정도서관의 재단법인을 설립하였다. 인정도서관은 당시 총독부 도서관을 제외하고 조선사람이 경영하는 민간도서관으로는 가장 큰 규모를 자랑하였다.

조선도서관운동의 봉화를 올린 인정도서관은 백선행기념관과 함께 평양 구시가 조선인의 문화 향상에 많은 도움을 주었다. 이처럼 고당은 자신이 직접 나서서 또는 뒤에서 고아원과 공회당, 도서관의 설립 같은 평생학습공간을 민간 차원에서 조직해내며 평양 조선인사회의 시민사회적 기틀을 다졌다. 평소 교육의 중요성을 강조하고 실천한 고당의 뜻은 평양지역사회 상징적인 평생학습공간에도 큰 힘을 발휘했다(황우갑, 2018). 고당도 이 두건물의 건축 관련해서 "민중의 성인교육기관"이라고 각별한 의미를 부여하고 있다. 국가의 세금이 아닌 민간의 의연금을 조직하여 조선인의, 조선에 의한, 조선인을 위한 시민사회를 만들어간 것이다.

> 사회사업 방면에서 보아 전조선적으로 자랑할 바가 많다고 생각합니다. 관서지방의 처음 보는 실업학교로 숭인상업학교가 생긴 것도 자랑이겠거니와 특히 민중의 공회실로 사회에 제공한 재단법인 백선행기념관이 생긴 것과 또 민중의 성인교육기관이라고 할 만한 인정도서관이 불원에 건축하게

---

9) 고당기념사업회(2010). 민족의 영원한 스승 고당 조만식 전기. 서울: 기파랑. pp. 164-165.; 장규식(2009). 민중과 함께 한 조선의 간디. 한국독립운동사연구 기획. 서울: 역사공간. pp.142-143.

된 것이 이 두 가지의 특별한 열성은 세계에 자랑해도 부끄럽지 않다고 생각하는 바입니다. (조선일보 1931년 1월 2일; 황우갑, 2018 재인용)

5. 성인교육자로서의 조만식의 온정적 합리주의 리더십

본 연구에서는 항일성인교육자로서의 조만식의 성인교육활동을 통합적 리더십 이론인 온정적 합리주의 리더십의 구성요인을 중심으로 그 특징을 분석해 보고자 한다.

1) 조만식의 합리주의 리더십과 그 특징

(1) 이성적 상황판단

이성적 상황판단은 이성적 사고를 바탕으로 중요한 의사결정을 내려야 할 때 가장 효율적인 방향과 대안을 신속하게 결정하여 대응하는 것으로, 조만식은 학교, 교회, 국가를 위해 다양한 활동을 하면서 중요한 의사결정을 내려야 할 때 분노하고 흥분하기 보다는 이성적 사고를 바탕으로 상대방을 설득하여 효율적으로 대안을 제시하고 결정하여 대응하였다. 자신의 인생에 대해서도 중요한 변화가 필요할 때에는 낙으로 삼고 살던 술과 담배를 이성적 사고를 바탕으로 신속하고 단호하게 금주 · 금연을 결단하였다.

Jarvis(2006)는 학습이론에 관한 코펜하겐 학술 발표에서 '나는 누구인가', '나는 왜 학습하려고 하는가?' 라는 질문에 대해 '나는 내가 되기 위해(to be me) 배우고 있다' 고 응답할 것이라고 하였다(김미자, 전주성, 2014). 조만식이 숭실학교장인 배위량 박사를 찾아가 입학을 부탁했을 때 배위량 박사는 조만식에게 “그 꼴로 공부를 하겠다고 하는데 도대체 왜 공부를 하려고 하느냐?”고 물었을 때 그는 “공부해서 하나님의 일을 하려고 합니다”하고 대답을 해서 입학허락을 받았다(김상수, 2000; 고당기념사업회, 2010). 입학과 동시에 고당은 환골탈태했다((고당기념사업회, 2010). 조만식은 23세라는 늦은 나이에 학생이 되어 학교생활과 신앙생활을 통해 자신의 삶에 대한 가치 점검과 비판적 성찰을 함으로써 새로운 목표가 생겼으며, 목표를 달성하기 위해서 열심히 노력하였다.

> “그 당시 나는 너무 방탕하였던 관계상 처음으로 학생도 되고 신앙생활도 하게 되매 즉 방향을 아주 전환하매 참말 새 생활 새 분위기에서 호흡하게 되며 그 재미와 그 맛을 무엇이라고 다 말할 수가 없었다”(김상수, 2000).

술 먹는 것을 낙으로 삼고 살던 조만식은 고민에 빠졌다. 그에게 술을 멀리해야 한다는 것은 참으로 가혹한 일이었다. 그러나 조만식은 결단했다. 나라를 위해 무언가 하려면 지혜와 실력을 갖추어야 하고, 그러기 위해서는 자신이 가장 좋아하는 술과 이로 인해 맺어진 친구들과 결별해야 한다고 결단하였다. 오늘까지만 과거의 조당손이고 내일부터는 조만식으로 새롭게 태어난다(김학중, 2010; 고당기념사회업회, 2010).

놀라운 예배 장면을 처음 목격하고 충격을 받은 조만식은 며칠 밤을 잠 못 이루면서 자신의 인생에 대해 생각했다. 예수를 믿으면 내 인생이 변할 것이다. 라는 결단을 하고 그는 1905년 23세에 모든 사업을 다 정리하고 금주·금연을 결심했다. 또한 1897년 기독교 선교사들에 의해 평양에 세워진 숭실학교에 찾아가 초대교장 배위량(W. M. Baird)박사를 만났다. 숭실학교에 입학 한 후 그는 40년이 넘는 기간 동안 금주·금연을 하면서 지조를 지켰다. 맺고 끊는 것이 명확한 사람이었다(김학중, 2010; 고당기념사회업회, 2010)).

가을 운동회 때 심판이 잘못되었다고 항의하는 사건이 벌어졌다. 흥분한 학생들의 항의로 무슨 소동이라도 일어날 것 같은 험악한 분위기가 연출되었을 때 고당은 "지금까지의 경위를 들어보니 심판의 결정이 옳다고 본다. 혹, 반대하는 의견도 나올 수 있겠지만 이런 경우는 심판의 결정에 따라야 한다. 학교에서는 이 심판을 옳은 것으로 결정했으니 더 이상 왈가왈부하지 마라"는 간단한 훈시를 내렸다. 결과에 승복할 줄 아는 스포츠맨십을 강조한 이 한 마디로 장내는 조용해졌고, 운동회는 속개되었다(장규식, 2009; 고당기념사업회, 2010).

굴욕스러운 한일병합 소식에 분노를 느낀 조만식은 평양 시내의 한일병합 경축식과 일본의 신사에서 신을 모셔오는 행사장에 난입하여 뒤집어엎을 생각으로 불현 듯 일어섰다. 그러나 아버지 조경학의 간곡한 만류로 그만두었다. 조만식은 지금은 자신이 나설 때가 아니라는 것을 깨닫고 분노를 참는 것이 진정한 용기라고 생각하며 차후 기회를 노리게 되었다(김학중, 2010).

총독부는 조만식을 이용하여 민심을 회유하려 했으나 실패하였고, 조만식은 지원병제를 반대하다가 구금되기도 하였다(김학중, 2010).

건국준비위원회 위원장이 된 조만식은 치안공백 상태의 혼란을 하나하나 정리해나갔다. 조만식의 정상화 호소에 호응하여 거리에서도 얼마 안 가서 질서가 회복되었다(김학중, 2010).

(2) 전략적 예측

전략적 예측은 장기적 관점으로 문제를 바라보고, 이를 바탕으로 불확실한 미래의 변화를 치밀하게 예측하며, 선택과 집중을 통해 실현 가능한 전략적 목표를 계획하는 것으로, 조만식은 지금 당장보다는 그 이후를 항상 염두에 두는 신중한 사람이었다(김학중, 2010). 조만식은 장기적 안목으로 물산장려운동·민립대학기성운동, 농촌진흥운동 같은 실력양성운동을 전개하였다. 일제치하라는 상황이나 어떠한 이념에 관계없이 젊은이들과 백성들에게 올바른 방향과 화합하며 살아가는 방법 등을 구체적으로 제시하였다. 조만식이 어떠한 타협도 하지 않고 지조를 지킨 것은 미래를 바라보는 안목이 있었기 때문이었다. 그는 머지않아 일제가 패망하고 조국이 해방될 것을 확신했다. 이 예언자를 겸한 교육자는 언제나 제자들에게 경건한 신앙과 높은 이상과 민족을 위하여 바치는 헌신의 감정을 불어 넣었다(고당 조만식회상록, 1995).[10] 스승의 고매한 모습과 맑은 목소리는 제자들을 게으른 잠에서 깨어 일으켜 그들의 혈관 속에 새로운 피를 부어넣어 주었다(고당 조만식회상록, 1995).[11]

조만식은 실력을 쌓기 위해 늘 열심히 공부했다. 또한 배위량 교장으로부터는 합리적인 서구 사상과 사랑의 기독교 정신에 대해 배웠다. 또한 전도의 목적은 영혼을 구원하는 것뿐만 아니라, 이 현실의 상황 속에서 민족적 구원을 성취하기 위해서라는 사실을 대의적으로 깨닫게 되었다(장규식, 2009).

재정난까지 겹치면서 오산학교는 학교를 유지하기조차 어려운 지경에 빠

10) 김홍일. 고당 조만식의 오산시절; 고당 조만식 회상록, p.86.
11) 김홍일. 고당 조만식의 오산시절; 고당 조만식 회상록, p.86.

졌다. 위기에 빠진 학교를 수습 할 책무는 온통 고당의 몫이 되고 말았다. 고당은 봉급도 마다하고 박기선 교장을 도와 학교 부흥의 기틀을 다졌다. 정규 과목으로 법제경제와 세계지리를 가르치는 외에 성경과 영어를 지도하고 기숙사 사감일까지 도맡아 하였다. 오산학교의 5대 교장에 부임하여 높은 지조와 예언자다운 인격으로 학교를 반석 위에 올려놓았다(장규식, 2009).

고당은 학생들 가슴에 나라와 겨레사랑의 마음을 심어주는 데도 많은 정성을 기울였다. 지리 수업시간에 고당은 커다란 한국지도를 칠판에 걸어놓고 백두산에서 한라산까지를 가르치며 "빼앗긴 나라를 도로 찾아야 한다. 우리 힘으로 도로 찾아야 한다. 반드시 도로 찾게 될 것이다" 는 말을 잊지 않았다고 한다(장규식, 2009).

3 · 1운동이 목적한 바를 이루지 못하고 끝나자 우파민족주의자들은 장기적 안목에서 물산장려운동 · 민립대학기성운동 같은 실력양성운동을 전개하였다(장규식, 2009).

고당은 실업과 교육, 체육 증진을 통한 시민 사회의 인프라 구축을 독립국가 건설의 기초로 삼았는데, 관서지방 유일의 체육단체인 관서체육회는 그러한 구상의 한 축을 이루었다(장규식, 2009).

물산장려운동은 갑작스럽게 급조된 것이 아니라 오산 학교 시절부터 우리 물산을 장려할 것을 몸소 실천하면서 지내오다가 좀 더 조직적으로 운동을 전개하였던 것이니 그 깊이가 깊고 파급력도 컸다고 볼 수 있다(김학중, 2010).

1927년 조만식은 평양 지역의 신간회(新幹會) 결성에 적극 참여하고, 신간회 평양 지회장에 추대되었다. 개별적인 운동을 지양하고 단결된 독립운동을 추구하여 우익진영과 좌익진영이 민족협동전선의 일환으로 신간회를 조직하였다(김학중, 2010).

조만식은 농촌진흥운동을 통해 일제 치하라는 상황이나 어떠한 이념에 관계없이, 이 땅의 젊은이들이 나아가야 할 올바른 방향과 일반 백성들이 자신의 권익을 옹호하면서 화합하며 살아가는 방법을 구체적으로 제시하였다(장규식, 2009).

조만식이 어떠한 타협도 하지 않고 지조를 지킨 것은 미래를 바라보니 안목이 있었기 때문이었다. 그는 머지않아 일제가 패망하고 조국이 해방될 것을 확신했다(김학중, 2010).

조만식은 지금 당장보다는 그 이후를 항상 염두에 두는 신중한 사람이었다(김학중, 2010).

(3) 논리적 문제해결

논리적 문제해결은 주어진 상황이나 업무 관련 이슈를 다양한 관점 및 방법으로 분석하여 문제의 발생 원인과 핵심을 냉철하게 판단하고, 문제해결을 위해 논리는 관계를 파악하여 해결방안을 제시하는 것으로, 조만식은 응용력과 창의력이 뛰어나서 주변 사람들로부터 주목을 받으며 자랐고, 교장이 되어 학생들을 지도할 때에도 학생들의 눈높이에 맞추어 어렵지 않게 쉬운 말로 인격적인 감화를 주었다. 사회에서도 시민들이 소송과 싸움이 있을 때 재판에 가기 전에 조만식은 시민들의 문제를 시원하게 해결해주었다. 즉, 조만식은 다양한 상황에서 발생하는 문제의 발생 원인을 뛰어난 응용력과 창의력으로 냉철하게 판단하여, 문제해결을 위해 논리적 관계를 파악하여 해결 방안을 제시함으로써 학생들과 시민들에게 존경을 받았다.

> 조만식은 하나를 가르치면 열을 알 정도로 응용력과 창의력이 뛰어나서 주변 사람들로부터 주목을 받으며 자랐다(김학중, 2010).

> 교장선생님이 인도하는 기도 시간은 참 별난 데가 있었습니다. 그렇게 높은 어조도 아니고 보통 쓰는 평범한 말로 설교를 하는데 배우는 사람들의 머릿속에 쏙 들어오게 하더군요. 어려운 말보다는 알아듣기 쉬운 말로 인격적인 감화를 주신 그분은 온유하면서도 엄격한 교육자였습니다(장규식, 2009; 고당기념사업회, 2010).

> 그 당시 교회 장로는 교회뿐만 아니라 사회에서도 인정을 받는 위치였다. 그래서 시민들끼리 소송하고 싸움을 할 때도 재판을 받으러 가기 전에 먼저 조만식을 찾아왔다. 그러면 조만식은 재판에 가기 전에 그 싸움을 시원하게 해결해주기도 했다(김학중, 2010).

> 선생님이 매일같이 기독청년회에 나와 앉아 있으면 그를 찾아오는 사람은 정말 각 방면 인물이었다. 억울한 호소, 딱한 의논, 입학시험에 낙제한 학생의 부형, 낙제한 학생을 염려하는 학생의 부형, 지방에서 처음으로 평양 오는 사람의 방문, 심지어 수 년 전에 출분(出奔)한 계집 때문에 찾아온 노동자도 있었다. 선생은 반드시 이들과 악수하고 친절로서 그의 온화한 성품을 발휘한다(김상수, 2000).

조만식은 어떤 상황 속에서도 기독교 정신을 바탕으로 이념에 관계없이 사회운동을 펼쳐나갔다. 그 대표적인 것이 '농촌진흥운동'이다. 조만식은 우리나라 농촌운동의 토대를 다졌고 그의 제자들이 농촌으로 들어가 농촌 근대화에 큰 역할을 감당하였다(김학중, 2010).

(4) 최적화 수행관리

최적화 수행관리는 다양한 인적·물적 자원을 최적의 상태로 유지 또는 관리·통제하여 효율성을 극대화함으로써 성과의 질을 높이는 것으로, 숭실학교 입학할 때 무등반으로 입학한 조만식은 보통 4년 걸리는 과정을 월반해서 2년에 다 마쳤다(고당기념사업회, 2010). 학업에 재미를 느꼈고, 그 열성으로 방학 때도 놀지 않고 뒤처진 학업을 보충하는 열성으로 계획보다 일찍 학교를 졸업한다(김상수, 2000; 고당기념사업회, 2010). 조만식은 자신의 심신을 최적의 상태로 유지하고 관리하여 학업의 효율성을 극대화함으로써 빠른 시간에 학업성과를 나타내었다. 오산학교 시절 고당은 교장으로, 교사로, 교목으로, 사감으로, 사환으로 1인 5역을 담당하며 민족을 이끌어나갈 인재를 키우는데 온 힘을 기울인 결과 1915년부터 1919년 초에 이르는 4년 동안은 오산학교를 교육의 황금시대로 이끄는 리더십을 발휘하였다. 어떠한 보수도 없이 평양 YMCA 총무로 1921년부터 1932년까지 12동안 봉직하며 특유의 진솔함으로 사람들의 신망을 얻었고 그것을 바탕으로 도산 직계 인사들과 기독계 지도자들 그 밖에 상공업계·교육계·청년계의 다양한 사람들과 하나로 엮어내며 평안도를 근거로 한 민족운동의 구심적 역할을 하였다. 또한 평양의 조선인사회를 조직하여 자율적으로 고아원과 공회당과 도서관을 세우고 상공협회와 체육회를 만들었다. 또한 일본 유학시절 인연을 맺었던 김성수, 송진우 등과 함께 연정회(研政會) 조직에 동참하였고, 이를 통해 '조선

민립대학기성운동'을 전개하였다.

성인들의 학습경험은 사회변화에서 오는 위기와 긴장을 감소시키고 자신들의 경제적, 문화적, 사회적 상황을 실현하여 삶의 질을 향상시킬 수 있게 한다(한상길, 2011). 또한 성인의 학습경험은 자신의 삶 살이 과정을 스스로 해석하여 재구성하고 새롭게 창조해 가는데 큰 역할을 한다(한상길, 2011). 조만식은 숭실학교와 유학을 통해 학습한 경험을 삶을 통해 실현하였다. 조만식은 자신의 학습경험을 삶에서 재구성하고 새롭게 창조해 나갔다. 다양한 인적 · 물적 자원을 동원하여 관리 · 통제함으로써 민족이 처한 어려움에 대해 경제적, 문화적, 사회적 상황을 새롭게 재구성하여 실현함으로써 자신이 몸담고 있는 다양한 기관, 모임에서 최적의 성과를 나타내었다.

기쁨과 만족과 희망과 흥취(興趣)에 넘치고 취해서 과연 침식을 잊어가면서 공부를 하였다.

도쿄에서 고당은 교파별로 나뉘어 따로 예배를 드리던 유학생들을 하나로 묶어 장 · 감 연합교회를 출범시키는 한편으로는 지방별로 나뉘어 따로 놀던 유학생사회를 하나로 통합하는 데도 많은 노력을 기울였다. "고향을 묻지 맙시다"라는 고당의 평소 외침이 소망하던 유학생총회의 결성으로 메아리친 순간이었다(장규식, 2009).

오산 시절 고당은 교장으로, 교사로, 교목으로, 사감으로, 사환으로 1인 5역을 담당하며 민족을 이끌어나갈 '위대한 평민'을 키우는데 온 힘을 기울였다. 그 결과 고당이 부임한 지 몇 해 되지 않아 오산학교는 놀랍게 변모되어 갔다. 특히 남강 이승훈과 고당 조만식이 함께 학교에 있으며 앞에서 끌고 뒤에서 밀었던 1915년부터 1919년 초에 이르는 4년 동안은 오산학교 교육의 황금시대였다. 교직원과 졸업생은 단결을 찾았고, 학생들 사이에는 검소의 기풍이 자리를 잡았다. 학교와 교회에는 새로운 신앙이 불타올랐고 민족의식이 싹트기 시작하였다. 백인제 · 주기용 · 주기철 · 김항복 · 김홍일 · 한경직 · 김소월 등 전도유망한 많은 인재들이 배출 된 것도 이 기간을 통해서였다(장규식, 2009).

고당은 오산학교 시절과 마찬가지로 어떠한 보수도 없이 평양 YMCA 총무로 1921년부터 1932년까지 12동안 봉직하며 특유의 진솔함으로 사람들의 신망을 얻었다. 그리고 그것을 바탕으로 김동원을 비롯한 도산 직계 인사들과 기독계 지도자들 그 밖에 상공업계 · 교육계 · 청년계의 다양한 사람들과 하나로 엮어내며 평안도를 근거로 한 민족의 구심적 역할을 하였다. 고당 생애의 가장 전성기라 할 그러한 시기였다(장규식, 2009).

비록 입법 · 사법 · 행정의 권력은 없었지만, 고당은 무관의 제왕으로 평양의 조선인사회를 조직하여 자율적으로 고아원과 공회당과 도서관을 세우고 상공협회와 체육회를 만들었다(장규식, 2009).

조만식은 1923년에 일본 유학시절 인연을 맺었던 김성수, 송진우 등과 함께 연정회(硏政會) 조직에 동참하였다. 연정회의 구성 목적은 민족 교육을 위한 대학 설립에 있었다. 민족대학을 설립하는 것은 조만식의 평생 꿈 중의 하나였으며, 그는 '조선민립대학기성운동'을 전개하였다(김학중, 2010).

2) 조만식의 온정주의 리더십과 그 특징

(1) 포용적 겸손

포용적 겸손은 자기의 생각과 행동에 대해 성찰적인 관점을 지니고, 다른 사람들의 비판적인 피드백에 대해서도 겸허한 자세를 가지며, 상대방의 다양한 의견을 경청하고 긍정적으로 수용하는 것으로, 조만식은 친구 한정교의 전도로 기독교를 믿고, 방탕한 생활을 청산하고 주위의 권고로 23살에 숭실학교에 입학하였다. 늦은 나이에 입학하였음에도 불구하고 기독교 신앙을 가지고 배우게 된 것을 감사하게 생각하고 침식을 잊어가면서 열심히 공부를 하였으며, 숭실학교를 통해 민족구원이라는 새로운 희망을 발견하였다. 상업에 종사하면서 행했던 자신의 생각과 행동에 대해 반성하고, 사람들의 권고에 대해 겸허한 자세를 취하고, 숭실학교 생활을 통해서 민족현실과 자신의 삶에 대한 대의적 자각을 경험하였다. 조만식은 교장의 자리에서도 절대 교만하지 않았고, 기숙사 사환(使喚) 역할도 하였으며, 아이들에게 신앙을 가르치는 교목 역할까지 감당하였다. 교육자로, 시민사회의 개척자로, 민중의 지도자로 더 낮은 데로 나아가 자신에게 주어진 길을 걸어갔다. 위만 바라보지 않고 아래로 내려갈 줄 아는 지도자, 고당의 위대함은 바로 그런 데에 있었다."(장규식, 2009). 조만식은 조선일보 사장 등 사회의 저명 인사였음에도 매우 검소했고, 다른 사람들 앞에서 체면을 내세우지 않았고 겸손함으로 많은 사람들에게 인정을 받았다.

> 나는 상업에 종사하다고 놀고 있던 차에 어떤 분의 권고와 지도에 의하여 공부할 마음과 숭실학교에 입학할 기회가 되었다. 참말 새 생활 새 분위기에서 호흡하게 되며 그 재미와 그 맛을 무엇이라고 다 말할 수가 없었다(김상수, 2000).

> 조만식은 가게에 찾아온 모든 사람에게 친절로 대하고 형편이 안 되는 사람들에게는 싼 값으로 옷감을 팔기도 하며 인생 수업을 쌓아나갔다(김학

중, 2010).

당시 22세였던 조만식은 대동강 주류에 있는 벽지도라는 작은 섬에서 그의 인생을 뒤엎는 사건을 맞이하게 되었다. 그것은 바로 서당 다닐 때부터 친구이자 지물상 동업자인 한정교의 전도로 마침내 기독교를 믿게 된 것이다. 나라가 망해가는 절망의 끝자락에서, 신앙을 통해 새로운 희망을 발견하게 된 것이었다(김학중, 2010).

제일 재미있었던 학과 공부였는데 당시 나는 소위 중등학교 학생이라 하면서 심지어 아라비아 숫자부터 처음으로 배우는 등 모든 학과의 학문의 과목이 새롭고 새로우며 또한 신기하여, 이런 학문을 내가 어찌하여 왜 이제야 배우게 되었는가 하는 만시지탄(挽詩之歎)이 생기며 일방으로는 그래도 배우게 된 것만도 다행이라고 행각되어 기쁨과 만족과 희망과 흥취(興趣)에 넘치고 취해서 과연 침식을 잊어가면서 공부를 하였다(김상수, 2000).

숭실학교에서 현재의 초등학교 5~6학년에 해당하는 무등반에 다니는 것을 시작으로 교육을 받았다. 남들보다 뒤늦은 신식 공부였지만 그는 기독교 신앙을 가지고 좋은 선생님 밑에서 배운다는 사실만으로도 감사하게 생각했다 (김학중, 2010).

조만식은 실력을 쌓기 위해 열심히 공부했다. 또한 배위량 교장으로부터 합리적인 서구 사상과 사랑의 기독교 정신에 대해 배웠다. 또한 전도의 목적은 영혼을 구원하는 것뿐만 아니라, 이 현실의 상황 속에서 민족적 구원을 성취하기 위해서라는 사실을 대의적으로 깨닫게 되었다(김학중, 2010).

안창호의 연설과 강연에 감화 받은 그는 실력을 양성하는 길이 민족을 구하는 길이라 확신하고 일본 유학을 결심했다(김학중, 2010).

남강 이승훈으로부터 자립자족의 중요성을 배웠다. 민족 자립의 힘이 있어야 외부 세력에 속박되지 않는다는 사실을 깨달은 것이다(김학중, 2010).

조만식은 간디의 자서전을 읽고 그의 무저항주의와 평화주의에 공감하게 되었다. 그리고 평생 이를 독립운동의 거울로 삼게 되었다. 조만식은 간디의 삶에 너무나 큰 감동을 받아 심지어 복장이나 생활방식까지 간디를 따라하였고, 무저항주의와 비폭력주의를 실천하며, 매사에 스스로 검소하고 절제하려 노력하였다(김학중, 2010).

1913년 4월 반도 서북쪽 한 귀퉁이에 위치한 오산학교의 교사로 부임하였다. 낮은 데로 나아가 청산맹호 식의 평민정신과 자립자존의 민족정신과 참과 사랑의 기독정신을 가르치는 민중의 교사로서 공적인 삶을 시작한 것이다(장규식, 2009).

그는 교장의 자리에서도 절대 교만하지 않았다. 기숙사 사환(使喚) 역할도 하였으며, 아이들에게 신앙을 가르치는 교목 역할까지 감당하였다(김학중, 2010).

가르치면서 배웠다고 할까, 고당은 그러한 분위기 속에서 의복에서 일용품에 이르기까지 토산품을 사용하고 몸소 생활개신을 실천궁행함으로써 뒤에 물산장려운동의 상징으로 부각될 수 있었다(장규식, 2009).

주기철 목사는 오산학교에서 조만식으로부터 가르침을 받았던 제자였다.

하지만 조만식은 마산으로 내려가서 주기철 목사를 만나 예의를 갖춰서 청빙하였다. 마치 유비가 제갈공명을 찾아가는 듯했다(김학중, 2010).

사람들은 보통 서로 시기하고 질투하는 경우가 많은데 조만식은 겸손함으로 다양한 사람들 틈 속에서 인정받은 것이다.(김학중, 2010).

1932년 11월23일 조선일보 사장에 취임한 조만식은 신문사에 근무하는 동안 서울 청진동의 작은 여관에 투숙했다. 모르는 사람들은 집 없이 떠돌아 다니는 불쌍한 사람이 머무는 줄로 착각할 정도였다. 사회의 저명 인사였음에도 그는 매우 검소했고, 다른 사람들 앞에서 체면을 내세우지 않았다(김학중, 2010).

(2) 공감적 배려

공감적 배려는 상대방의 감정과 심리상태에 많은 관심을 가지고 세밀히 파악하려고 하며, 상대방의 입장에서 생각하고, 주어진 상황에 따라 배려하는 것으로, 조만식은 오산학교에서 교장으로 근무할 때에도 가족을 평양에 남겨두고, 기숙사에서 기거했다. 학생들과 아침체조, 식사도 함께 하고, 공부고 가르치고, 교내 잡일도 하면서 학생들과 모든 생활을 함께 했다. 또한 추운 겨울에 거리에 있는 걸인을 보고 마음이 아파서 집에 모셔와 대접을 하였으며, 해방 후에 신탁통치 반대 운동을 하면서 평양 고려호텔에 감금되었을 때에도 그를 구출하려는 청년들이나 그를 방문한 민군정청의 브라운에게 조만식은 "이북 동포를 버려두고 나 혼자 월남할 수는 없는 노릇이다. 아무래도 이 민중을 버리고 떠날 수는 없겠다"며 거절을 하였다. 조만식은 학교, 사회·민족적 활동에서 자신의 안위보다 항상 상대방의 입장에서 생각하고,

배려하는 공감적 배려를 실행하였다.

> 저녁 식사 후에는 기숙사 각 방에서 복습을 하였는데, 그때에도 교장선생님께서는 문 밖으로 조용히 다니면서 공부하는 형편을 살피셨습니다(한경직 〈고당 선생의 신앙과 민족교육〉, 유영열, 1997).

> 어느 추운 겨울날 조만식은 추위에 가마니때기를 뒤집어쓰고 있는 걸인을 보니 조만식의 마음은 칼로 도려내는 듯 아팠다. 걸인을 부축하여 집문 앞에 도착하여 큰소리로 "여보, 여기 손님 한 분 모시고 왔소". "아, 이 사람이 우리 집 대문 근처에서 가마니때기를 덮고 누워 떨고 있지 않겠소. 그대로 두었다가는 꼭 얼어 죽을 것 같아 내가 모시고 왔지."(김학중, 2010).

> 해방과 함께 평양으로 나온 그는 민족 정부 수립을 위한 준비 작업에 착수하였으나 소련군의 간섭과 김일성의 술책으로 그의 모든 시도는 실패로 돌아가고 구금되기에 이르렀다. 평양 고려호텔에 감금된 조만식은 그를 구출하려는 청년들이나 그를 방문한 민군정청의 브라운에게 "나는 북한 일천만 동포와 운명을 같이 하겠소", "이북 동포를 버려두고 나 혼자 월남할 수는 없는 노릇이다. 아무래도 이 민중을 버리고 떠날 수는 없겠다"며 거절했다고 한다. 월남을 거부한 채 외로운 투쟁을 계속하였다. 민족분단의 십자가를 한 몸에 걸머질 각오를 한 것이다(김학중, 2010).

(3) 이타적 협력

이타적 협력은 상대방을 위해 자기희생적 행동을 취하고, 자발적으로 구성원들이 필요한 부분을 도와주며, 자신에게 이득이 되지 않은 일이라도 기꺼이 솔선수범을 보이는 것으로, 오산학교에서 조만식으로부터 지도를 받았던 한경직 목사는 "나는 일생동안 여러 은사들에게 배워왔지만 학생을 사랑하고 나라를 사랑하며 실제로 모범을 보여주면서 자신의 전 생애를 희생한 교육자는 오직 고당(古堂) 한 분 뿐이라고 생각한다"고 회고했다.[12] 사랑은 인간의 삶을 지배하는 감정이며 인류의 역사와 문화의 창조적 에너지로, 가르치는 과정에서의 사랑의 필요성은 진부할 정도로 강조되어 왔으며 동서양의 많은 선인들은 사랑이 온전한 교육 실현을 위한 중요한 덕목임을 강조해왔다(김진한, 2010). 조만식은 기독교적 신앙을 바탕으로 학생과 민족을 사랑하고, 친구를 사랑했다. 오산학교과 평양YMCA 총무로 근무할 때에도 보수를 받지 않았고, 보수를 받지 않고도 지낼 수 있는 자신의 넉넉한 형편을 오히려 미안하게 생각했다. 항상 상대방의 입장에서 자기희생적 행동을 취했다. 조만식은 예수님의 사랑을 말로만 하지 않고 교육과 민족을 위해 헌신적으로 실천하였다.

> 아버지의 배려로 그가 집에서 갖다 쓴 학비는 매달 50원 가량이었는데, 그 덕에 그는 궁색치 않은 유학생활을 보낼 수 있었다. 고당은 다달이 오는 학비를 절약해서 어려운 형편의 친구를 돕기도 하였다(장규식, 2009).

> "고당은 1913년 평교사로 처음 부임해 1926년 가을 오산고등보통학교 교장직을 사임하고 평양으로 돌아오기까지 고당은 모두 세 차례에 걸쳐 햇수로 9년 동안은 오산학교에서 보냈다. 오산에 있으면서 고당은 보수를 받은 일이 없었다. 그러면서도 그는 보수를 받는 동료들에게 보수를 받지 않고도 지낼 수 있는 자신의 넉넉한 형편을 오히려 미안하게 생각하였다."(장규식, 2009).

12) 김학중(2010). 민족의 십자가를 짊어진, 조선의 간디 조만식. 서울: 넥서스, p.62.

고당은 학교 기숙사에서 학생들과 침식과 기거를 함께 하였으며 겨울 난방에 쓸 땔감을 마련하기 위해 근처 제석산에 나무하러 갈 때도 고당은 동행하여 같이 일을 했고, 학교 청소를 비롯한 건물이나 시설 보수공사도 학생들로 하여금 작업반을 짜서 자치적으로 하도록 하고 손수 본을 보였다"(장규식, 2009).

겨울에 눈 오는 날 아침이면 고당은 맨 먼저 교정에 나와 선생과 학생들이 다닐 길을 내고 운동장을 쓸었다. 그는 학생들을 가르치고 생활을 지도하고 같이 장작을 패고 눈을 쓴 것뿐이 아니었다(김상수, 2000).

학교에 사환을 따로 두지 않고 변소치는 일에서 밤에 기숙사 군불때는 일까지 학생들과 솔선수범을 통해 학생들에게 근면과 신의, 열과 성, 그리고 일상생활의 도리를 가르쳤다. 가르치면서 배웠다고 할까, 고당은 그러한 분위기 속에서 일용품에 이르기까지 토산품을 사용하고 몸소 생활개선을 실천궁행함으로써 뒤에 물산장려운동의 상징으로 부각될 수 있었다(장규식, 2009).

남강 이승훈이 세우고 고당 조만식이 기틀을 다진 민족운동의 근거지 오산학교가 위기에 빠지자 고당은 7년 전 처음 부임할 때 그랬던 것처럼 옥중의 남강을 대신해 다시 나설 수밖에 없었다. 옥중의 남강으로부터 각별한 부탁이 있었기 때문이었다(장규식, 2009).

오산학교가 안정을 되찾자 고당은 오산학교 교장 직을 그만두고, 1921년 3월 창립된 평양 YMCA의 초대 총무를 맡아 평양으로 떠났다. 평양의 일 또한 그가 짊어져야 할 몫 이었다(장규식, 2009).

조만식은 남들이 하기를 꺼려하는 것을 도맡아서 잘했다. 그 대표적인 것이 바로 장례위원장을 맡아 장례를 집행한 것이었다. 이승훈, 백선행, 안창호의 장례를 일제의 서슬이 시퍼런 서울 한복판에서 집행한다는 것은 모험이었다. 조만식은 남이 자발적으로 나서지 않는 일에 적극 나서서 일을 처리하며 민족의 화합과 단결을 외쳤다(김학중, 2010).

민족의 스승이었던 조만식 선생은 끝까지 진리를 수호하고, 민족을 사랑하며, 절개를 굽히지 않다가 결국 비참한 최후를 맞이하였다(김학중, 2010).

(4) 신뢰기반 임파워먼트

구성원들과 진정성 있는 신뢰를 바탕으로 스스로 역량을 향상시킬 수 있도록 다양한 경험과 기회를 제공함과 동시에 이에 걸맞은 권한을 부여하면서 구성원들에게 성취감을 가질 수 있도록 지원하는 것으로, 조만식은 학생들에게 교육을 할 때에도 의리와 신뢰를 무언의 감화와 실천으로 일깨웠고, 조선일보 사장으로 근무할 때에도 당시로서는 파격적인 신인 작가들 현상공모하여 신인 작가들을 발굴하고자 노력을 하였다. 조만식은 항상 진정성 있는 신뢰를 바탕으로 학생들과 사회구성원들이 역량을 향상 시킬 수 있도록 다양한 경험과 기회를 제공하였다. 조만식의 교육방침은 철저한기독교신앙으로써 새로운 사람이 되게 하며, 학문과 지식을 배워서 민족중흥(民族中興)에 투신할 수 있는 애국자를 양성하는 데 있었다.[13] 조만식의 이러한 교육방침과 실천은 주기철 목사에게도 영향을 끼쳐서 일제의 압력에 굴하지 않고 힘을 얻어서 끝까지 인내하며 순교자의 길을 걸어갔다.

13) 한경직. 고당 선생의 신앙과 민족교육, 고당 조만식의 회상록, p.71.; 유영렬(1997). 인간으로서의 조만식: 조만식의 생애와 민족운동. 숭실대학교 사회과학연구원, 사회과학연구, 15, pp.15-28.

김항복 제자의 회고담에서 "학생들에게 의리와 신뢰를 무언의 감화로 일깨웠습니다. 조 교장은 말로 수신을 가르치지 않았습니다. 행동으로 가르쳤지요. 실천으로 학생들의 표본이 되어 큰 존경을 받았지요. 그분의 교육은 참으로 엄격했지만, 그 바탕에는 진실과 사랑이 있었습니다"(장규식, 2009; 고당기념사업회, 2010).

조만식은 신문사 사장으로 있으면서 문화의 중요성을 강조했고, 그리하여 조선일보는 '문화신문'이라는 별칭까지 얻을 정도였다. 그리고 그는 신인작가들을 발굴하고자 애썼다. 1933년 "신인을 구한다. 천재여, 내(來)하라"라는 표제와 함께 당시로서는 파격적인 거액을 걸고 신인 작가를 현상 공모하였다(김학중, 2010).

조만식은 그 무엇보다도 지도자 양성 문제가 농촌사업 중 가장 크고 중요한 사업이라고 강조하였다(김학중, 2010).

주기철 목사 곁에는 항상 충성스러운 협력자인 조만식이 있었다. 그래서 주기철 목사는 더욱 힘을 얻어서 끝까지 인내하며 순교자의 길을 걸어갔는지 모른다(김학중, 2010).

3) 성인교육자로서 조만식의 리더십이 현재 성인교육에 주는 시사점

일제강점기에 조만식은 교육자로, 시민사회의 개척자로, 민중의 지도자로 더 낮은 데로 나아가 자신에게 주어진 길을 걸어갔다. 위만 바라보지 않고 아래로 내려갈 줄 아는 지도자, 고당의 위대함은 바로 그런 데에 있었다(장규식, 2009). 조만식은 대부분의 국내 항일지도자들이 서울을 중심으로 활동했던 것과는 달리 조선일보 사장을 하던 시기(1932-1933년) 1년을 제외하고는 평양을 떠나지 않고 활동했다. 조만식은 오늘날 지방화 시대에 비교한다면 풀뿌리 민족지도자의 전형이라 할 수 있다(황우갑, 2018). 조만식이 실천한 성인교육은 다음과 같은 목적을 가지고 있었다. 첫째, 민족의 자주독립을 이루기 위한 인재 양성이다. 조만식선생의 교육방침은 철저한 기독교신앙으로써 새로운 사람이 되게 하며, 학문과 지식을 배우서 민족중흥에 투신할 수 있는 애국자를 양성하는 데 있었습니다(한경직, 〈고당 조만식의 회상록〉, 71쪽; 유영렬, 1997). 한경직목사의 회상에서 보듯이 조만식의 교육목적은 민족중흥에 이바지 할 수 있는 인재양성이었다. 1910년 강제적인 한일병합조약으로 암울한 상황이 지속되는 가운데 조만식은 민족독립을 위한 방략의 하나로 노작교육을 중시하는 인재양성에 힘썼으며, 청년뿐만 아니라 성인들의 기술교육과 직업교육에도 힘썼다(황우갑, 2018). 둘째, 조만식은 진실과 사랑의 기독교 정신에 바탕을 둔 성인교육 실천에 힘썼다. 조만식은 숭실학교에서 배위량 교장으로부터는 합리적인 서구 사상과 사랑의 기독교 정신에 대해 배웠는데, 전도의 목적은 영혼을 구원하는 것뿐만 아니라, 이 현실의 상황 속에서 민족적 구원을 성취하기 위해서라는 사실을 대의적으로 깨닫게 되었다(김학중, 2010). 기독교인으로 한평생 신앙을 지켜온 조만식은 성인학습자들을 열성을 다해 가르치고, 인격적 감화를 주고, 민족 자립의 사명감을 가지고 참사랑으로 학습자들을 인도하였다. 조만식에게서 배운 사람들은 신의를 배웠고, 일상생활에서 도리를 배웠다. 조만식은 학생들에게 의리와 신뢰를 무언의 감화로 일깨웠다. 일제강점기 조만식의 성인교육활동은 학습자들에게 일상생활에 필요한 지식과 기술뿐만 아니라 감동과 감화를 주는 기독교적 사랑의 실천적인, 창조적인 행위로 나타났다.

셋째, 솔선수범에 기초한 실천궁행의 삶이다. 조만식은 말로 학생들을 가르치지 않고 검소한 생활, 솔선수범, 현실생활에 기초한 실천적 모습으로, 그는 평생을 실천 가능한 사업을 전개하고, 현실생활을 이롭게 할 수 있는 일들을 찾아서 했다(윤은수, 2014). 검소한 생활은 자기희생의 일면이며, 신행일치(信行一致)의 애국교육자였다(김상수, 2000).

이러한 조만식의 성인교육리더십에 현재의 성인교육에 주는 시사점은 첫째, 성인교육자로서의 자질에 대한 성찰이다. 울드코프스키(Wlodkowski, 1985; 최은수 역, 2010)는 성인교육자들의 자질로 전문성, 공감, 열정, 명료성을 제시하였다. 조만식은 도산 안창호의 영향으로 오직 실력을 양성하는 길만이 국권을 회복하는 길임을 깨달아 숭실학교에서 공부를 할 때부터 실력을 쌓기 위해 늘 열심히 공부를 했다. 또한 학습자를 이해하고 배려하였으며, 항상 열과 성을 다해 열정적으로 가르쳤다. 조만식은 오산학교 교사와 교장을 통해 스승은 학생에게 가르침으로써, 그리고 제자는 배움으로써 진보한다는 '교학상장'의 배움을 신의, 열과 성을 다해 실천하였다. 조만식의 성인교육리더십을 통해서 학습자들에게 선한 영향력을 끼칠 수 있는 성인교육자의 자질에 대한 성찰이 요청된다.

둘째, 성인학습자 존중의 필요성이다. 조만식의 인격은 강직한 반면 동지와 제자에게는 지극히 관대하고 온유하였다. 그는 젊은 제자나 교사들의 감정과 심리의 속까지 파고들어가서 이해하고, 그들의 마음을 긁어주는 식의 위로와 고무를 통해 각자의 개성에 맞게, 적합한 처우를 함으로써 아무리 어려운 문제도 간단히 심복하여 해결할 수 있었다고 한다(정연선, 1997; 김상수, 2000 재인용). 조만식의 성인교육 리더십을 통해서 성인교육자는 고매한 인품으로 학습자들을 존중하고, 학습자들의 학습욕구를 만족시켜 주며, 성인학습자들이 직면한 문제들을 풀어나가는 데 필요한 여러 가지 방안이나 기술들을 제공하는 리더십의 발휘가 요청된다. 셋째, 성인교육의 올바른 방향에 대한 비전과 목표제시이다. 조만식은 일제강점기라는 어두운 현실에서 빛을 밝히는 등대처럼 민족부흥의 환상을 보면서 조국독립과 민족자립이라는 비전을 제시하고 학습자들에게 애국사상을 고취하는 교육구국운동을 이끌었다. 오늘날 급속한 변화를 특징으로 하는 현대사회의 발전은 모든 조직의 끊임없는 변화를 불러일으키고 있다. 새로운 변화속에서 성인교육은 학습자들의 능력을 개발하게 하고, 보다 완숙한 인성발달을 촉진하며, 보다 균형적인 사회적, 경제적, 문화적 발전 과업에 참여하여 보다 더 나은 사회로의 증진을 가져올 수 있도록 도와야 한다. 조만식이 실천한 비전과 목표 제시는 오늘날 성인학습의 목적과 방향과 일치한다.

6. 결론

지금까지 항일성인교육자로서 조만식의 삶을 온정적 합리주의 리더십의 측면에서 살펴보았다. 내용을 요약하면 아래와 같다. 첫째, 항일성인교육자로서 조만식의 활동성과를 살펴보았다. 1883년 평안도 강서의 상인의 집안에서 독자로 태어난 조만식은 15세에 한학을 마치고 그 후 22세까지 평양 성내 상점에서 일하며 장사를 배우게 된다. 22세에 그는 어릴 적 글동무 한정교의 전도로 기독교를 받아들였고, 기독교 수용 후 조만식은 이전의 허랑방탕한 생활을 일순간 끊어버리고 23세라는 비교적 늦은 나이에 평양숭실중학교에 입학한다. 이후 일본 동경으로 유학하여 1910년 메이지대학(明治大學) 법학부에 입학하였다. 유학 중 백남훈(白南薰) · 김정식(金貞植)과 함께 장로교 · 감리교연합회 조선인교회를 설립하였고, 간디의 무저항주의에 심취하여 민족운동의 거울로 삼았다. 유학을 마치고 귀국하여 독립운동의 방편으로 다양한 성인교육 활동에 참여한다. 조만식은 학교 형태의 성인교육에 헌신했다. 평안북도 정주에 있는 오산학교 교장으로 부임하여 사임하기까지 무보수로 솔선수범하는 교장으로서 리더십을 발휘하여 수많은 인재들을 양성하고 높은 지조와 예언자다운 인격으로 오산학교를 반석에 올려놓았으며, 민족교육에 혼신의 힘을 기울였다. 또한 마펫 선교사의 초빙으로 모교인 숭실전문학교 강사로 활동하며 학생들에게 법과 경제를 가르쳤고, 숭인상업학교 경영을 통해 평안도 지역의 실업인재 양성에도 힘썼다. 숭인상업학교를 조선인에 의한 민족경제건설운동의 전진기지로 만들어 나갔다. 조만식은 3·1 만세운동이 일어나자 평안남도 사천에서 만세운동을 이끌었고, 징역 1년을 받아 옥고를 치른 후에 평양기독교청년회 총무에 취임하여 활동을 하였다. 조만식은 평양 YMCA 총무로 활동하면서 기독교 민족지도자로서 조선 현실의 상황 속에서 민족적 구원을 성취하기 위해 복음주의 실천에도 노력했다. 그는 '생활개선운동', '조선기독교절제운동회' 활동에 참여했고, 숭실전문학교 졸업생이 주축이 되어 만든 '기독교농촌연구회' 활동에도 정신적 지주 역할을 했으며, 농촌지도자 양성, 농민교육의 중요성을 강조하고 실천했다. 또한 고당은 평양지역에 열악한 성인교육시설의 개선을 위해 백선행, 김인정과 같은 독지가들을 설득하여 당시로서는 최고의 시설인 '백선행기념관', '인정도서관'과 같은 시설 건립에 힘썼다. 이런 시설들은 고당이라면 적합한 사업은 물론이고, 그 운영에도 좋은 지도를 해 주리라는 고당의 인격과 실천에 감화를 받은 백선행, 김인정과 같은 기부자들의 뜻에서 출발한 것이다. 또한 조만식은 평양에서 물산장려협회를 창립하여 회장을 맡아 물산장려운동을 전개하였고, 일제강점하 최대 항일민족운동단체 신간회(新幹會)에 평양지회장으로 참여하여 교육과 강연, 홍보를 통해 민중을 각성하고 민족의식 고취에도 힘썼다. 그는 타고난 교육자로 민족교육을 실시할 수 있는 대학교 설립운동을 전개하여 1922년에 조선민립대학 기성회를 조직하였고 전국을 순회하며 모금 운동을 벌였다. 또한 숭실중학교 재학 시절부터 체육에 뛰어난 재질을 보였던 그는 체육을 통한 청소년 사기 진작을 위해 1930년 '관서체육회'를 조직하였다. 1932년에 조선일보사 사장에 추대되어 언론을 통하여 민족의 기개를 펴는 데 앞장섰다.

둘째, 이러한 조만식의 활동을 온정적 합리주의 리더십의 관점에서 살펴보면, 합리주의 리더십 차원으로 '이성적 상황판단'에서 조만식은 학교, 교회, 국가를 위해 다양한 활동을 하면서 중요한 의사결정을 내려야 할 때 분노하고 흥분하기 보다는 이성적 사고를 바탕으로 상대방을 설득하여 효율적으로 대안을 제시하고 결정하여 대응하였다. 자신의 인생에 대해서도 중요한 변화가 필요할 때에는 낙으로 삼고 살던 술과 담배를 이성적 사고를 바탕으로 신속하고 단호하게 금주 · 금연을 결단하였다.

'전략적 예측'에서 조만식은 지금 당장보다는 그 이후를 항상 염두에 두는 신중한 사람이었다. 조만식은 장기적 안목으로 물산장려운동 · 민립대학기성운동, 농촌진흥운동 같은 실력양성운동을 전개하였다. 일제 치하라는 상황이나 어떠한 이념에 관계없이 젊은이들과 백성들에게 올바른 방향과 화합하며 살아가는 방법 등을 구체적으로 제시하였다. 조만식이 어떠한 타협도 하지 않고 지조를 지킨 것은 미래를 바라보는 안목이 있었기 때문이었다. 그는 머지않아 일제가 패망하고 조국이 해방될 것을 확신했다.

'논리적 문제해결'에서 조만식은 응용력과 창의력이 뛰어나서 주변 사람들로부터 주목을 받으며 자랐고, 교장이 되어 학생들을 지도할 때에도 학생들의 눈높이에 맞추어 어렵지 않게 쉬운 말로 인격적인 감화를 주었다. 사회에서도 시민들이 소송과 싸움이 있을 때 재판에 가기 전에 조만식은 시민들의 문제를 시원하게 해결해주었다. 즉, 조만식은 다양한 상황에서 발생하는 문제의 발생 원인을 뛰어난 응용력과 창의력으로 냉철하게 판단하여, 문제해결을 위해 논리적 관계를 파악하여 해결방안을 제시함으로써 학생들과 시민들에게 존경을 받았다.

'최적화 수행관리'에서 조만식은 자신의 심신을 최적의 상태로 유지하고 관리하여 학업의 효율성을 극대화함으로써 빠른 시간에 학업성과를 나타내었다. 숭실학교 입학할 때 무등반으로 입학한 조만식은 보통 4년 걸리는 과정을 월반해서 2년에 다 마쳤다.

학업에 재미를 느꼈고, 그 열성으로 방학 때도 놀지 않고 뒤처진 학업을 보충하는 열성으로 계획보다 일찍 학교를 졸업한다(김상수, 2000). 오산학교 시절 고당은 교장으로, 교사로, 교목으로, 사감으로, 사환으로 1인 5역을 담당하며 민족을 이끌어나갈 인재를 키우는데 온 힘을 기울인 결과 1915년부터 1919년 초에 이르는 4년 동안은 오산학교를 교육의 황금시대로 이끄는 리더십을 발휘하였다. 어떠한 보수도 없이 평양 YMCA 총무로 1921년부터 1932년까지 12동안 봉직하며 특유의 진솔함으로 사람들의 신망을 얻었고 그것을 바탕으로 도산 직계 인사들과 기독계 지도자들 그 밖에 상공업계 · 교육계 · 청년계의 다양한 사람들과 하나로 엮어내며 평안도를 근거로 한 민족운동의 구심적 역할을 하였다. 또한 평양의 조선인사회를 조직하여 자율적으로 고아원과 공회당과 도서관을 세우고 상공협회와 체육회를 만들었다. 또한 일본 유학시절 인연을 맺었던 김성수, 송진우 등과 함께 연정회(硏政會) 조직에 동참하였고, 이를 통해 '조선민립대학기성운동'을 전개하였다.

성인들의 학습경험은 사회변화에서 오는 위기와 긴장을 감소시키고 자신들의 경제적, 문화적, 사회적 상황을 실현하여 삶의 질을 향상시킬 수 있게 한다(한상길, 2011). 또한 성인의 학습경험은 자신의 삶살이 과정을 스스로 해석하여 재구성하고 새롭게 창조해 가는데 큰 역할을 한다(한상길, 2011).

조만식은 숭실학교와 유학을 통해 학습한 경험을 삶을 통해 실현하였다. 조만식은 자신의 학습경험을 삶에서 재구성하고 새롭게 창조해 나갔다. 다양한 인적 · 물적 자원을 동원하여 관리 · 통제함으로써 민족이 처한 어려움에 대해 경제적, 문화적, 사회적 상황을 새롭게 재구성하여 실현함으로써 자신이 몸담고 있는 다양한 기관, 모임에서 최적의 성과를 나타냈다.

셋째, 온정주의 리더십 차원으로 '포용적 겸손'에서 조만식은 친구 한정교의 전도로 기독교를 믿고, 방탕한 생활을 청산하고 주위의 권고로 23살에 숭실학교에 입학하였다. 늦은 나이에 입학하였음에도 불구하고 기독교 신앙을 가지고 배우게 된 것을 감사하게 생각하고 침식을 잊어가면서 열심히 공부를 하였으며, 숭실학교를 통해 민족구원이라는 새로운 희망을 발견하였다. 상업에 종사하면서 행했던 자신의 생각과 행동에 대해 반성하고, 사람들의 권고에 대해 겸허한 자세를 취하고, 숭실학교 생활을 통해서 민족현실과 자신의 삶에 대한 대의적 자각을 경험하였다. 조만식은 교장의 자리에서도 절대 교만하지 않았고, 기숙사 사환(使喚) 역할도 하였으며, 아이들에게 신앙을 가르치는 교목 역할까지 감당하였다. 교육자로, 시민사회의 개척자로, 민중의 지도자로 더 낮은 데로 나아가 자신에게 주어진 길을 걸어갔다. 위만 바라보지 않고 아래로 내려갈 줄 아는 지도자, 고당의 위대함은 바로 그런 데에 있었다(장규식, 2009).

공감적 배려에서 조만식은 오산학교에서 교장으로 근무할 때에도 가족을 평양에 남겨두고, 기숙사에서 기거했다. 학생들과 아침체조, 식사도 함께 하고, 공부고 가르치고, 교내 잡일도 하면서 학생들과 모든 생활을 함께 했다. 또한 추운 겨울에 거리에 있는 걸인을 보고 마음이 아파서 집에 모셔와 대접을 하였으며, 해방 후에 신탁통치 반대 운동을 하면서 평양 고려호텔에 감금되었을 때에도 그를 구출하려는 청년들이나 그를 방문한 민군정청의 브라운에게 조만식은 "이북 동포를 버려두고 나 혼자 월남할 수는 없는 노릇이다. 아무래도 이 민중을 버리고 떠날 수는 없겠다"며 거절을 하였다. 조만식은 학교, 사회 · 민족적 활동에서 자신의 안위보다 항상 상대방의 입장에서 생각하고, 배려하는 공감적 배려를 실행하였다.

이타적 협력에서, 오산학교에서 조만식으로부터 지도를 받았던 한경직 목사는 "나는 일생동안 여러 은사들에게 배워왔지만 학생을 사랑하고 나라를 사랑하며 실제로 모범을 보여주면서 자신의 전 생애를 희생한 교육자는 오직 고당(古堂) 한 분뿐이라고 생각한다"고 회고했다.[14] 사랑은 인간의 삶을 지배하는 감정이며 인류의 역사와 문화의 창조적 에너지로, 가르치는 과정에서의 사랑의 필요성은 진부할 정도로 강조되어 왔으며 동서양의 많은 선인들은 사랑이 온전한 교육 실현을 위한 중요한 덕목임을 강조해 왔다(김진한, 2010). 조만식은 기독교적 신앙을 바탕으로 학생과 민족을 사랑하고, 친구를 사랑했다. 오산학교과 평양YMCA 총무로 근무할 때에도 보수를 받지 않았고, 보수를 받지 않고도 지낼 수 있는 자신의 넉넉한 형편을 오히려 미안하게 생각했다. 항상 상대방의 입장에서 자기희생적 행동을 취했다. 조만식은 예수님의 사랑을 말로만 하지 않고 교육과 민족을 위해 헌신적으로 실천하였다.

신뢰기반 임파워먼트에서 조만식은 학생들에게 교육을 할 때에도 의리와 신뢰를 무언의 감화와 실천으로 일깨웠고, 조선일보 사장으로 근무할 때에도 당시로서는 파격적인 신인 작가들 현상 공모하여 신인 작가들을 발굴하고자 노력을 하였다. 조만식은 항상 진정성 있는 신뢰를 바탕으로 학생들과 사회 구성원들이 역량을 향상 시킬 수 있도록 다양한 경험과 기회를 제공하였다. 조만식의 교육방침은 철저한 기독교신앙으로써 새로운 사람이 되게 하며,

14) 김학중(2010). 민족의 십자가를 짊어진, 조선의 간디 조만식. 서울: 넥서스, p.62.

학문과 지식을 배워서 민족중흥(民族中興)에 투신할 수 있는 애국자를 양성하는 데 있었다.[15] 조만식의 이러한 교육방침과 실천은 주기철 목사에게도 영향을 끼쳐서 일제의 압력에 굴하지 않고 힘을 얻어서 끝까지 인내하며 순교자의 길을 걸어갔다.

이러한 고당 조만식의 항일성인교육 활동과 온정적 합리주의 리더십은 오늘날 성인교육을 실천하는 사람들에게 특히 지행합일과 교학상장, 실사구시의 가치를 일깨우고 있다. 오늘날 성인교육 현장에서 온전한 사랑과 감동이 부족한 시대에 우리가 고당의 삶에 감동하는 것은 바로 '아는 것을 행동으로 옮기며', '가르치는 자와 배우는 자가 서로 배우면서 성장하는', '사실에 입각하여 진리를 탐구하는', 성인교육의 중요성을 일깨우고, 기독교적 사랑으로 그가 가진 학문과 지식을 일평생 조국독립과 민족중흥, 자유민주주의를 향한 통일 민족국가 수립에 일관된 삶을 산 그 헌신성과 실천에 있을 것이다.

15) 한경직. 고당 선생의 신앙과 민족교육, 고당 조만식의 회상록. p.71.; 유영렬(1997). 인간으로서의 조만식 : 조만식의 생애와 민족운동. 숭실대학교 사회과학연구원 사회과학연구 15. pp.15-28.

참고문헌

고당기념사업회(1995). 『고당 조만식 회상록』. 서울: 조광출판.
고당기념사업회(2010). 『민족의 영원한 스승 고당 조만식 전기』. 서울: 기파랑.
김동진 역(2013). 『성인교육의 의미』. 서울: 학이시습.
김상수(2010). 『조만식의 생애와 민족운동』. 목원대학교 신학대학원.
김학중(2010). 『민족의 십자가를 짊어진, 조선의 간디 조만식』. 경기: 넥서스.
이현림 · 김지혜(2014). 『성인학습 및 상담』. 서울: 학지사.
장규식(2009). 『민중과 함께 한 조선의 간디』. 한국독립운동사연구 기획. 서울: 역사공간.
최은수 · 강찬석 외 7명(2016). 『진정한 리더의 조건』. 서울: 미래와 경영.
최은수 · 김미자 외 2명(2017). 『평생교육론』. 경기: 공동체.

김권정(2006). 「1920~30년대 조만식의 기독교 민족운동」. 『한국민족운동사 연구』 제47집. 한국민족운동 사학회. pp.219-260.
김성길(2011). 「페스탈로찌 교육사상과 평생교육에의 함의」. 『ANDRAGOGY TODAY』 14(1). pp.71-82.
김진한(2010). 「무엇이 유능한 성인교육의 교수자로 만드는가: 사랑으로 가르치는 따름학(followgogy)의 관점을 중심으로」. 『ANDRAGOGY TODAY』 13(1). pp.1-14.
김영호(1997). 「경제인으로서의 조만식: 물산장려운동을 중심으로」. 『숭실대 사회과학연구』 15. pp.93-100.
김미자 · 전주성(2014). 「새로운 '나'를 만남: 성인학습자에게 있어 깨달음의 의미」. 『평생교육 · HRD 연구』 10(1). pp.25-40.
이만열(1997). 「기독교 신앙인으로서 고당 조만식」. 숭실대사회과학연구원. 『사회과학연구』 15('97.12), pp.71-92.
이상오(2010). 「김용기의 생애에 대한 생태학적 이해와 오늘날 성인교육에의 시사점: 회고록 『나의 한길 60년』의 (텍스트) 해석학적 접근을 중심으로」. 『ANDRAGOGY TODAY』 13(1). pp.2-8.
유영열(1997). 「인간으로서의 조만식: 조만식의 생애와 민족운동」. 숭실대 사회과학연구원. 『사회과학연구』 15. pp.15-28.
정연선(1997). 「정치인 조만식」. 숭실대학교 논문집. 『사회과학연구』 15. pp.29-52.

정태식(2014). 「종교와 사회발전: 조만식의 실사구시적인 사회사상과 시민사회운동 한국 기독교와 역사」. 『한국기독교역사연구소』 제41호(2014년 9월). pp.77-114.
윤은순(2014). 「조만식의 생활개선운동」. 『기독교역사학회』 vol. no.41. pp.5-36.
최은수(2014). 「평생교육에서의 온정적 합리주의 리더십의 측정도구 개발 연구」. 『Andragogy Today』 17(4). pp.205-229.
한상길(2011). 「중년 성인대학생의 배움 활동에 비춰본 삶의 의미 재구성」. 『Andragogy Today』 14(1). pp.39-70.
황우갑(2018). 「성인교육자 조만식의 변혁적 리더십」. 『인문사회과학 리더십 연구』 2(1). pp.148-164.
황우갑(2019). 「민세 안재홍의 성인교육활동과 온정적 합리주의 리더십 연구」. 숭실대학교 대학원 박사학위논문.
김명섭(2008). [대한민국 건국의 영웅들(3)] 조만식, 민족신문(2008/05/22)
http://www.minjokcorea.co.kr/data/minjokcorea_co_kr/

민세 안재홍의 성인교육 활동과 온정적 합리주의 리더십

황우갑 (숭실대 CR글로벌리더십연구소 선임연구원)

민세 안재홍의 성인교육 활동과 온정적 합리주의 리더십

황우갑 (숭실대학교 CR글로벌리더십연구소 선임연구원)

1. 서론

성인교육은 자기 계발을 위한 자기 주도적 학습과 자기가 속한 공동체의 발전을 위해 사회적 운동에 참여하여 사회문화의 질을 향상시키는 시민적 실천을 강조한다(한준상, 1999). 따라서 성인교육은 개인의 자기변화를 위한 끊임없는 학습의지의 실천과 성찰을 통해 공공성의 가치를 인식하고 사회변화에 기여하는 책무를 가지고 있다.

서구 근대 성인교육 사상은 17세기 성인교육사상의 선구자 코메니우스가 인간의 전 생애에 걸친 교육을 주창하고 지성 · 덕성 · 신앙의 조화를 강조하며 그 토대를 놓았다(최진경, 2010). 이후 서구 성인교육은 기독교라는 종교적 신념의 실천 하에서 빈민과 노동계급에 대한 관심에서 시작되었으며 인간은 누구나 평생 동안 학습할 수 있다는 신념의 구체적 실천에 기반을 두었다(Jarvis, 2001). 그러므로 성인교육은 사회적 약자에 대한 관심과 이들의 계속 학습에 대한 다양한 형식 · 비형식 · 무형식 학습 지원을 통해 모든 이를 위한 학습의 정신을 실천해왔다.

한국의 근대 성인교육은 1876년 개항 이후 자주적 근대화 노력의 좌절, 그 결과로서 일제 강점이라는 민족의 수난과 그에 대한 대응이라는 특수한 환경에서 시작되었다. 일제는 식민지배 이후 조선인이 체계적인 교육을 받으면 정치적 독립의지가 높아질 것을 우려하고 의도적으로 식민체제에 순응하는 인간을 만들기 위해 조선인에 대한 교육을 제한했다(노영택, 2011). 이에 대한 대응으로 일제 강점기 여러 선각자들은 식민지배에 맞서 교육을 통한 절대 독립의 토대 구축을 위해 다양한 방식으로 민중의 각성과 계몽에 노력해 왔다. 그리고 이런 민중 계몽을 위한 민족 교육의 실천은 3 · 1운동, 6 · 10만세 운동, 신간회운동, 문자보급운동, 한글 운동 등으로 꾸준히 이어지고 확산되어 1945년 광복의 튼튼한 기초가 되었다. 그러나 이와 같이 민족의 자주 독립에 버팀목이 된 한국 근대 성인교육 활동과 사상에 대한 관심은 이상재 · 서재필 · 이승훈 · 안창호 · 심훈 등 몇몇 선구자들에 국한되어왔다(한준상 외, 2000: 오혁진, 2016). 한국 근대 성인교육 사상 연구는 성인교육의 올바른 지향과 관련해서 쓰임새는 고려하는 성인교육 이론 개발, 성인교육을 통한 사회 개조의 실천, 새로운 전통 세우기의 문제의식이 필요하다(한준상 외, 2000). 이에 비추어 볼 때 새롭게 주목하고 연구해야할 인물로 안재홍을 들 수 있다.

안재홍(1891~1965)은 일제 강점기 국내항일운동을 이끈 민족운동가 · 언론인 · 역사학자로서 해방 후에는 정치가 · 정치사상가로서 그 분야마다 굵직한 자리를 차지한 '고절(高節)의 국사(國士)'였다(천관우, 1981). 또한 그는 '동경삼재', '조선 삼재'로 알려진 이광수 · 최남선 · 홍명희(류시현, 2016) 등과 함께 근대 석학의 대명사로 평가받았던 인물이다(안호상, 1981). 1998년 각계

전문가 200인 선정한 '한국사 천년의 100인'에 선정됐고(김성환, 1998), '20세기 100년을 밝힌 9인의 지성'에 유길준 · 신채호 · 이광수 · 백남운 · 홍명희 · 김창숙 · 박종홍 · 장준하와 함께 선정되기도 했다(한겨레21, 1999).

해방 직후인 1945년 11월 선구회의 가상 초대 내각 선호도 조사에서 안재홍은 초대 문교부장관 선호도 1위에 오르기도 했다(서중석, 2005). 해방공간에서 좌우합작의 민족국가수립을 위해 고군분투한 중도파 지식인 안재홍은 1950년 한국 전쟁 때 조소앙 · 김규식 · 정인보 등과 함께 납북돼, 1965년 3월 1일 평양에서 생을 마감했다. 이후 60~70년대 반공 · 권위주의 체제가 지속되는 가운데 안재홍 등 납북인사에 대한 언급은 금기시 됐다. 1978년 사학자 · 언론인이었던 후학 천관우가 창작과 비평에 '민세 안재홍 연보'를 발표하면서 안재홍 연구의 단초를 제공했다. 이후 『민세 안재홍 선집』 간행, 『안재홍 전집 자료집성 DB』 구축 등의 성과가 있었으며(김인식, 2017), 관련 연구는 활동 분야가 깊고 넓은 만큼 다양한 영역에서 이루어졌다. 그러나 안재홍의 활동과 사상에 대한 성인교육학 차원의 연구는 본격적 · 체계적으로 이루어지지 못했다.

한국 근대 성인교육 사상 연구는 성인교육학의 흐름과 사상 체계화, 사회교육으로 상징되는 식민지 잔재 청산, 성인교육의 학문적 맥인 실학 정신 재조명이라는 과제를 안고 있다(한준상 외, 2000). 이런 측면에서 안재홍은 한국 근대 지도자 가운데 성인교육 실천을 통한 절대 독립과 신국가건설에 평생 헌신한 인물이다. 안재홍의 성인교육 활동과 사상을 연구해야 하는 필요성은 첫째, 일제 잔재 청산과 항일성인교육사상의 정신 계승 차원에서 독립운동가 안재홍의 성인교육 활동 · 사상에 대한 재조명이 요청된다. 일제강점기 수많은 지식인들이 일신의 안위를 위해 친일을 길을 걸어 갈 때 안재홍은 1919년부터 1943년까지 9차례 걸쳐 7년 3개월의 옥고를 치렀다. 한국의 성인교육은 정통성 확보 차원에서 독립운동과정에서 성인교육을 실천한 민족지도자들에 대한 다각적 조명이 필요하다. 둘째, 안재홍은 일제강점기 '실학'에 깊은 관심을 가지고, 1934년 정인보와 함께 '조선학운동'을 주창하고 고향 평택으로 낙향하여 1938년까지 당시 필사본으로만 전해오던 정약용의 방대한 저작집『여유당전서』76책을 교열 · 간행했다. 뿐만 아니라 조선일보와 잡지 신조선에 '다산의 경론', '현대사상의 선구자로서 다산 선생의 지위', '다산의 한시와 사화편편'과 같은 글을 통해 다산과 실학의 재조명을 역설했다(안재홍 선집 간행위원회, 1992). 4년간 이루어진 다산과 실학재조명을 위한 열정은 "치열한 학습의지(the will to learn)와 학이시습(學而時習)을 실현하려고 배움에 의지하는 인간, 호모에루디티오"(한준상, 1999) 안재홍의 모습이었다. 안재홍은 다산 실학 재조명과 함께 스스로 실학적 사고를 가지고 민중의 삶에 실질적 도움이 되는 다양한 성인교육 활동을 했다.

셋째, 새로운 전통의 수립이라는 측면에서 안재홍은 자기문화의 전통위에서 서구의 발전한 선진문화를 수용해 나가려고 노력했다. 이를 위해 그는 "우리 자신의 문화 및 그 사상에서 조선인이면서 세계적이오, 세계적이면서 조선 및 조선적인"(조선일보, 1936. 1. 1) '민족에서 세계로 세계에서 민족으로의' 민세주의로 구체화시켜 나갔다. 오늘날 성인교육이 전통에 대한 재발견에 기초해서 서구의 다양한 성인교육 사상을 받아들여 한국적인 성인교육 사상으로 발전시켜나가야 한다면 안재홍의 활동과 사상은 성인 교육적 관점에서 조명해볼 가치가 있다.

따라서 본 연구의 목적은 일제 강점기 국내 항일민족운동을 이끌고 해방 후 통일민족국가수립에 힘쓴 민족지도자 안재홍의 성인교육 활동과 리더십을 살펴보는 것이다. 이를 위한 연구문제는 첫째, 안재홍은 일제강점기와 해방 공간에 걸쳐 어떤 성인교육 활동을 하였는가, 둘째, 온정적 합리주의 관점에서 본 안재홍의 리더십 특성과 사례는 무엇인가이다. 이를 위해 이 글에서는 문헌 고찰 중심의 역사적 사료 분석을 통한 질적 연구 방법을 사용하였다.

2. 안재홍의 생애 돌아보기

1) 배움으로 세상의 변화를 읽고 철저 항일을 준비함

안재홍은 조선개국 500년을 맞이하는 1891년 11월 30일 경기도 진위군(현 경기도 평택시) 고덕면 율포리에서 순흥안씨 안윤섭의 차남으로 출생했다. 1927년 6월 발행한 잡지의 현대인명사전에 당시 경성부(서울) 공평동 75번지에 살고 있으며, 부친은 농업, 처는 이정순, 광무 9년(1905년) 결혼해서 아들 둘, 딸 하나를 두고 있다. 독서를 좋아하고 취미는 등산으로 소개되어 있다(동광, 1927년 6월호). 안재홍은 조선일보 기고를 통해 자신이 태어나고 자란 고향 진위군(현재 경기도 평택시)에 대해 아래와 같이 소개하고 있다.

> 나의 시골 진위군은 들판이라, 두릉리의 촌락은 해창강 북쪽 오리의 땅에 있어 야트막한 산록에 질펀하게 몰아 들었으니 앞에 월명산(月明山)이 있어 올라서면 근방 수백 리의 산천이 보인다. 월명산 위에 초가정자의 묵은 터 있으니 선친이 독서하던 곳이다. 여기서 보면 서남으로 진위, 안성 양강의 물이 합해서 바다에 닿으니 마주하는 빛이 유전변환(流轉變幻)의 정감을 일으킨다. 북으로 수원군의 독성산성은 도원수 권율이 오산, 수원의 임진 침입군과 혈전하던 곳이다(조선일보, 1934년 9월 16일자).

안재홍의 고향 평택 고덕은 조선에서 곡창으로 이름 높고 임진왜란 때에 삼도근왕병이 모여든 진위평야에서 멀지 않은 한가로운 농촌이었다. 그는 사형제 중의 둘째 아들로 태어났고 어릴 때 조부 안상규의 총애 속에 자라났다. 그의 조부가 시골 농촌 출신으로 패기가 있어 흥선대원군의 문객(門客)으로 서울에 머무르며 지낸 인연도 있었다(유광렬, 1932).

그는 다섯 살 때부터는 대원군, 민비, 독립협회 하면서 어른들이 쑥덕거리고 눈 둥그레지며 또 난리 나겠다고 하는 속에서 어려서부터 퍽 불안함속에 자라났으며(안재홍, 1950), 17세까지 집에서 한학을 하던 그는 1907년 평택의 사립 진흥의숙에 입학했고, 다시 수원의 기독교계 사립학교로 전학했다가 서울 황성기독교청년회(현 서울YMCA의 전신) 중학부에 입학했다. 그는 경술국치가 있던 1910년 8월 여름 졸업한다. 경술의 변이 있자 모든 다른 학생과 같이 그는 눈물을 흘리며 스스로 공부를 그만두고 자기와 조선인의 활로를 먼 선진국에서 찾으려고 미국 유학의 길을 떠나려고 하다가 월남 이상재의 권유로 일본 유학을 결심한다(유광렬, 1932). 그는 일본으로 유학갈 당시 상황을 이렇게 회고하고 있다.

> 故 월남 이상재 선생에게 가서 그 사연을 말씀드리고 압록강을 건너 걸음걸음 미국으로 가겠다고 말씀하니 선생이 한참 들으시더니 생각은 매우 좋은데 독립은 아직 하루 이틀에 되는 것이 아니고 그러한 열성(熱誠)이 있어 변치 아니할 자네라면 미국 가기 전에 먼저 일본 유학을 가게! 기초 지식이 없는 터에 곧바로 미국을 가더라고 동양 사정과 일본의 국정에도 어두워져서 안 될 것이니 먼저 일본을 가게! 일본을 가서 잘 공부한 후에 미국에는 추후로 가도록하면 좋을 것일세. 이렇게 일러주시는데 아버지는 시골서 쫓아 올라와서 이 다음에는 어찌되었건 지금 당장 미국으로 도주(逃走)한다는

것은 그만두고 일본유학이나 가라고 말씀하므로 나는 그때부터 일본행을 결심하고 떠났다(신천지, 1946년 8월호).

1910년 9월 일본 동경으로 가서 아오야마학원에서 어학을 준비하고, 동경의 조선인 YMCA에 관여했다. 동경유학 시절 그는 조만식, 장덕수, 김성수, 송진우, 신석우, 문일평, 김병로 등 훗날 민족운동에 주도적으로 참여하는 인사들과 교분을 쌓았다(삼천리, 1935년 6월호). 1911년 3월 조만식, 송진우, 이광수, 장덕수 등과 함께 동경에 체류 중이었던 이승만과 만났으며 그 후에 이승만이 하와이에서 발행하는 『태평양잡지』에 기고하며 지국일도 맡았다. 그해 9월 와세다 대학 정경학부에 입학했고 10월 조선인 유학생 학우회를 조직하고 삼한구락부(三漢俱樂部)를 만들었고(유광렬, 1932), 당시 메이지대학에 유학중인 고당 조만식과 함께 동경 재일 유학생 사회에 뿌리 깊은 지역분파주의를 비판하고 통합운동에도 힘썼다(장규식, 2009). 또한 김병로가 편집을 맡은 유학생 잡지인 『학지광』에 송진우, 김성수 등과 함께 글을 게재하기도 했다(김병로, 『삼천리』 1929년 9월호). 그는 이 동경유학시절 공부하는 틈틈이 동경 우에노 공원(上野公園) 교외 용야천(瀧野川), 왕자(王子), 판교(板橋)일대, 신숙(新宿)역 저편으로 정교(淀橋), 중야(中野) 등을 소풍으로 거닐거나 단풍구경, 밤줍기 등을 하기도 했다(삼천리, 1935년 7월호). 또한 이 시기 그는 별자리에 대한 흥미를 느껴 천문학자들을 찾아다니며 공부한 적도 있었다(최은희, 1991). 안재홍은 신망이 두터운 당대 조선의 덕망 있는 젊은 인격자로 동경유학시절 사오백 명의 유학생 번지와 전화번호까지 모두 외우고 다닐 만큼 비상한 머리를 지녀 육당 최남선의 동생 최두선은 번지박사라는 별명을 붙여줬다고 한다(황석우, 1932).

안재홍은 23세 되는 1913년 와세다대 3학년 진학하는 여름에 중국여행을 했다. 당시 중국에서는 신해혁명이 있었다. 그는 상해에서 신규식이 이끈 독립운동단체 동제사에 가입했다. 또한 당시 상해에 있던 동년배의 청년 지식인 이광수, 홍명희, 조소앙, 문일평 등과 만났다. 당시의 상황을 민세는 훗날 아래와 같이 회고하고 있다.

> 나는 뱃길로 상해에 건너가 남경 한구 아직 소란한 까닭에 다시 뱃길로 청도로 가서 제남, 천진, 북경, 산해관 등을 거쳐 봉천(심양)을 돌아 안봉선으로 안동현에 와서 서울에 돌아온 일이 있었다. 상해에서 허다한 우리 혁명 선배와 동지를 만났으나 그 빈곤 자못 딱도 하였고 북경의 동지들은 더욱 빈곤하였으며 만주의 농민동포는 언뜻 보아도 참혹하였다. 노자조차 다 떨어져서 초라하게 돌아오는 백면서생 나에게 하소연하던 수난동포의 정경이 가끔 눈앞에서 선하게 되살아난다(신천지, 1950년 1월호).

안재홍은 이 여행을 통해서 해외 독립운동의 어려움을 인식하고 평생 국내에 남아있는 민중들과 함께하며 국내 독립운동에 헌신하겠다는 다짐을 했다.

> 스물 세살 때에 남중국으로 남만주의 일부를 훑어보고 돌아온 칠십 여일의 여행은 나에게 시베리아, 태평양 하는 낭만적인 공상을 씨서 버리고 고국에 집착하겠다는 결심을 굳게하였다(신동아, 1936년 5월호).

안재홍은 24세인 1914년 여름 와세다대 정경학부를 졸업하고 귀국한다. 돌아와서 당시 신문관을 경영하던 육당 최남선과 상의하고 문화 사업을 위해 수 만원의 돈을 조달하려고 몇 백석의 추수밖에 못하는 자기 집안 전 재산을 저당하고자 부친에게 이 이야기를 하니 연로한 부친은 이러한 안재홍의 생각을 청년의 치기(稚氣)로 일소(一笑)에 부치고 허락하지 않았다. 이에 분개한 안재홍은 집안에서 자신의 큰 뜻을 이해치 못하니 자신에게 나눠준 것을 가지고 전부 투자해서 무슨 일을 해 보겠다 결심하고 토지문서를 들고 사업자금 조달을 위해 동분서주했으나 뜻을 이루지 못했다(유광렬, 1932).

이어 그는 1915년 5월 인촌 김성수가 인수한 중앙학교에 학감(교감)에 취임했다. 이해 7월에 장남 정용이 태어난다. 여기서 교장 유근 등과 함께 조선산직장려계 활동에 참여한 것이 빌미가 되어 일제의 압력으로 1917년 초에 사임하고 그 해 봄 모교인 중앙기독교청년회 교육부 간사로 인재 양성에 힘쓴다. 이 무렵 대종교로 개종한다. 1917년 5월 부친 안윤섭이 사망해서 고향에서 부친상을 치른다. 당시 매일신보에 안재홍의 부친상 기사가 실려 있다.

> 중앙청년회 간부 안재홍 씨는 지난 25일 오시에 엄부 안윤섭씨의 상을 당했다. 진위군 고덕면 두릉리 시골에서 상을 치르고 29일 그 마을 선영에서 장례를 지냈다(매일신보, 1917년 5월 30일자).

1918년 5월 차남 민용이 태어난다. 이 시기 그는 고향 평택에서 역사서를 읽는 일에 몰두했고 1918년 7월 평택 인근의 안성 고성산에 오른 당시 사진 자료를 통해볼 때 주변 지역 여행을 하며 자기성찰의 시간을 가졌던 것 같다.

> 왕년에 기미(1919년)의 직전 고향에 칩거(蟄居)하든 때에 사서(史書)를 섭렵(涉獵)하였던 일이 있었다(조선일보, 1930년 1월 29일).

2) 곧은 붓으로 비타협적민족주의를 실천함

안재홍의 삶의 1919년 이전과 이후로 나눠질 만큼 그의 삶에서 1919년은 커다란 전환을 이루는 시기였다. 그는 3 · 1운동에서 조선독립의 희망을 보았다. 그는 3 · 1운동에는 소극적이었지만 그가 목도한 거족적 3 · 1운동의 기억은 대한민국 임시정부에 대한 관심으로 이어지고 이후 1945년 해방의 그 날까지 경이적인 9차례 옥고를 견디는 튼튼한 정신적 기반이 되었다. 그는 이 시기 항일운동가, 언론인, 사학자, 문필가 등으로 종횡무진 활동하며 일제를 날카롭게 비판하며 민족의 각성을 촉구했다.

고향에서 칩거하면 우울한 나날을 보내던 안재홍은 1919년 고향 평택에서의 3 · 1운동에는 가담하지 않았다. 당시 그는 29세이었는데 3 · 1운동 선두에 나서기를 꺼렸다. 당시 안재홍은 다니던 직장인 서울중앙학교에서 쫓겨나 실의중(失意中)에 부단히 시국대책을 연구하는 상황이었다. 아무것도 못하고 상심만 했던 그는 3 · 1운동에 나서면서 징역살이를 하기에는 자신이 너무 가엾다는 생각이 들었다(민주조선, 1948년 4월호).

전민족이 일어나 자주독립을 외친 3 · 1운동에 자극을 받은 안재홍은 서울로 올라왔다. 중앙학교 교장 유근 집에 머물면서 연병호, 송내호 등과 함께 상해임시정부를 지원할 목적으로 1919년 5월 대한민국청년외교단을 조직하고 총무로 활동했다. 그는 상해임시정부 안창호 내무총장에게 임시정부의 단결을 촉구하고, 해외 주요국가에 외교관을 파견할 것을 건의하고 군자금 모금을 지원했다(매일신보 1919년 12월 19일). 그러나 11월 발각 체포되어 이병철, 조용주, 연병호, 김마리아, 황에스더와 함께 1차 옥고를 치른다. 이 사건으로 안재홍은 징역 3년형에 처해진다.

그는 1922년 대구감옥에서 출옥하고 고향에 내려가 요양한다. 1924년 1월연 정회 조직협의에 참여하였으나 무산되었고, 4월 언론집행압박탄핵운동의 실행 위원으로 활동했다. 5월 최남선이 사장으로 있던 시대일보 논설기자로 입사하였으나, 7월에 시대일보 경영난에 보천교(普天教)가 개입하여 일어난 분규로 퇴사하였다(조선일보 1924년 9월 5일자). 이어서 바로 1924년 9월에는 혁신조선일보에 주필겸 이사로 입사했다. 안재홍은 당시 '조선일보의 신사명'이라는 사설로 조선일보가 식민지라는 조선인의 엄연한 현실적 고락과 함께하겠다는 새 출발의 결의를 다졌다.

> 아아 만천하 조선인 동포여! 여러분은 현대를 떠나서 있을 수 없는 조선인이요 조선을 떠나서 있을 수 없는 세계인이요 현 조선과 현시대의 사명을 떠나서 그의 존재의 의의를 해석할 수 없는 시대해결, 시대창조의 사역자들이다. 그리고 조선일보는 이러한 현대의 조선인과 그의 성패와 고락과 진퇴와 편안함과 근심을 함께하는 이외에 그의 존재와 발전의 필요와 의의와 사명이 없을 것이다(조선일보, 1924년 11월 1일자).

조선일보는 1920년 3월 6일 대정친목회의 기관지로 조진태, 예종석 등이 중심되어 창간했으나 재정곤란으로 1921년 송병준에게 넘어갔다. 이어 1924년 신석우가 송병준으로부터 다시 매수해서 월남 이상재를 사장으로 지면의 대혁신을 단행하고 조선민중의 신문이라는 목표로 새 출발 했다(개벽, 1935년 3월호). 안재홍이 활동하던 이 시기 1929년에만 조선일보는 정간 22회, 압수 24회, 30년에는 압수 14회, 삭제 30회의 수난을 겪는다(동광, 1931년 12월호). 당시 신문 운영의 어려움과 함께 경영난으로 늘 힘들어하던 조선일보 시절 안재홍은 1만 원의 거금을 투자 조선일보 회생에 노력했다(개벽, 1934년 12월호). 당시 큰 기와집이 1천 원, 쌀 1말이 3원이었으니 그는 상당히 많은 돈을 조선일보에 지원했다. 조선일보를 중심으로 맹활약하던 안재홍은 훗날 조선 전체에서 통합 신문을 만들 때 가장 적합한 가상 언론인 선호도 조사에서 사장에 윤치호, 송진우, 주필에 장덕수와 함께 선정될 만큼 언론계를 중심으로 큰 영향력을 발휘했다(동광, 1932년 1월호). 안재홍은 1925년 4월 처음으로 열린 조선기자대회에서 부의장에 선출되었다. 1925년 5월 외동딸 서용이 태어난다. 그 해 9월에는 백남운, 백관수, 박승빈, 조병옥, 홍명희 등과 함께 조선사정연구회에 가입하고 12월에는 이상재, 신흥우 등과 함께 태평양문제연구회에 참여했다. 조선일보 시절 안재홍에 대해 지인들은 그의 초인적 기억력을 높게 평가했다. 이런 기억력은 그가 사설, 시평 등 시사 관련 글쓰기를 하는데 커다란 장점으로 작용했다.

> 조선일보 재직시에도 김동성, 민태원, 방태영, 성의경 등과 더불어 그룹이 되어 가끔은 식도원 별장에 모여 마작이나 가투(歌鬪)놀이를 하면서 나도 함께 휴식을 즐긴 일이 있었다. 마작은 신씨가 대장이지만 가투는 민세(안재홍)를 당해내는 이가 없었다. 시조 낭독은 언제나 내가 읽기 마련인고로 일껏 목청을 돋우어 한 짝의 첫줄을 읽어 내리기도 전에 벌써 끝구가 적힌 짝을 펄쩍 집어 버린다. 시조 백수쯤 어렵지 않게 외우는 초인적 기억력을 가졌다(최은희, 1991. 448-457쪽).

그는 1927년 2월 창립한 신간회에 발기인으로 참여 총무간사에 선출되었다. 그는 이시기 전국 각지를 돌며 신간회지회 창립을 독려하고 강연을 통해 일제 침략의 부당성을 역설했다(조선일보, 1927년 9월 7일자: 조선일보, 1927년 12월 2일자: 조선일보, 1927년 12월 3일자). 그는 1927년 3월 신간회 창립 직후 초대회장을 지낸 월남 이상재가 서거하자 정인보, 홍명희, 민태원 등과 함께 그 유고를 정리 간행하는 월남기념집 편집위원에 선출되었다(조선일보, 1927년 4월 14일자). 또한 신간회경성지회 창립대회 의장도 맡아 신간회 조직 전국화에도 기여했다(삼천리, 1931년 7월호). 1927년 8월 일본제국의 멸망을 암시하는 조선일보 사설 '제왕(帝王)의 조락(凋落)'을 집필했으나 일제에 의해 압수당했다. 11월 재만동포옹호동맹 위원장에 선출되었다. 그러나 1928년 1월 조선일보 사설 '보석지연의 희생'에 대한 발행인 책임으로 구속 금고 4개월의 형을 받았다(조선일보 1928년 1월 27일자). 그해 5월 조선일보 사설 '제남사건의 벽상관' 집필로 구속되어 금고 8개월의 처분을 받았으며 조선일보는 무기한 정간 처분을 받았다. 1929년 1월 출소 조선일보 부사장에 취임했고 3월에는 생활개신운동, 7월에는 문자보급운동을 전개했다. 10월 8일에는 서울 휘문고등학교에서 자신이 제시한 생활개신운동의 하나로 제1회 경성-평양 경평축구전을 개최 스포츠를 통한 민족의식 고취에 힘썼다(동아일보, 1929년 10월 10일자). 그러나 그 해 11월 광주학생운동 진상보고 민중대회사건으로 다시 구속되었다. 1930년 1월 『조선상고사관견』을 조선일보에 연재하고 7월에는 백두산에 올라 『백두산등척기』를 연재했다.

안재홍은 1930년 6월부터 다음해 5월까지 뤼순감옥에서 복역 중이던 신채호의 『조선상고사』를 조선일보에 연재케 했다. 그는 1931년 3월 만주동포구호의연금을 유용했다는 구실로 옥고를 치렀고, 1931년 4월에는 조선농구협회(현 대한농구협회 전신) 초대 회장으로 취임했으며(동아일보 1931년 4월 17일자), 5월에는 옥중에서 조선일보 사장에 취임했다. 그는 사장에 취임하면서 조선일보는 언론으로서 가장 거대하고 또 충실한 선구적 교향(交響)을 쉴 새 없이 외쳐야하고 이것은 당시 조선에 있어서 바꿀 수 없는 역사적 과제라고 강조했다(조선일보, 1931년 5월 12일자).

안재홍은 1932년 8월 보석으로 출감했다(동광, 1932년 8월호). 이후 병요양을 마치고 1934년 9월 다산서세 99주기를 기념하며 위당 정인보와 함께 다산 문집인 『여유당전서』 교열 간행과 충무공 이순신 현창 운동 등에 참여한다(개벽, 1934년 11월호). 당시 안재홍은 다산 정약용을 조선 학술사상 태양과 같은 존재로(조선일보, 1935년 7월 16일자), 무(武)의 이충무공과 함께 할 문(文)의 제1일자요 조선민의 운명을 반영한다고 평가했다(신동아, 1934년 10월호). 안재홍은 1935년부터 조선일보 객원으로 신문에 각종 글을 연재했다. 1936년 군관학교 사건으로 옥고를 치렀고 1937년 보석으로 풀려나 고향 평택 향리에서 『조선상고사감』 등 조선상고사 관련 저술에 몰두했다(조선일보, 1937년 5월 11일자). 1938년 4월 부인 이정순과 사별했다. 그해 5월 흥업구락부사건으로 3개월간 옥고를 치르고 나왔으나 다시 군관학교사건 형확정으로 2년형이 확정되어 재수감되었다(조선일보, 1938년 5월 5일자). 1941년 김부례와 재혼하고 1942년 12월 조선어학회 사건으로 생애 9번째 옥고를 치른다. 1944년 4월 모친 남양 홍씨가 별세했다. 이해 12월부터 여운형과 함께 일본의 패망후 시국수습문제로 민족자주, 상호협력, 마찰방지의 3원칙을 제시했다. 1945년 5월 민족대회 소집안을 제시하고 일제에 응수하였으며 이후 일본의 암살 위협으로 숙소를 자주 옮기며 해방을 준비했다(평주이승복선생망구송수기념회, 1974).

3) 해방후 통일민족국가 수립에 헌신함

전민족적인 투쟁과 연합국의 도움으로 1945년 8월 15일 조선민족은 해방을 맞아했다. 해방 5년의 이 시기 안재홍은 통일국가수립운동에 매진했다. 그는 저서와 언론기고, 방송과 강연, 다양한 조직활동을 통해 좌우이념 갈등을 해소하고 자본주의냐 사회주의냐의 택일이 아니니 민족에 기초해 계급 갈

등을 넘어선 통일민족국가를 수립하기 위해 고군분투했다. 이 시기 안재홍은 민족의 바람직한 미래를 고민하며 신민족주의를 주장했으나 현실 권력을 얻는 데는 실패하고 그 자신마저 납북되어 역사속에 사라지는 비운을 맛보아야했다. 일제가 보낸 자객의 암살 위협을 피해 서울 시내 각지를 돌며 은거하던 안재홍은 1945년 8월 15일 해방을 맞이하고 그 다음날인 8월 16일 오전 10시 경성방송국(현 KBS)에서 국내민족지도자를 대표해 첫 해방연설을 했다.

> 여러분! 우리 조선민족은 지금 새로 중대한 위기의 기로(岐路)에 서있습니다. 이러한 민족성패가 달린 비상한 시기를 맞이하여 만일 성실과감(誠實果敢)하고도 총명주밀(聰明周密)한 지도로써 인민을 잘 파악하고 통제함이 없이는 최대의 광명에서 도리어 최악의 과오를 범하여 대중에게 막대한 해악을 끼칠 수가 있기에 우리는 지금 가장 정신을 가다듬어 한걸음 한걸음 나아가고 또 뛰박질하여 나아가는 것이 필요합니다(매일신보, 1945년 8월 17일자).

이후 그는 여운형과 함께 조선건국준비위원회를 결성, 건준의 이름을 직접 짓고 잠시 부위원장도 맡지만 건준이 좌경화로 흐르자 바로 탈퇴한다. 그는 9월 20일 신생 대한민국의 국가건설 방향을 정리한 『신민족주의와 신민주주의』를 출간했다. 또한 신민족주의를 핵심정강으로 하는 국민당을 조직 중앙집행위원장에 선출되었다(매일신보, 1945년 9월 2일자). 그해 12월 신탁통치반대 국민총동원중앙위원회 부위원장으로 활동했다.

1946년 1월 주한미군사령관 자문기관인 남조선대한민국대표민주의원에 선임되었다. 2월 한성일보를 창간 사장에 취임했으며 3월 국민당을 한독당에 통합 중앙상무위원으로 활동했다. 7월 여운형, 김규식과 함께 좌우합작

대표로 지명되었고, 10월 한국 최초로 한성일보 중국어판을 발행했다. 12월 미군정 과도입법의원의 관선위원에 선출되었다.

1947년 2월 미군정행정부의 한국인 최고책임자인 민정장관에 취임했다(경향신문, 1947년 2월 11일자). 당시 미군정청 공보과에서 발표한 안재홍 신임 민정장관에 대한 소개 자료를 보면 일제강점기 항일지도자, 일류지도자로서 그의 삶을 높이 평가하고 있다는 것을 알 수 있다.

> 안씨는 조선독립운동사상 제일류의 지도자이며 또한 일본의 조선통치 시대를 통하여 조선에 남아있던 분들 중에 한 사람이다. 일본인의 손에 9회에 걸쳐 투옥되었으나 끝까지 조선독립을 위하여 싸워왔다. 씨는 열렬한 애국심으로 인하여 수년간 일본인에게 가혹한 취급을 받았다. 민정장관은 정부의 행정부분에 있어서 조선인 관리로서 최고위이다(조선일보, 1947년 2월 6일자).

이 시기 그는 신생 대한민국 정부 수립을 위한 준비에 힘썼다. 또한 1947년 8월에는 민정장관으로 조선산악회를 통해 비밀리에 독도조사대를 파견, 독도수호에 크게 기여했다(정병준, 2010). 또한 대한올림픽 후원회 회장으로 1948년 8월 런던올림픽에 출전하는 선수들을 지원하기 위한 모금 활동으로 한국 최초로 복권을 발행했다. 그는 1948년 6월 대한민국 국회개원과 함께 민정장관을 사임하고 한성일보 사장으로 복귀했다. 이 시기 언론발전에 기여한 공이 인정되어 서재필과 함께 조선언론인협회 명예회장에 추대되었으며(조선일보, 1948년 6월 26일자), 1948년 9월 신생회를 설립 신생활구국운동을 전개했다. 1949년 5월 대종교 정교 및 원로참의원에 선출되었고, 서울 돈암동에 서울중앙농림대학을 설립 초대 학장으로 활동했다. 1950년 5월 2대

국회의원 선거에 평택에서 무소속으로 출마 당선되었다. 그러나 그 해 6월 25일 한국전쟁 때 한강 다리가 폭파돼 친지집에 은거했다가 발각되어 북한군에 납북되었다. 2012년 국무총리실 6·25납북자진상규명위원회는 여러 증언 자료를 토대로 안재홍을 대표적인 6·25 납북인사로 인정했다.

4) 납북 이후 평화통일운동에 힘씀

안재홍은 생애 마지막 15년을 북한에서 살았다. 아직 분단이라는 제약으로 인해 그가 이 시기 북한에서 구체적으로 어떤 활동을 했는지는 자세하게 알려져 있지 않다. 현재까지 연구 결과로 보면 안재홍은 납북 이후에도 조소앙, 조헌영, 박열 등과 함께 '재북평화통일촉진협의회'를 조직, 최고위원으로 활동하며 남북이 무력통일을 포기하고 연방제를 거쳐 단계적 통일로 나가야 한다고 주장했다(이신철, 2008). 그는 1965년 3월 1일 오전 10시 평양 적십자병원에서 위암으로 별세했으며 북한 정권은 이 사실을 해외 통신을 통해 알렸다. 그의 유해는 평양시 용성구역 매봉산록 특설 묘역에 안장되었다(박문덕, 1965). 현재 그의 묘는 이후 이장하여 납북인사 묘지인 평양 '재북인사묘역' 정중앙에 위치해 있으며 묘비명에는 북한에서의 마지막 직함이었던 재북평화통일촉진협의회 최고위원이라는 직함과 함께 '애국지사'라고 새겨져있다. 비록 납북으로 제한된 활동을 했지만 안재홍은 북한에서도 끝까지 민족주의자로 활동하며 민족에 바탕을 둔 평화통일운동에 노력한 것으로 평가받고 있다(정윤재, 2018). 북한 정권도 안재홍의 항일독립투쟁을 높이 평가해 현재 그는 김규식·조소앙·정인보·박열과 함께 남북한이 함께 인정하는 24명의 독립운동가 가운데 한 사람이다(중앙일보, 2007년 7월 29일자).

남한에서는 1965년 3월 9일 서울 진명여고 강당에서 1,200명의 각계인사가

운집한 가운데 항일운동에 함께 이인 초대 법무부장관을 장례위원장으로 이승복을 부위원장으로 한글학자 최현배의 조사와 이은상 시인의 조시 낭독과 함께 유해 없는 9일장을 치렀다. 생애를 통해 볼 때 민세 안재홍은 민족에 대한 사랑을 온몸으로 실천하며 민족통합을 최우선 과제에 놓고 철저항일과 민족통일을 실천했던 열린 민족주의자였다. 안재홍은 민족의 과거를 연구하고 일제에는 끝까지 비타협을 실천했으며, 민족통일에는 좌우의 이념갈등을 해소해보려고 용기 있게 나선 지식인이었다. 또한 다른 민족에 대해서는 배타적 태도를 버리고 개방적 태도로 상대성을 존중하며 미래에 대한 깊은 혜안을 가진 민족지성이자 교육지성이었다.

3. 안재홍의 성인교육 활동 탐색

일제강점기 당시 어느 전문학교 교수는 안재홍이 일제의 탄압으로 언론활동을 더 이상 할 수 없다면 그를 민족 큰도서관의 관장으로 계시게 하고 싶다는 의견을 피력한 적이 있다(삼천리, 1934년 제53호). 안재홍의 활동 관련해서 현재 남아있는 여러 자료를 통해 그 동안 소홀하게 다루어진 안재홍은 성인 교육에 대한 남다른 열정을 확인할 수 있다. 안재홍의 성인교육 활동은 크게 교육기관을 통한 성인교육지도자 활동, 다양한 사회단체와 학습조직을 통한 성인교육 활동으로 나눠볼 수 있다.

1) 교육기관을 통한 성인교육 지도자 활동

(1) 서울 중앙학교 학감으로 항일 인재를 키우다

안재홍은 1914년 일본 와세다 대학 졸업 후 돌아와 처음에는 최남선의 권유로 출판 사업에 관심을 보이다가 경제적 어려움 등으로 뜻을 이루지 못한다. 이후 일본 와세다대 동창인 인촌 김성수의 권유로 1915년 첫 직장인 중앙학교 학감으로 청년 인재양성에 힘쓴다(중앙교우회, 2009). 당시 교장은 안재홍의 고향 진위(평택)와 가까운 용인 출신의 유근이었다. 학감은 현재의 교감 직위다. 이곳에서 그는 현재 수고(手稿)로 남아있는 『강도일지』라는 글을 남긴다. 이것은 안재홍이 쓴 첫 기행문으로 1916년 5월 학감시절 중앙학교 재학생 150여명과 함께 3박 4일의 일정으로 행주산성과 강화도 마니산 일대를 답사하고 쓴 기행문이다. 여정 자체가 임진왜란 사적지나 단군유적지 인 것으로 봐서 20대 중반의 청년학감 안재홍이 중앙고 학생들에게 우리 역사에 대한 이해를 통해 민족의식 고취를 목적으로 하고 있음을 알 수 있다.

> 오전 10시 반에 일행은 마니산을 향했다. 걸음걸음 힘차게 오르는 중앙의 건아들. 오— 한배, 한배, 우리들의 한배, 우리 배달나라 사람들의 한배! 모든 것의 님 되시는 우리 한배, 우리들을 굽어 살피시오. 우리들의 죄많은 어린 자손들을 용서하여 주시오! 나는 눈물 한줌, 한숨 한마디로 정성다해 예물을 드렸다. 가거 ! 가거라! 너희가 빨리 가서 바삐 배우고, 어서 일하거라! 하시는 거룩한 말씀이 두 귀에 쟁쟁하다(안재홍, 1916, p12).

한글수호와 민족문화 발전에 기여한 국어학자 이희승도 중앙학교 시절 제자이다. 안재홍은 1942년 그와 함께 조선어학회 사건으로 수난을 겪는다(이희승, 1991; 이희승, 1996). 안재홍은 학감으로 있을 당시 설립자 김성수의 요청으로 중앙학교 장학생으로 일본에 유학중인 춘원 이광수에게 장학금을 보내주기도 한다(삼천리, 1932년 1월호). 이 시절 그가 교육을 통해 항일의식을 일깨운 제자에는 훗날 의열단을 이끌며 일제가 포상금을 가장 많이 걸었던 독립운동가 약산 김원봉이 있다. 안재홍은 1936년 김원봉의 요청으로 그가 중국 상해에 세운 군관학교에 독립운동에 참여할 청년 학생들의 모집을 돕다가 2차례 옥고를 치른다(한상도, 2017). 안재홍은 이때 조선산직장려계에 일반계원으로 가입하여 활동하는 등 학교 안팎에서 교육과 사회 활동에 적극 참여하였는데, 1917년 3월 5일 조선산직장려계의 임원 · 계원 등이 보안법 위반으로 검사국에 송치당하는 사건이 발생하였다. 안재홍은 이 사건과 평소의 언동이 문제가 되어, 중앙학교의 교장으로 조선산직장려계의 협의원으로 활동한 유근과 함께 1917년 3월경 중앙학교를 사임해야만 했다(인촌기념회, 1976; 김인식, 2014c). 후에 안재홍은 1919년 3 · 1운동에 참여했던 제자 이병우의 중국 망명을 돕기위해 거금 150원을 지원하기도 했다(이희승, 1991).

(2) 중앙YMCA 교육부 간사로 한용운 초청 강연을 하다

중앙학교 학감 사직 이후 그는 1917년 모교인 중앙YMCA(현 서울 YMCA) 교육부 간사로 잠시 활동한다. 일제강점기 한국기독교 민족운동은 민족구원 사상, 민주민권 사상, 구민경제 사상, 민족문화보존 사상에 입각해 비폭력, 정신적 각성의 도덕주의, 독립을 위한 점진주의 방법론을 실천했다(노치준, 1995). 1913년 독립협회 계열 청년들의 요구로 창립한 황성기독교청년회(중앙YMCA의 전신)는 서당교육이 아닌 기초근대 교육과 직업교육 연계의 실업교육을 실천 민족교육 발달에 기여했다. 안재홍이 간사로 활동하던 1917년은 일제의 탄압으로 1916년 중앙YMCA로 명칭을 변경하고 중학부는 폐지되었고 영어, 일어, 공예과와 노동과 학습을 병행하는 노동야학이 있었다(김희진, 2017). 길지 않은 기간이지만 안재홍은 여기에서도 항일지도자 초청 강연 등 성인교육을 통해 청년 인재 양성에 힘썼으며 든든한 기독교 인맥을 형성하게 된다. 1917년 봄 안재홍은 훗날 신간회에서 함께 활동하는 만해 한용운을 초청 '활수양(活修養)'이라는 주제로 강연회를 개최하였다. 만해 한용운은 1927년 2월 창립한 신간회경성지회장으로 함께 활동했다. 당시 기독교 중추기관에서 불교명사를 초청 강연한 것은 최초의 일이었고 이 때문에 일제의 감시가 더 심해졌다고 한다(삼천리, 1949. 3). 이런 점은 안재홍의 타종교에 대한 개방적 특성을 보여주는 사례이기도하다. 안재홍은 기독교의 만민평등의 이념과 자기희생의 정신을 높게 평가했다(한성일보, 1949년 12월 27일자). 이는 YMCA에서의 학습과 교육경험에서 안재홍의 삶에 깊게 각인 된 것으로 볼 수 있다.

(3) 여성의료인 양성을 위해 여자의학전문학교 설립을 추진하다

안재홍은 일제강점기 내내 여성교육의 중요성을 강조했다. 그 일환으로 그는 1934년 12월 여자의학전문 인재 양성의 중요성을 깨닫고 (재)여자의학전문학교 발기준비위원회 위원으로 참여했다, 이 사업의 성공을 위해 당시 추진의 핵심인 고계(高啓)재단과의 교섭에도 핵심 교섭위원으로 적극 나선다(동아일보, 1934년 12월 21일자). 안재홍은 일제 강점기 당시 경성의전과 세브란스, 평양과 대구의전과 경성치과의전이 있으나 남자만 선발하는 현실을 비판하고 조선에서도 여성의 학문 및 직업 진출을 돕고 특히 여성 및 소아 상대의료에는 여성의료인 양성이 시급함을 역설했다(조선일보, 1936년 4월 5일자).

(4) 문자보급운동의 실천으로 일제말 평택에서 야간학교를 운영하다

안재홍은 1929년 7월 조선일보 시절 전국적인 문자보급운동을 추진한다. 1937년 군관학교 사건 출소 이후에는 그는 평택으로 낙향해서 옥고로 인한 고문 휴유증을 추수리며 『조선상고사감』 집필 등 시간적으로 바쁜 가운데도 자신이 주창한 야간학교를 열어 두릉리 마을 청년 · 여성들에게 문자보급·상식보급 등 성인기초교육을 실천했다. 고향 고택 바로 옆에 세워진 종덕초등학교 부지도 안재홍의 집안 땅을 희사해서 개교했을 만큼 교육에 대한 열정도 컸다(김순경, 2016). 당시 안재홍에게서 한글을 배운 마을 원로는 당시 기억을 아래와 같이 회고하고 있다.

> 제가 열 살 정도 됐을 때지요. 여기 생가 사랑채에서 안재홍 선생이 마을 청년들에게 한글을 가르치셨어요. 숙제를 꼭 내주셨는데 다음날 안해가면 꼭 회초리를 드셨어요. 너희가 이렇게 배우지 않으면 조선은 독립할 수 없다며 호되게 야단치셨어요. 평소에는 인자하신 분이었는데 회초리를 들 때는 아주 매서운 분이셨어요. 아침에 일찍 일어나셔서 월명산과 지금은 미군탄약고에 편입된 산 위에 자주 오르셨어요. 걷는 것을 좋아하셔서 서정리로 해서 부락산 고성산도 가셨어요. 사랑채에 계실 때는 공부만 하셨어요 가끔 점심 때 문이 열렸던 것이 기억나요(김봉겸, 2003, 안재홍 증언 녹취자료).

(5) 국학전문학교 대학 승격을 위해 '지성회'를 조직하고 위원장으로 활동하다

해방 후 안재홍은 정치활동으로 바쁜 가운데도 성인교육 시설 확충에 남다른 열정을 보였다. 해방 후 대종교의 지원속에 단군정신에 기반해서 여러 대학들이 설립되었다. 홍익대학교, 단국대학교, 국학대학 등이 그 예이다.

안재홍은 1946년 5월 당시 국학전문학교를 국학대학으로 승격 시키려는 운동에 주도적으로 참여해서 준비단체인 지성회를 조직하고 위원장을 맡았다(동아일보, 1946년 5월 29일자). 조선어학회 회원으로 함께 활동했던 정열모 등이 참여한 국학대학은 위당 정인보가 초대 학장을 맡았으며, 후에 우석대에 통합되었다가 다시 고려대에 인수되었다.

(6) 농업전문인재 육성을 위해 서울중앙농림대학을 설립하다

안재홍은 일제강점기에 농민교육의 중요성과 특히 미곡 중심의 농업에서 탈피 과수, 축산, 원예 등의 인력을 바탕으로 하는 다각농업을 주장했다.

> 산미(産米) 제일주의는 원래 해를 입는 일이 많고 다각농업(多角農業)이 합당한 방책이다. 백수십년 상대에 있어 우리의 선구자들 중에는 다각농업과 공업화에 대해 이미 그 경세적 정견(經世的 政見)을 개진(開陳)했던 분이 있다. 농업, 잠업, 목축, 원예 등 다각농업의 실행은 진보적 기술을 요하는 사정이며, 이 외에도 농공(農工) 각종의 사정은 더욱 더 과학고과 기술을 필요로 하게된다(조선일보, 1935년 6월 13일자).

그는 또한 줄곧 실현 가능한 민립대학의 하나로 농민대학의 필요성을 제기했다. 그는 70%가 넘는 농민이 대다수인 조선의 특수성을 고려해서 농촌·농민을 지도 교양할 농민대학 설립은 경비가 많이 필요치 않고 실현 가능하다고 보고, 과목은 농림지식, 실습 중심의 3년 과정이며 농한기를 이용하는 특설과를 구상했다(삼천리, 1930. 4). 해방 후에도 이러한 다각농업, 입체농업의 중요성에 대해 언론을 통해 강조했다.

> 조선은 농업국이다. 그러나 산악은 73%서 전답되기 알맞은 땅 겨우 27%이다. 산악과 그 비탈을 더욱더 개간 활용함을 요한다. 조선의 쌀보리 편식을 고쳐 구근작물(球根作物)의 가루 식용을 장려하고, 소, 양, 돼지, 닭 등 유축농업(有畜農業)을 장려함으로써 산지가 잘 활용될 것이다. 입체농업을 논하는 자있으니 미곡의 재배는 더 말하지 말고 호두, 은행, 밤 도토리, 상수리, 잣 등 기타 활엽수를 많이 심어야 한다(한성일보 1948년 9월 24일자).

안재홍은 1948년 8월 정부수립 이후에 신생회를 조직하고 새로운 대한민국을 만드는 실천에 힘썼다. 그는 1949년 1월 자신의 집근처인 서울 돈암동에 2년제 초급 대학으로 농업 실습과 이론을 배우면서 저비용으로 공부하는 서울중앙농림대학을 세우고 학장으로 활동했다. 당시 실무를 맡은 부학장은 경북 울진 출신의 주세중씨였다. 서울 돈암동에 위치했으며 맞은편 고려대가 보이는 야산 언덕에 있던 이 대학은 100명 정원으로 개척과와 실습과를 두었다. 학비는 매우 저렴했으며 매학생들은 가건물이었지만 전원 기숙사 생활을 했다. 초급 대학으로 자체 학생증과 모표, 모자 등을 가지고 있었다. 이 학교의 개척과는 남미 브라질에 황무지 개간을 위해 선발대를 파견했다. 실습과는 농번기에는 고향으로 내려가 농업에 종사하고 농한기에는 축산, 임업, 과수 등 관련 분야의 이론을 공부했으며 에스페란토어를 배웠다. 안재홍은 학장으로 농업국가 조선의 입체농업의 중요성을 강조하는 강연과 교육을 했다(이기연, 2018).

2) 사회단체와 학습조직 참여를 통한 성인교육활동

자료를 통해서 보면 안재홍은 일제강점기와 해방 5년의 시기동안 다양한 형태의 사회단체와 학습조직에 참여 성인 학습자이자 교육자로서 활동했고 이를 통해 다양한 성과를 냈다.

(1) 동경유학 시절 금연회에 참여하다

일제 강점기 신간회운동을 함께했던 민족변호사이자 해방 후 초대 대법원장을 지낸 김병로의 회고에 의하면 함께 일본 유학을 할 때 안재홍은 자신과 함께 금연회를 조직, 흡연의 문제점을 몸소 알리고 경제적으로 낭비가 없도록 노력했다. 금연회 참여는 훗날 안재홍이 평생 담배를 전혀 하지 않는 습관을 갖게 했다.

> 내가 동경에 건너가 학교에 다니든 때, 당시의 학우로 안재홍, 조만식, 송진우, 김성수 등 여러 사람들이 합의하여 금연회(禁煙會)」를 조직한 일이 있었다. 그 회의 요지로 말하면 아무런 필요성도 업는 흡연을 절대 엄금하여, 경제적으로 낭비를 없이 하자는 것이었다. 한때는 회원이 약 65명 가까이 되었다(삼천리, 1936년 8월).

(2) 태평양문제연구회에 참여하다

안재홍은 1924년 조선일보 주필로 입사 후 조선문제 해결을 위한 학습조직에 참여한다. 그는 1925년 함께 YMCA 활동을 했던 윤치호 · 유억겸 등과 함께 9개 나라 대표자들이 모여 태평양연안의 교육 · 산업 · 정치 · 종교 · 경제 등 여러 문제를 연구하는 태평양문제연구회에 핵심 위원으로 활동했다(동아일보, 1925.11.30).

(3) 조선문제 해결을 위해 조선사정조사연구회에서 활동하다

안재홍은 1925년 백관수, 조병옥 등과 함께 조선사정조사연구회를 조직해서 교육을 비롯해 상업, 공업, 농업, 법제 관련 다양한 분야에서 식민지 현실에 대한 체계적인 이해와 학술 조사, 연구를 통해 식민당국에 문제점을 지적하고 자료 발간과 계몽에도 노력했다(시대일보, 1925.12.27). 이 시기는 안재홍이 언론을 통해 적극적으로 자신의 생각을 피력하던 시기여서 매우 바쁘게 움직였다.

(4) 민족산업 육성을 위해 조선물산장려회 이사로 활동하다

안재홍은 일본 유학 당시 함께 활동했던 평양YMCA 총무 조만식이 주도해서 국산품 애용을 실천하면서 전국적으로 확대된 물산장려회에 서울지역 이사로 활동한다. 당시 안재홍은 언론을 통해 이 운동을 지지하는 글을 발표해서 운동의 확산에도 기여했다.

> 조선인의 물산장려가 생존운동의 중요한 과제인 것은 부인할 수 없다. 조선인의 생산품을 입고 먹고 쓰자는 데에 인위적으로 꼭 국한한다는 것은 도리어 추진의 곤란함도 있겠지만 조선인의 생산을 무슨 방법으로든 다소 장려할 방도가 있다면 서슴지 않고 추진해야 할 것이다(조선일보, 1926년 8월 25일자).

1930년 당시 물산장려회 운동 관련 자료를 보면 이사장은 이종린이고 상무에는 일제의 서울 북촌개발에 맞서 대규모 한옥을 짓고 그 수익을 신간회, 물산장려회, 조선어학회 활동에 기부한 정세권이었다. 안재홍은 유광렬, 오화영, 문일평, 주요한 등과 함께 이사로 활동했다(삼천리, 5호, 1930년 4월).

(5) 조선인본위 교육 실천을 위해 조선교육협회 활동하다

안재홍은 조선민립대학 기성회 재건과 조선교육협회 활동에도 참여했다. 조선민립대학 기성회는 조선인에 의한 조선인 본위의 민립대학을 설립하자는 운동이었다. 이상재 · 이승훈 · 김성수 등이 1922년 창립하였으나 일제의 탄압으로 어려움을 겪었다. 1926년 3월 안재홍은 한기악 · 이종린 등과 함께 민립대학 설립운동의 부활을 시도했다(김형목, 2009). 또한 1927년 조선일보 주필로 11월 '조선교육주간'을 설정 홍보하는데 참여했다. 이는 11월 11일 1차 세계 대전 종전을 기념해서 미국에서 시작한 교육주간의 정신을 수용해서 조선인 본위의 교육, 문맹타파 운동을 고조, 대중교화의 수립을 촉진하고자 했다. 이 당시 안재홍은 '조선교육주간' 결의문 기초위원으로 활동했다. 이 사업은 미국 교육회에서 당시 조선일보 주필 안재홍에게 조선에서의 교육주간 설치를 권고해와 이루어진 일로 조선일보는 동아일보 · 조선교육협회와 함께 조선인 본위의 교육 실천을 내 걸었다(조선일보, 1927.11.11; 중외일보, 1927.11).

(6) 언론지도자로 생활개신운동과 문자보급운동을 추진하다

안재홍은 1929년 5월 조선일보 부사장 시절 민중과 접촉하기 쉽고 그들에게 깊은 성과를 거둘 수 있는 지식 · 의식의 씨를 뿌려줄 수 현실 가능한 실천운동으로 색의단발, 건강증진, 상식보급, 허례허식 폐지, 소비절약 전개라는 5가지 과제를 실천했다. 그는 민족의 독립을 위해 오늘의 일, 현재의 일을 가장 충실 또 엄숙하게 할 것을 강조했다.

> 색의단발, 건강증진, 상식보급, 허례허식 폐지, 소비절약의 다섯가지 과목은 평범한 듯 또 광범하다. 여기에는 수천년 이래 내려오는 강고한 관습의

바위도 있고 전 시기에 걸친 빈궁의 병적 근원도 박혀있다. 이 생활개신의 5과제는 물론 쉬운 일이 아니요, 또 단시일에 완성할 수 없다. 그러나 봉건 쇄국시대의 고루한 잔재인 사회의 제병폐에 관해 먼저 그 도덕적인 개신의 노력이 가장 긴급한 현하의 작업이 된다(조선일보, 1929년 5월 2일자).

안재홍은 현재 조선의 긴박한 과제가 문화의 수직적 상승운동이며 그 대안으로 상식보급운동이 민중 속에 뿌리박는 것이 긴절하다고 인식하고 있었다(안재홍선집간행위원회, 1981). 또한 안재홍은 1929년 7월 14일부터 실시한 일제강점기 최대 규모의 조선일보 문자보급운동도 적극 추진했다. 한국의 문해교육은 일제 강점 하 민족의식을 고취하고 민중 각성을 위한 수단의 하나인 민중교육운동에서 시작되었다(윤복남, 2001). 이 운동에는 첫해인 1929년에 409명이 참여했으며 이 때 기초 한글을 깨우친 사람은 2천 849명이었다. 1930년에는 1만 567명이 한글을 깨우쳤다. 1931년에는 문자보급반 강좌를 개설하고 한글원본 20만부를 인쇄하여 전국 300여 지국에 무료 배포했으며, 강습생은 2만 8백 명으로 늘었다(정진석, 1999). 일제강점기인 1930년 10월 국세조사에 의하면 당시 경기 · 충북 · 충남 · 전북 · 전남 · 황해 등 6도에서 한글 · 일어 독서 불능자는 남자 63.5%, 여자 89.5%로 총 76.1%가 문맹자였다(이계형 · 전병무, 2014). 당시 자료를 보면 안재홍의 부인을 포함해서 일제강점기 주요 민족운동지도자의 부인조차도 대부분이 문맹이거나 겨우 한글을 아는 정도로 특히 여성의 문맹은 심각한 상황이었다.

여운형씨 부인도 비록 신문의 언문난은 겨우 보지만 정규의 학력은 없는 분, 천도교 권동진씨 부인도 여기에 해당하는 분이다. 송진우씨 부인도 언문 정도, 방응모씨 부인도 언문정도, 최근 돌아가신 이동휘씨 부인은 한글을

> 모르고 미국 이승만씨 부인도 글자를 써 보이면 한글을 모르고, 김좌진씨 부인은 언문 편지는 쓰며 김병로씨 부인은 한글을 아는자보다 모르는 자가 많다. 상해 김구씨 부인도 역시 무식쟁이이고 홍명희씨 부인도 언문 정도며 신흥우씨 부인, 조만식씨 부인, 길선주씨 부인도 모두 문맹의 동지들이다. 김성수씨 부인, 안재홍씨 부인 모두 글 모르고 살아간 뱃심 좋은 분들이다. 조선사회의 대선생들께서 부인의 무식이 공표된다면 그 현실폭로의 비애에 양미간을 찡그리실 근심이 있을 것이다(삼천리, 제63호, 1935년 6월).

안재홍은 민족교육의 기초를 문맹퇴치로 보고, 민중의 배움에 대한 열망을 자극해야 진정한 민족독립의 토대가 형성 될 것으로 보았다.

(7) 우리말 수호를 위해 조선어학회 회원으로 활동하다

안재홍은 한글수호에 대한 남다른 애정을 가지고 조선일보 부사장 시절인 1929년 10월 31일 조선교육협회에서 발기인대회를 개최한 조선어사전편찬위원회에 동생 안재학과 함께 참여한다. 한글학자 주시경의 제자들이 주축이 되어 만든 이 편찬위원회에는 안재홍을 비롯하여 조만식, 김성수, 이승훈, 윤치호, 이종린, 허헌, 송진우, 신석우, 안희제, 박승빈, 유억겸, 김활란, 김법린, 백린제, 최규동, 이필주, 최두선, 이만규, 이상협, 민태원, 주요한, 한기악, 홍명희, 정인보, 정칠성, 유각경, 박한영, 권덕규, 최현배, 김윤경, 장지영, 이병기, 정열모, 홍기문, 방정환, 백락준, 이광수, 양주동, 염상섭, 변영로, 현진건, 이은상 ,전영택, 백관수, 이극로 등 당시 국내에서 활동하던 주요 지식인들이 대거 참여해서 한글사전 간행에 대한 뜨거운 관심을 표현했다(신한민보, 1929년 11월 28일자).

또한 안재홍은 이후 줄곧 조선어학회 회원으로 활동했다. 안재홍은 민족

정체성의 핵심어로 '민족정기'를 주장했으며 그 뿌리가 되는 것은 한글과 조선 역사라고 확신했다. 1934년 '조선어표준어사정위원회'에 이극로, 최현배, 이희승 등과 함께 참여, 일제 강점기 민족문화와 한글수호에 힘쓰고 한글 맞춤법 제정과 우리말 큰사전 간행에 힘썼으며(매일신보, 1934년, 12월 30일자), 안재홍 등 조선어표준어사정위원회는 1935년 1월 2일부터 5일까지 충남 아산의 온양온천에서 회의를 개최하고 함께 현충사를 참배하기도 했다(매일신보 1934년 12월 30일자). 안재홍은 일제가 말살하려고 하는 민족정신의 상징인 한글의 중요성을 일깨우기 위한 성인교육 활동에도 적극 나섰다. 그는 우리말 사전 기초위원으로도 활동했으며 1942년 10월 1일 일제의 작으로 체포가 시작된 조선어학회 사건으로 옥고를 치른다(박용규, 2012).

> 조선땅에서 자라난 조선사람의 넋으로 심어져나온 조선마음의 결정인 조선말과 및 그의 표상이요 기호인 조선글은, 조선사람의 운명 그것과 한가지로 따라다닐, 조선 사람의 가지고 있는 최대한 보배요 최귀(最貴)한 기념품인 것을 생각할때, 이날은 더욱 새롭게 더욱 의의깊게 기념하고 축하하지 아니할 수 없는, 민족적으로 그리고 민중적으로 중대한 날이 되는 것이다. 이날을 이름지어 '가갸날'이라 하니, 조선내 나고 조선빛 나고 조선소리 울려나는 가장 조선적으로 된 조선인의 영원한 기념일(紀念日)이 되어야 할 것이다(조선일보, 1926년 11월 4일자).

(8) 나병 환자를 위한 조선나환자구제연구회 활동에 참여하다

안재홍은 최흥종이 주도한 조선나환자구제연구회에도 적극 참여했다. 1928년 최흥종의 노력으로 규합된 동지 38명은 취지문을 채택, 공포하고 조선나병근절책연구회를 발족시켰는데, 당시 조선일보 주필이었던 안재홍은 당시 취지문을 기초했으며 그 내용은 민족의 자존과 독립정신을 담고 있다. 이어 1931년 9월 24일 종로기독교청년회관에서 조선나환자구제연구회가 정식 창립되었다(동아일보. 1931년 9월 26일자).

> 조선인의 민중적 보건의 중요한 부문적 운동으로서 문둥병자의 격리보호와 그 병원(病源)의 근절운동 같은 것은 매우 긴급한 것이다. 조선나환자구제연구회는 성립 직후 한동안 지연된 바 있었으나 1932년의 계승사업으로 반드시 완성을 요하는 한 가지 조건이다(조선일보 1932년 1월 5일자).

(9) 충무공 정신 선양을 위해 이충무공유적 보존회 활동에 참여하다

동아일보가 실무를 맡아 중심으로 1931년 5월 충무공유적보존회가 창립되었다. 안재홍은 남궁억, 조만식, 한용운, 정인보, 김병로, 송진우 등과 함께 15인의 추진위원으로 참여했다(동아일보, 1931년 5월 25일자).

> 일제강점기 언론계에서 충무공을 가장 높게 평가하고 추앙한 사람이 안재홍이었다. 그는 충무공의 생신날이면 해마다 그의 기사와 사진을 잊기 않고 충실하게 그 지면에 게재하고 머리위에는 충무공의 초상을 모시며 늘 흠모했다(별건곤, 42호, 1931년 8월). 그는 충무공에게 우리가 배울 점으로 근신(謹愼), 주밀(周密), 정열(精烈), 진지(眞摯), 영명(英明), 강용(剛勇)한 가운데에도 크고 작은 온갖 일에 힘껏, 재주껏, 지성껏, 할 수 있는 최대한의 능력을 남김없이 발휘한 절대적 책임지상주의를 꼽았다(삼천리, 60호 1935년 3월).

(10) 해방 후 신생 대한민국 교육발전을 위해 조선교육연구회에 참여하다

안재홍은 해방 후 건국준비위원회, 국민당 창당, 신탁통치반대운동 등 바쁜 정치일정 가운데도 신생 대한민국의 교육 방향 제시에도 꾸준하게 관심을 가지고 조선교육연구회를 조직·활동했다. 신교육 운동을 표방한 이 단체의 중심인물은 안재홍을 비롯해서 안호상·손진태·최현배·조윤제 등이다. 대체로 식민사관에 맞서 조선 역사와 문화의 정통성을 강조해온 인물들로 일제 강점기 안재홍과 조선어학회 활동에 참여하고, 조선학운동, 신민족주의 등에 상호 교감이 깊던 인물들이었다. '새 조선은 교육에서'라는 슬로건을 내걸고 민주주의, 역사·문화교육 연구를 목표 활동했으며 민주주의 교육과 민족 교육을 강조하였다(홍웅선, 1992).

(11) **미군정청 조선교육심의회 교육이념분과장으로 활동하다**

안재홍은 1945년 10월부터 활동했으며 해방 후 현재까지 한국교육에 영향을 끼친 미군정청 조선교육심의회에 정인보, 김활란, 백낙준 등과 함께 신생 대한민국의 교육이념을 제시하는 제1분과의 위원장을 맡아 활동했다(김석준, 1996: 김상훈, 2018). 미군정은 1945년 9월 6일 조선교육위원회를 11월에는 이를 확대해서 조선교육심의회를 조직 신생 한국의 교육이념, 교육제도, 교육내용에 대한 본격적인 방향을 수립 한다. 6-3-3-4학제, 미국식 대학제도에 기초한 한국의 대학제도 등이 조선교육심의회에서 결정됐다(이해숙, 2009). 현재 대한민국의 국가교육이념은 홍익인간(弘益人間)이다. 이것은 1945년 12월 20일 조선교육심의회에서 확정되었다. 안재홍은 홍익인간의 건국이념에 기초하여 인격이 완전하고 애국정신이 투철한 민생국가의 공민 양성을 조선교육의 근본이념으로 제시하였다(동아일보, 1945. 12. 25: 허대녕, 2009). 현재 대한민국 교육의 근간을 이루는 국조 단군의 '홍익인간' 교육이념 확정은 당시 교육이념분과장 안재홍의 영향이 컸다(허대녕, 2009).

(12) 국민후생협회와 한글문화보급회 등 학습조직에 참여하다

안재홍은 일제강점기 생활개신운동을 주창하며 건강증진의 중요성을 강조했다. 그는 1946년 6월 해방 후 귀국한 수백만의 해외동포와 오랫동안 전쟁에 시달린 전 국민의 보건과 후생에 힘을 쓰고자 교육 · 체육 · 종교계 인사가 창립한 국민후생협회에 주요 발기인으로 참여했다. 이 단체는 해방직후의 혼란기에 보건 후생에 관한 연구조사와 보건 교육에 힘썼다(동아일보, 1946. 6. 3). 또한 안재홍은 해방이후에도 한글 사랑을 실천했다. 그는 1949년 10월 일제의 억압으로 금지당했던 한글을 널리 보급하기 위해 속성으로 지도자를 양성하는 한글문화보급회 명예위원장으로 한글 사랑을 실천한다. 그는 조선의 말은 문화세계의 하나의 지극히 보배로운 존재인 것으로 말은 그것이 그대로 도의(道義)요 철학이요 끝없는 가르침이라고 강조했다(한성일보, 1949년 10월 9일자).

4. 안재홍의 온정적 합리주의 리더십

1) 온정적 합리주의 리더십의 의의

성인교육자는 성인이 사회적, 정치적, 전문적인 영역에서 성장하고 발전할 수 있도록 교육활동을 제공하는 사람이다(배을규, 2006). 따라서 성인교육자가 이런 역할을 제대로 수행하기 위해서는 지속적으로 리더십 역량을 계발, 강화하는 것이 필요하다. 21세기 지식정보화 사회에서 성인교육자 리더십 개발을 위해서는 리더십 프로그램의 중요성을 인식하고, 각종 주제중심의 교육프로그램 속에 리더십교육을 연계하며, 리더십이론과 실제 현장과 조화를 목표로 하고, 경험을 통한 리더십 개발과 리더십을 중시하는 조직문화의 확산이 중요하다(김정일, 2003).

전통적으로 성인교육자의 리더십은 개인적 특성 이론, 행동 이론, 거래 이론, 조직문화와 리더십, 변혁적 리더십, 성과문화와 차이의 리더십, 윤리적 리더십 등이 제시되어 왔다(최은수, 2006). 그러나 이런 전통적 리더십은 성인교육자와 성인학습자의 상호작용을 근간으로 하는 윤리성, 자유성, 평등성, 공정성의 가치를 실현하고자 하는 성인교육의 준거 가치를 제대로 반영하지 못하는 한계를 가지고 있다(최은수, 2011). 이에 따라 성인교육자의 새로운 리더십 개념으로 합리주의를 바탕으로 하되 온정주의를 보완 · 융합한 '온정적 합리주의' 관점의 중요성이 커지고 있다. 온정적 합리주의 리더십은 온정주의와 합리주의가 통합된 개념으로 각각의 한계점을 보완한 새로운 패러다임의 리더십이다(최은수, 2011). 이것은 합리주의를 기반으로 하면서 상황에 따라 온정을 베푸는 새로운 패러다임의 리더십이다.

온정적 합리주의 리더십(Compassionate Rationalism Leadership)은 이성적 상황 판단, 전략적 예측, 논리적 문제해결, 최적화 수행관리와 같은 합리주의 패러다임을 근간으로 하되, 포용적 겸손, 공감적 배려, 이타적 협력, 신뢰기반의 임파워먼트와 같은 온정주의 요소로 보완한 리더십 특성을 가지고 있다(최은수 외, 2018).

이러한 온정적 합리주의 리더십은 이성과 감성, 영성이 어우러지는 홀리스틱한(holistic)한 리더십 접근으로 인성을 중시하는 동양적 패러다임과 실적과 성과를 강조하는 서양적 패러다임을 종합한 특성을 가지고 있다(강찬석, 2016). 최근 '통섭'과 '융복합'의 중요성이 강조되고 있다. 이는 보수 · 진보를 넘어서 타자의 장점을 이해하고 수용하려는 현실적 변화 노력이다. 세계의 변화도 더욱더 다양성이 증대되고 있어 상황에 대한 복합 사고에 능한 복합력을 키워 나가야 한다(하영선, 2011). 그런 의미에서 이성과 감성, 동양과 서양을 동시에 보려고 하는 온정적 합리주의 리더십은 리더십 패러다임 전환의 시대 흐름과도 맥이 닿아 있다.

최은수(2014)가 개발한 온정적 합리주의 리더십 측정도구인 CRLQ (Compassionate Rationalism Leadership Questionnaire)는 2개의 차원, 즉 합리주의 리더십과 온정적 합리주의 리더십의 각각 4개의 하위요인으로 구성되어 총 8개 하위요인으로 구성된다. 합리주의 리더십의 구성요인으로는 이성적 상황판단, 논리적 문제해결, 최적화된 수행관리, 전략적 예측이다.

첫째, 이성적 상황판단이란 조직의 현 상황을 이성적으로 판단하여 최적의 대안을 결정하는 것이다. 둘째, 전략적 예측은 조직의 현재 모습 분석을 통하여 미래의 모습을 예상하면서 달성 가능한 목표를 수립하는 것이다. 셋째, 논리적 문제해결이란 조직의 현 상황을 파악해서 문제점을 분석하고 최상의 해결방안을 모색하는 것이다. 넷째, 최적화 수행관리란 조직이 보유하고 있는 인적 · 물적 자원을 파악하고 효율성 증대를 위한 최적의 방안을 제시하는 것이다.

온정주의 리더십의 구성요인으로는 공감적 배려, 포용적 겸손, 공감적 배려, 이타적 협력, 신뢰 기반 임파워먼트이다. 첫째, 포용적 겸손은 구성원을 대할 때 자신을 낮추고 공손한 태도로 진실하게 대하는 것이다. 둘째, 공감적 배려란 리더가 조직구성원의 처지에 관심을 두고 구성원 입장에서 상황을 이해하고 배려하는 것이다. 셋째, 이타적 협력은 리더가 자신의 이익을 버리고 조직의 이익을 위하여 순수한 마음으로 조직의 발전을 위하여 자신을 희생하고 헌신하는 것이다. 넷째, 신뢰 기반 임파워먼트는 구성원들에게 진정성 있는 언행을 통하여 얻은 신뢰를 기반으로 하여 구성원들에게 권한을 위임하고 조직의 의사결정에 구성원들을 적극 참여시켜 구성원들이 성장할 기회를 부여하는 것이다.

2) 안재홍의 온정적 합리주의 리더십 실천 사례

(1) 안재홍 리더십의 합리주의 실천 사례

■ 이성적 상황판단

1919년 3·1운동 이후 새로 임명된 조선총독 사이토는 조선지배를 위해 문화정치를 표방하고 행정상의 형식주의 타파, 조선인민의 수용, 조선인 전통의 존중, 지방자치제도 실시를 약속했으나 이는 동화주의 지배체제를 실현하기 위한 방법상의 전환에 불과했다(유지아, 2018). 이후 1920년대 중반이후 국내에서는 동아일보 김성수, 송진우, 천도교 최린 등을 중심으로 독립을 포기하고 일본으로부터 자치권이라도 얻자는 자치운동이 확산되고 있었다. 당시 자치파들은 큰 희생없이 자신들이 원하는 체제를 얻으려고 하였다(조규태, 2018). 안재홍은 당시 이런 자치론의 역사인식을 이성적 상황판단이 아니라고 비판했다. 이를 그는 일제의 동화정책을 추종하는 것으로 파악하고 이들 타협적 민족주의자에 맞서 비타협적 민족주의자와 사회주의자들의 공동전선을 주장했다. 그는 자치론에 맞서 정치적 기치를 분명히 하고 독립운동 세력이 절대독립을 위해 힘을 모을 것을 호소했다.

> 순수한 민족운동으로부터 사회운동으로 방향을 전환해 우리 해방전선에 양대진영(비타협적민족주의와 사회주의)이 함께 가는 것을 보게된 것은 당연한 형세이다. 그 정전(征戰: 일제에 대한 투쟁)의 과정에 있어서 견고한 공동전선의 편성을 절규하는 바이다. 우리의 진지(陣地: 독립운동의 전선)

를 숙청(肅淸)하자! 그의 혼돈(混沌)한 전선(戰線)을 정리하자(조선일보, 1925년 1월 21일자).

그러나 1920년대 후반 민족운동사에 큰 역할을 하며 1929년 광주학생운동을 전국화하여 항일의식 고취에도 힘쓴 신간회는 내부 갈등과 일제의 분열 공작으로 1931년 초부터 사회주의자들이 주도해 해소론이라는 위기를 겪는다. 당시 조선일보사의 안재홍은 신간회 반대론의 선봉에 섰으며 잡지 『삼천리』는 신간회 신임 간부진의 정책 전환과 관련해서 해소 반대여론 조성에 힘을 기울이기도 한다(김기승, 2018). 그는 신간회 해소를 비판하고 "(신간회) 해소한 뒤에 무엇을? 또 어떻게 할 것인가? 현실적으로 강고한 대중적 투쟁을 조선의 엄숙한 현실에서 확립할 수 있는가?"(조선일보 1930년 12월 26일자)라고 반문하며 "상호불신임과 상호중상과 상호폭력적인 알력(軋轢)은 사회의 역량의 자기 파괴와 훼손 밖에 아무 수확이 없을 것이다"(삼천리, 1930년 7월)라며 사회주의자(국제주의자)의 해소론을 적극 비판한다. 신간회 해소는 당시 민족운동의 커다란 분열을 가져왔기에 안재홍의 신간회운동과 신간회 해소론 반대는 리더로서 이성적 상황판단을 한 예로 볼 수 있다.

안재홍은 일제가 동화론의 근거로 내세운 한민족과 일본이 같은 뿌리라는 일제가 날조한 대표적 식민사관인 일선동조론을 극력 비판한다. 그는 조선인과 일본인을 인종적으로 다르다고 구별해서 관찰하는 것은 편협한 생각이 아니고 엄숙한 사실임을 인식해야 한다고 주장했다(조선일보, 1929년 10월 16일자). 이런 일제의 간교한 동화정책과 식민사관 유포에 맞서 그는 부단하게 조선인의 각성과 단결을 촉구했다.

조선인은 각 사람이 모두 각각 조선인의 생존문제에 관하여 최대 또는

> 최선의 관심을 가지고 있는가? 조선인은 허락된 조건에서 최대한 합의와 성심으로 상호부조의 결속을 하는가? 조선인은 사람 사람이 각자의 최적한 일을 골라서 모든 불리를 무릅쓰고 그에 정진할 열의와 정성이 있는가? 실로 조선인에게 크게 외치고 싶은 일이다(조선일보, 1932년 2월 2일자).

안재홍은 이성적 상황판단하에 일제 강점기 당대 현실을 분석하면서 조선의 세 가지 큰 병으로 유교에 대한 지나친 숭배로 이것이 다른 모든 사상을 무시했으며, 과학기술의 발전을 저해하고 권력 다툼에 이르러 큰 피해를 준 것을 비판했다(조선농민, 43호 1930년 5월). 또한 청년들에게 비관적 생각에서 벗어나 이성적이고 냉정한 태도로 세상의 변화에 대해 자신감을 가지라고 촉구했다.

> 공허한 눈물과 한탄은 우리의 앞길에 조금도 유익할 것이 없다. 다만 세상의 변화를 잘 살펴 우리의 앞길을 개척하는 것이 제일 좋은 비책일 것이다. 우리의 쇠퇴의 현상만 보고 비관할 것이 아니라 청년의 행동, 학생의 원기발랄한 것을 잘 보아서 우리 장래를 낙관할 것이다. 쇠퇴한 경성(서울)만 보지 말고 신생명이 잠재해있는 경성을 잘 살필 것이다. 우리의 살 길이 어디에 있는지(별건곤 23호, 1929년 9월).

■ 전략적 예측

안재홍은 일제의 조선통치의 근본을 분석하고 향후 일제의 정책이 어떤 변화가 있을 것이며 이에 따른 조선민족의 대응을 강조했던 지도자였다. 안재홍은 소위 일제의 문화통치가 한창인 1925년 이미 일본의 동화정책에 따른 조선어 말살 정책이 추진됨을 예측하고 이에 대한 조선 지식인의 대응을 촉구한다. 그는 일본 문화통치의 허상과 본질을 꿰뚫고 그에 대한 선제적 대응을 강조하면서 일본어 편중교육을 의붓자식의 교육, 노예교육이라고 비판했다.

> 조선인이, 스스로 그 자연의 국어(조선어)를 폐기하고 일본어에 동화할 이유가 없는 것은, 내가 예를 들어 증명할 필요가 없다. 일본인이 강대한 권력의 압박으로 조선어의 사용을 금지하고 일어의 보급을 조장하여 조만간에 그 동화정책의 효과를 즐기려 하나, 그는 결국 공허한 망상에 그칠 것이다. 일본어 편중의 교육은 의붓자식의 교육, 노예의 교육을 의미한다(조선일보, 1925년 5월 29일자).

일제는 또한 단군에 대한 부정을 통해 동화정책을 확산하려고 했다. 이를 간파한 안재홍은 일부 친일학자들의 단군의 존재를 회의 혹은 부인하는 것은 편견에 불과하고 국조 단군의 이념인 홍익인간(弘益人間)이야말로 자기희생과 자기발전의 이념적 표식이고 상부상조와 사회협동의 영원불변할 지도원리라고 강조했다(조선일보, 1935년 10월 29일자). 그리고 단군 부정에 맞서 스스로 고대사연구에 몰두하며 단군의 역사적 실체를 찾아서 마니산, 구월산, 백두산, 무등산(서석산) 등을 찾아 답사하고 그 결과물을 언론기고 등을 통해 알려나갔다.

■ 논리적 문제해결

1931년 5월 16일 신간회 해소 이후 일제의 탄압이 심해지면서 독립운동은 급격하게 위축되기 시작하자 안재홍이 최선한 차선책으로 실천한 것이 조선학운동이다. 안재홍은 조선문화의 특수성을 인식하고 조선문화에 조선색을 다시 인식하자고 강조했다.

> 조선인의 문화적 정진을 위해 일층의 노력을 하고 특별히 독자적인 향토적 풍토적 자체 문화의 색소를 재인식하고 또 새롭게 파악해서 순화, 심화, 정화하도록 각별한 노력을 해야 하겠다는 것이다. 조선문화운동에로! 조선문화에 정진하자! 조선학을 천명(闡明)하자!(신조선 8호, 1935년 1월).

또한 그 구체적 실천 방안으로 전민족의 참여를 이끌기 위해 일정한 자산이 있고 사회민족에 공헌하여 문화의 기공탑(紀功塔)에 썩지 않을 자취를 남기고 싶은 사람은 한글 어문정리의 완성과 그 구체적 실천으로 조선어사전 편찬과 간행을 적극 후원해야 한다고 강조했다(조선일보 1936년 3월 26일자). 아울러 시가 소설 문예비평 또는 사학상의 저술로서 조선인의 심금을 가장 잘 표현하여 조선문예작품으로 찬연히 빛 날 수 있는 작가에게 상을 지원하는 조선문화상금론을 주창하기도 했다(조선일보, 1936년 3월 27일자). 또한 선민의 저술 중에 각 분야에 우수한 책을 수집 인쇄하며 조선연구에 중요한 문헌으로 삼는 우량문헌 간행의 필요성도 강조했다(조선일보 1936년 3월 28일자).

또한 당시 화폐 100만 원 정도로 문화건설의 기초를 튼튼하기 하기 위해 현재의 문화재단과 성격이 유사한 조선문화건설협회를 결성, 일정한 기금을 마련 기업적 형태로 조선문화의 연구 음미, 선양을 주임무로 하며 조선사의 연구 비판, 저작출판, 선민저술의 연구와 간행, 문화관련 조사 등이 필요함을 주장했다(조선일보 1935년 6월 19일자). 안재홍이 주도한 이 조선학운동에는 처음 다소 비판적이었던 사회주의 계열의 지식인이었던 백남운, 최익한, 김태준도 참여했으며 이는 1920년대 후반 신간회운동 실패 이후 학술장에서 이루어진 제2의 신간회운동으로 평가할 수 있다. 아울러 이들이 실천한 조선학운동은 조선을 절대화하지 않고 지역으로서의 조선을 보려는 지역학으로서의 조선에 대한 사고의 씨앗을 싹틔운 역사적 의의도 있다(신주백, 2015).

■ 최적화 수행관리

안재홍은 민족지도자로서 일제강점기와 해방공간에 걸쳐 전국 각지를 다니며 계몽 강연과 조직 결성을 통해 당대 사람들에게 커다란 반향을 불러일으켰다. 주요 강연 활동을 살펴보면 그는 1925년 1월 천도교재경학생간친회 주최 강연에 '사안으로 본 동양의 현하'(매일신보, 1925년 1월 30일자)라는 주제의 강연을 했다. 그는 같은 해 2월에도 서울청년회 주최 신춘대강연에 '현하 사회상의 체관(諦觀)'(동아일보, 1925년 2월 1일자)이라는 주제로 강연을 했다. 6월 22일 문우수양회 주최 강연회에는 '역경의 청년'(동아일보, 1925년 6월 22일자)이라는 강연을 통해 청년의 올바른 민족의식 정립을 강조했다. 1926년 4월에는 통영청년회관 강연회에 '남조선의 시각에서'(동아일보, 1926년 4월 24일자)라는 주제로, 연이어 지리산 쌍계사에서 열린 영호양남기자대회에서는 '일념봉공의 기자생활' (동아일보, 1926년 4월 26일자)이라는 주제로 강연을 했다.

> 오후 5시부터 신문강연이 있어 홍군과 함께 간단한 강연을 했다. '일념봉공의 기자생활'이라는 연제였고, 방청인을 합해 자못 성황이었다(조선일보, 1926년 5월 15일).

1927년 2월 15일 신간회가 창립한 이후에는 전국각지를 다니며 강연회를 열었다. 1927년 3월에는 해서지방을 다니며 해주 등지에서 강연회를 개최했다.

> 숙소에서 잠깐 들러 찾아온 여러 사람과 함께 그 후의 대회경과를 들으면서 한참동안 휴식을 취한 후 8시 지나 열리는 강연회장에 갔다. 이층 누각 결구(結構)가 자못 거대한 신명학교 강당을 빌려서 연단을 설치했고, 온 사람이 약 200 여명이라고 한다(조선일보, 1927년 3월 30일자).

1927년에는 4월에 관서기자대회에서 '언론계의 유래와 사회의 필요'(동아일보, 1927년 4월 27일자), 6월 개성학생과학연구회에서 '자연생장과 사회'(동아일보, 1927년 6월 24일자), 9월에는 상주신간회 지회에서 '변동하는 조선'(동아일보, 1927년 9월 8일자)이라는 주제로 강연을 했다. 12월 평안도 곽산 신간회 지회에서는 '민족주의에 관한 운동'(동아일보, 1927년 12월 1일자), 용암포 지회에서 '금일의 민족운동'(동아일보, 1927년 12월 3일자), 신간회 경성지회에서 '조선과 신간운동'(동아일보, 1927년 12월 6일자)이라는 주제로 신간회 운동의 필요성과 민족의식 고취에 힘썼다. 이 시기는 강연과 함께 신간회지회 창립대회의 축사를 겸한 강연이 가장 많은 시기였다. 1934년 7월과 8월 정인보, 박한영과 함께한 40여일간의 삼남지방 답사 후 돌아와서는 9월 다산 정약용 서세 99주기 기념강연에서 '조선사상의 정다산의 지위'(동아일보, 1934년 9월 5일자)라는 주제의 강연을 통해 본격적으로 조선학 운동의 필요성을 역설하며 당시 사회에 식민사관에 맞서 조선정신의 회복을 일깨웠다. 그는 1935년 봄 대학졸업 후 20여년 만에 처음으로 일본 명치대학동창회의 초청으로 동경을 방문 조선유학생들에게 민족의식을 고취하는 강연을 했으며 그들의 의기(意氣)가 대단하고 신뢰할 만하다고 평가했다(삼천리, 1935a).

(2) 안재홍 리더십의 온정주의 실천 사례

■ 포용적 겸손

안재홍은 아량이 깊고 포용력이 큰 지도자였다. 그와 함께 해방 후 반탁운동을 했던 후배 유엽은 안재홍이 민족국가 건설기에 중요한 과제였던 반탁운동을 이끌며 침묵 가운데 의지가 굳었고 흔들림이 없었던 지도자로 안재홍을 기억하고 있다.

> 나는 일찍이 해방 직후 반탁국민총동원중앙위원회 당시 민세 선생을 모신 적이 있다. 백범 선생이 위원장이요 부위원장에 민세 선생과 장택상 선생이셨고 오세창 선생이 비서장이요 내가 그 차장으로 있었다. 매일같이 선생은 사무실에 나오시어 모든 일을 친히 지도하시고 계획하시는 데 몰두하셨다. 침묵하신 가운데도 의지가 굳으셨고 반대와 공격을 받으셔도 흔들림이 없으셨다.... 반탁운동할 때에 우리들 지도하시던 태도가 아직도 기억에 생생하거니와 그 아량과 그 포용력은 우리로서 헤아릴 수 없을 정도로 컸었다 (유엽, 2008 273-274쪽).

안재홍은 수많은 글을 썼지만 부모, 가족 등 혈육에 대한 글을 거의 남기지 않았다. 이는 늘 대의에 충실하며 하루하루를 살아간 안재홍의 자기감정 절제에서 나온 것일 수도 있을 것이다. 안재홍은 근엄하지만 온화했고 겸손하며 책임을 질줄 아는 지도자였다. 그는 조선일보가 경영난으로 어려움을 겪는 가운데 주필과 부사장, 사장으로 재직하는 가운데 일제의 탄압으로 여러 차례 투옥되었다. 이로 인해 신문사 경영은 늘 힘들었고, 안재홍은 조선일보를 다시 살리기 위해 고군분투했다.

이종린씨의 평을 들으면 민세 안재홍씨는 책임감이 매우 깊은 사람이라 한다. 안씨는 출옥(出獄) 이후 말하기를 '조선일보를 원상회복시킬 책임이 나에게 있다'고 책임감 있는 발표를 하였다. 그러나 "내부관계'만도 삼각이니 수습이 용이치 않다'고 한탄하더라고 했다. 그리고 원상회복이 되면 자기는 단연 전원에 돌아가 지낼 마음이라고 자신의 마음을 토로했다 한다(동광, 1932년 9월).

그러나 여러 노력에도 불구하고 조선일보는 경영난을 못 견디고 결국 평안도 출신의 광산왕 방응모에게 인수되었고 후에 사장은 안재홍의 일본 유학동기이자 항일운동의 동지였던 조만식이 맡아 안정을 찾게 된다. 안재홍이 조선일보 전(前) 사장이었지만 이후 1936년까지 조선일보 객원으로 계속 글을 쓸 수 있었던 것은 이런 안재홍의 능력과 신문에 대한 애정, 치열한 항일 정신과 겸손하고 순정한 생각을 높이 평가했던 방응모나 조만식 등의 이심전심과 지지가 있었기에 가능했다.

흥미를 끄는 것은 안재홍이 1920년대 후반 당시 신흥 갑부로 재계 거물로 이름난 화신백화점 대표 박흥식의 비행기상 주례를 맡았다는 점이다.

박흥식씨의 저택은 계동에 있는 조선식과 양식을 절충한 호화로운 집이다. 그의 부인은 미모가 있는 분으로 유명하고 결혼식도 최초로 5, 6년 전 비행기 위에서 거행하였는데 그 때의 주례는 지금은 감옥에 있는 민세 안재홍이었다(삼천리, 1933년 10월호).

보통 주례는 신랑 신부가 가장 존경하는 인물을 상징적으로 선정하는 것이기에 경제왕 박흥식이 당시 조선일보 주필 안재홍을 주례로 한 것은 박흥식이 제지업에 진출 해외신문용지를 수입한 개인적 인연도 있겠지만, 안재홍의 지조있는 삶에 대한 박홍식의 존경심을 느끼게 하는 부분이다.

안재홍은 포용을 실천한 지도자였다. 그는 자신이 9번 투옥당한 항일운동가였지만 해방 후 소위 친일행위자, 즉 반민자 처벌에 대해서는 관대한 태도를 취하고 이름 없는 자나 악질적 행위를 하지 않은 인사에게는 관용을 베풀 것을 주장했다. 이를 통해 그는 건국시기에 친일문제로 인한 갈등을 해소하고 소극적 친일 인사들에게 자신의 능력을 활용 새로운 국가 건설에 기여할 수 있는 기회가 마련되기를 바랬다.

> 반민자 처벌의 원칙은 첫째, 저명한 핵심인사를 신속하게 엄벌하는 한편 이름 없는 자에게는 되도록 관용할 것 둘째, 면치 못할 직위에 관련되고 자발적 악질이 아닌 자에게는 관용할 것 셋째, 정실과 세력관계에 제약되어 만일의 불공평이 절대 없어야 할 것 넷째, 파벌감정으로 인한 중상모략에 현혹되지 말 것 다섯째, 용의자로서 실제의 죄상이 없는 자에게는 사면을 도모할 것 등이다(새한민보 1949년 2월자).

안재홍은 1945년 8월 16일 오전 10시 경성방송국(현 KBS 전신)을 통해 국내 민족지도자를 대표해서 해방 연설을 했다. 2011년 4월 회고에서 당시 상황을 한국 1호 방송 기자 문제안씨는 이렇게 증언하고 있다.

> 1945년 8월 15일 해방은 되었지만 국민들은 그 사실을 대부분 잘 몰랐어요. 방송을 통해 나오는 해방 만세 영상은 대부분 8월 16일 이후의 일입니다. 그래서 16일 아침에 지금의 현대 계동 사옥 앞에서 민족지도자들이 함께 첫 만세를 부르고 오전 10시에 제가 근무하는 경성방송국을 통해서 안재홍씨가 첫 해방 연설을 하셨지요. 제가 안재홍씨 방송 당시 역사적인 그 자리

> 에 있었어요. 감격스러운 순간이었지요. 당시 국내에 존경받는 민족지도자로 여운형과 안재홍씨 등 몇 분 없었어요. 그래서 대표로 해방된 감격과 함께 우리 민족의 나아갈 길을 말씀하셨지요. 이날 연설방송을 마치고 오후에 휘문중학에 가서 여운형씨와 함께 해방 기념 군중연설도 하셨어요(문제안, 2011, 안재홍 관련 증언 녹취자료).

안재홍의 해방연설은 민족지도자로서 포용력을 보여주는 명연설로 알려져있다. 그는 이 연설을 통해 한일관계의 미래를 생각해서 본국으로 돌아가는 일본인들에게 폭력적인 행동을 자제할 것을 호소했다.

■ 공감적 배려

안재홍은 주변 사람들에 대한 배려에 힘썼다. 조선일보에서 함께 활동한 후배 기자 김을한은 추운지방으로 떠나는 자기를 위해 손수 민세 자신의 내복까지 챙겨준 배려 깊은 선배 언론인으로 민세를 회고하고 있다.

> 조선일보 기자로 있었던 1928년 9월 초 어느날 저녁이다. 조선일보사에서 신석우 사장, 안재홍 주필, 한기악 편집국장, 송진우 동아일보 사장, 김병로 조선변호사회 회장등이 모여 함경남도 장진에서 발생한 군수와 경찰서장의 이 지역 토지 강제매수에 저항하는 농민 검거 사건의 공동 취재 관련 회의가 있었다. 장진 농민들이 자기들의 어려움을 도와 줄 곳은 변호사와 신문기자 밖에 없다고 생각해 응원을 청해온 것이다. 당시 조선일보는 재정난이 심해서 출장여비조차 구하기 쉽지 않았다. 다행히 여비는 조선변호사회에서 지원해주기로 했다. 그런데 매우 추운 지방에 가야하는데 겨울내복을 살 돈도 없었다. 그래서 민세에게 이야기했더니 나를 보고 자기 집으로 가지고 했다. 안방으로 들어간 그는 한참만에 나오더니 이거 내가 작년에 입던 것인데

> 가지고 가요 했다. 민세 선생이 얼마나 대기자였던가 생각하게 한다(김을한,1991 442-447쪽).

안재홍은 검소하고 솔직하고 소탈한 성품을 가진 지도자였다. 그는 화려한 옷을 입지 않고 명주바지에 만족하면서 재물에 대해 탐하는 일이 없는 지도자였다. 마음속에는 거대한 뜻을 품고 이를 실천하기 위해 분망했으나 행동거지는 단순해서 스스로 마음의 평정을 유지하려 힘썼다. 그는 검소하게 입고 먹으며 모은 것으로 항일운동 동지들 자녀의 학비를 지원하기도 했다. 한국 최초의 여기자로 민세와 가깝게 지냈던 최은희는 이렇게 회고하고 있다.

> 그는 명주에 검정물을 들여서 회색 명주 안을 받친 솜두루마기를 즐겨 입었고 회색 명주바지에 바르스름하게 옥색물을 들인 명주마고자와 저고리를 지어드리면 만족했다. 그의 근엄한 성격은 여자 손님들이 자택 방문을 받으면 못에 걸어두었던 두루마기를 떼어입고 책상 하나를 사이에 둔 다음 무릎을 꿇고 앉아 응대하면서도 시골서 부인이 보낸 짐을 풀면 "야 재숙아 이 연두이불 곱지, 내가 너의 형님더러 이렇게 해달랬다" 하고 가정에서는 어린 누이동생들과 어울려 천진스럽도록 동심을 발휘한다는 것이다. 나는 그의 솔직하고 담박하고 소탈한 인간성에 경의를 표하고 격의없는 의논상대로 훈수를 받은 일이 많았다(최은희, 1991 448-457쪽).

■ 이타적 협력

안재홍은 미래 지도자의 참모습으로 동시대 대중과 함께 호흡하면서, 일제 식민지로부터 벗어나기 위한 다양한 조직을 만들고 다양한 이해관계를 조정하고 집중하는 협력과 소통의 지도자가 중요하다고 강조했다.

과거의 선구자가 인민의 일부에서만 놀고있던 대신 장래의 선구자는 대중적으로 진출하여야 하는 것이다. 또한, 과거의 선구자가 사회의 기성 세력층의 일부 혹은 대부를 동작시킴으로 결과를 이루나, 장래의 선구자는 조직 결성에 주력하게 될 것이며 각 방면 사람의 각종의 이해를 목표로써 점층적 집중 및 진출을 하도록 할 것이라고 믿습니다(평화와 자유, 1935년 1월).

안재홍은 일평생 협동, 협력을 강조했다. 그는 당시 국내에 만연한 지방열, 지역주의를 비판하고 "향토 감정에서 지배되는 파벌심리가 차차 선명해져서 지방열(地方熱)이되 그것이 배타적 형식으로 표현되어 완전한 파쟁단체(派爭團體)로서 존재하게 되는 것"(조선지광, 1927년 10월)이라며 민족적 단결과 협력을 호소했다. 그는 또한 일제의 강점에 맞서 민족주의자와 국제주의자(사회주의)가 각자 자기의 위치에서 함께 나가고 "각길로서 한곳에" 할 필요가 있다고 강조했다(조선일보 1930년 1월 1일자).

■ 신뢰기반 임파워먼트

동시대를 살았던 시인 황석우는 안재홍을 당대 조선의 덕망 있는 인격자, 남에게 거짓말도 못하고 남의 잘못은 자기의 부족하게 생각한 것으로 여기는 겸손한 인간으로 평가하고 있다. 안재홍은 사람에 대한 신뢰를 가지고 지도적 리더십을 발휘했다.

(안재홍) 이분은 요순때의 양반이다. 정거장 대합실 의자위에다 우의와 옷보퉁이를 놓고 "저기 청년회 좀 갔다 옵시다", "이 보둥이들은 어떻게 하구", "그대로 두고가지!", "누가 집어가면 어떻게 하우", "으응 남의걸 누가 집어가?" 하는 어수룩한 양반님! 그는 호인(好人), 중망(重望)이 두터운 사람

당대 조선의 덕망 있는 젊은 인격자. 이 분은 일생중에 그 시골 마나님 이외에는 남의 수색시 손목 한번 못잡어본 양반—(동경서 무슨 외인 한번인가 있던 외에는) 담배도 먹지 못하고 남에게 거짓말도 못하고 남의 빰한번 쳐보지도 못한 사람. 그러나 이 이는 남의 잘못 곧 자기가 부족하게 생각한것으로서 그 수첩위에 한번 올린다면 몇십년이 되어도 그것으로 쉽게 잊어버리지 안는 모양(삼천리 25호, 1932년 4월).

속필의 대기자로 사설 한편을 10분 만에 썼던 안재홍은 언론인으로 그를 따르고 존경하는 기자들이 많았으며 함께하는 동지들을 믿음으로 대했다.

해내 해외를 통털어 이 땅의 선구자중에서 안재홍씨는 사회현상에 대한 시야가 넓고 문화에 대한 창의적인 비판력을 가진 점에서 가장 찬연히 빛나는 이라 할 것이다. 그의 지식의 규모는 많은 봉우리중에 초연히 솟아오른 큰 산과 같이 그 스케일이 크고 넓다. 그는 환하게 웃는 호인적인 그 인상과는 반대로 지극히 야심만만한 사람이다. 지식에 대한 야심, 일에 대한 야심에 있어 그는 누구에게도 지지 않을 것이다. 나는 씨가 견지동에서 신문사가 경영난에 빠져 불행히 구호의연금 사건에 그가 연좌될 직전까지, 그러한 수난기에 처하고서도 유유자적해, 밑에 사람들에 대하여 조금도 초조의 느낌을 주지않고, 꾸준히 지도하면서 나아가는 기개있고 의연한 지도자적 풍모를 볼 수가 있었다. 밑에 사람을 동지와 같이 사랑하고 모든 사람에게 겸손한 태도도 학자적인 점이 많아 존경의 생각을 더하게 하는 것이다. 그가 조선일보 부사장 및 사장시대에 사설은 거의 전담하다시피 해서 거의 전부를 혹은 일주일에 4~5회를 방문객과의 담소간에 쓴 것은 일반인이 놀라워하던 바이다(삼천리, 60호, 1935년 3월).

1948년 봄 민정장관 안재홍은 당시 여성인권 보호차원에서 성매매를 금지하는 공창제 폐지를 추진했다. 그러나 공창제 폐지에 반대하는 성매매업자들의 계략으로 곤경에 처한다. 결국 그는 미군정청의 조사를 받게 되었고 조사 결과 뇌물을 받은 일이 없음이 밝혀졌다. 안재홍은 당시 결백을 주장하며 당대 민중들의 자신에 대한 신뢰를 저버리지 않기 위해 애쓴 자신의 소회를 이렇게 밝혔다.

> 나는 동금액중 일부라도 받은 일 없고 또 받을 의사도 단연 없었다. 일제의 탄압속에서 많은 사람들이 모두 변하되 오직 순박한 민중과 정직한 청년들은 나에게 변함없는 신뢰와 기대가 있었기로 나는 그것만을 감격하면서 힘써 환란을 이겨 그들의 신뢰를 저버리지 않고 한결같이 해방의 날을 기다렸다. 오늘날에 있어 나는 민중의 신뢰와는 반대로 탐욕의 죄를 스스로 무릅쓰도록 양심이 썩어버리지는 아니 하였을 것을 순박한 민중은 인식하기 바란다(조선일보, 1948년 3월 9일자).

5. 결론

지금까지 안재홍의 성인교육 활동과 온정적 합리주의 리더십 실천 사례에 대해 살펴보았다. 연구결과를 요약하면 첫째, 안재홍의 성인교육 활동은 크게 교육기관을 통한 활동으로 서울중앙학교 학감, 중앙YMCA 간사, 여자의학전문학교 설립 추진, 고향 평택에서의 간이 야간학교 운영, 국학전문학교 대학 승격을 위한 '지성회' 조직 활동, 서울중앙농림대학 설립 등의 활동을 확인할 수 있었다. 사회단체를 통한 성인교육 활동으로 태평양문제연구회, 조선

사정조사연구회, 조선교육협회, 조선어학회와 조선어 표준사정위원회, 신간회, 언론민족지도자로서의 문자보급 운동, 조선교육연구회 참여, 미군정청 조선교육심의위원회 등의 활동성과를 분석했다.

둘째, 온정적 합리주의 리더십의 관점에서 안재홍 리더십의 특성을 조명했다. 일제 강점기와 해방시기에 걸친 안재홍의 다양한 활동에는 이성적 상황 판단, 전략적 예측, 논리적 문제해결, 최적화 수행관리와 같은 합리주의의 패러다임을 바탕으로 하되, 포용적 겸손, 공감적 배려, 이타적 협력, 신뢰기반의 임파워먼트와 같은 온정주의 요소로 보완한 온정적 합리주의 리더십 발휘의 여러 예를 확인 할 수 있었다.

이러한 안재홍의 성인교육활동과 온정적 합리주의 리더십은 오늘날 한국 성인교육의 과제 해결에도 다섯 가지 측면에서 시사점을 제공한다.

첫째, 성인교육자 안재홍의 활동과 성인교육 사상은 오늘날 성인교육 지도자들에게 지행합일(知行合一)의 가치가 중요하다는 것을 일깨워주고 있다. 지도자는 학습자와 함께 호흡하며 이상적 모델로서 역량을 발휘해야 한다. 알기 위한 학습에 그치지 않고 변화되고 실천하기 위한 학습의 토대를 마련해야 한다. 안재홍은 성인교육을 통한 개인과 사회의 개조와 변화의 가능성에 대해 확신했으며, 민세라는 호처럼 백성과 함께 호흡하며 성인학습자에 대한 개별적 배려에도 힘썼다. 또한 솔직 소탈한 성품으로 성인학습자와 추종자들에게 성인교육 리더로서 역할을 충실히 했다. 그는 성인교육을 통해 독립과 통일이라는 겨레의 비원을 이룰 수 있다고 확신하고 이를 이론과 실천을 동시에 추구했다.

안재홍은 다양한 학습실천을 통해 일제 식민통치의 근본을 파악하고 냉철한 현실인식, 시대적 사명감을 가지고 당대 소외 받은 민중에 대한 애정을 실천하며 공동체 의식을 가지고 훈련된 인격에 바탕을 둔 전문성과 열정을 가지고 경이적인 9차례 7년 3개월의 옥고를 견뎌냈다.

둘째, 한국 성인교육이 계승해야할 실학적 전통의 계승 문제이다. 안재홍은 실학의 중요성을 인식하고 정약용 저작 간행과 연구에 힘썼으며 실학 대중화에도 토대를 놓은 인물이다. 아울러 일제강점기와 해방공간에서 그가 일관되게 추구한 신간회, 조선학운동, 민세주의, 신민족주의는 실학 정신의 구체적 실천이다. 안재홍은 형무소를 드나드는 고단한 삶속에서도 부단히 학습하고, 방대한 저술과 신문 기고를 통해 자신의 생각을 펼쳤으며, 성인교육자로서 다양한 조직을 만들어 시대의 과제에 구체적으로 대응했다. 그는 일제에 타협적인 자치론자에 맞서 철저 항일을 강조했고, 민중과 함께 가라, 민중의 일을 함께하라는 다짐 속에 사회 변화, 사회 개조에 노력했으며 일제 식민지배의 정책 변화를 예단하고 교육과 강연을 통해 민중 계몽에 힘썼다. 성인교육은 학습자가 당면한 삶의 과제 시대의 과제에 대한 구체적인 해결 수단일 때 학습 결과와 확산 효과가 크다. 실학적 사고에 기반을 둔 현실 문제 해결을 위한 수단으로서 성인교육의 가치는 여전히 중요하다.

셋째, 새로운 성인교육의 전통 수립이라는 측면에서 안재홍은 전통적 가치의 바탕위에 서구적 가치, 현대적 가치를 받아들이려 노력했다. 안재홍은 민주주의가 서구적 전통에서만 시작된 것은 아니라는 주체적 인식을 가지고, 한국 고대사를 탐구하며 민주주의 전통의 요소를 찾으려 했다. 또한 순우리말 어원에 대한 관심을 가지고 서구 개념을 우리말로 바꿔보려고 부단히 노력하되 타문화나 전통에 대해서 개방적 태도를 견지하려고 했고 이것이 민세주의로 구체화되었다. 21세기 한국의 성인교육도 한국적 토대 위에서 서구의 지혜를 조화롭게 융합해나가려는 고민이 필요하다.

넷째, 남북 통일시대를 준비하는 성인교육의 상황 인식과 대응 방안 마련이다. 안재홍은 앞서 언급한 것처럼 민족주의와 사회주의라는 사상의 대립을 넘어 좌우협동을 통한 민족의 독립과 통일을 일관되게 주장한 민족주의자였다. 이런 그의 노력은 1920년대 좌우합작의 신간회 운동, 1930년대 그가 주도한 조선학운동에 사회주의자의 학술 연구 참여, 1945년 해방 이후 여운형, 김규식, 조소앙과 함께 중도파로 활동하며 좌우합작의 통일국가 수립운동으로 이어졌으며 1950년 납북 이후에도 납북 인사 중심의 재북평화통일촉진협의회를 결성 통일운동을 주도했다. 이런 그의 실천을 통해 통일시대를 준비하는 성인교육의 방향 정립에도 그의 삶과 활동은 시사하는 바가 크다. 특히 남북의 이질화가 심화되는 가운데 동질성 회복을 위한 성인교육의 영역별 정책과 프로그램 방안 마련이 시급히 요청된다. 여기에 전통의 재발견에 기초하며 남북이 서로의 문화를 배타적 · 고립적으로 받아들이지 않기 위한 인식의 전환과 현실적 실천도 필요하다. 민세가 제시한 남북 통합과 소통의 정신은 이분법적 사고의 틀에서 벗어나 복합적 사고의 중요성이 커지는 통일시대 성인교육의 방향에도 유효한 지혜일 것이다.

다섯째. 3 · 1운동 100년, 대한민국 임시정부 수립 100년을 맞이하며 한국의 성인교육의 정신적 뿌리와 정체성이 근대 실학사상에서 개화사상, 일제강점기 항일사상에 근본을 두고 있다는 학술작업이 지속되어야 한다. 따라서 절대 독립, 철저 항일을 목표로 일제강점기 항일운동의 실천과정에서 성인교육을 항일의 주요 수단으로 삼고 형식 · 무형식 · 비형식 학습을 통해 실천해온 안재홍과 같은 선각자들의 삶과 사상에 대한 지속적인 심층 연구가 필요하다. 아울러 그가 추구한 민세주의, 신민족주의, 다사리주의에 담긴 개방적 민족주의와 더불어 사는 교육에 대한 강조는 모든 이를 위한 교육을 지향하는 성인교육의 미래좌표 모색에도 충분히 재평가되고 조술확충(祖述擴充)되어야 할 소중한 자산이다.

참고문헌

강선보(2005a). 『만남의 교육철학』. 서울: 원미사.

고려대박물관(2005). 『민세안재홍선집 6』. 서울: 지식산업사.

고려대박물관(2008a). 『민세안재홍선집 7』. 서울: 지식산업사.

고려대박물관(2008b). 『민세안재홍선집 8』. 서울: 지식산업사.

곽삼근(2007). 『한국평생교육의 사회철학적 과제』. 아산재단연구총서 제183집. 서울: 집문당.

김기승(2018). 「언론에 나타난 신간회 해소 논쟁의 전개과정」. 정윤재 외. 『신간회와 신간회운동의 재조명』. 서울: 선인.

김상훈(2018). 『해방 직후 국사교육 연구』. 서울: 경인문화사.

김석준(1996). 『미군정 시대의 국가와 행정』. 서울: 이화여대 출판부.

김성환(1998). 『한국사 천년의 100인』. 서울: 오늘의 책.

김인식(2007). 『중도의 길을 걸은 신민족주의자』. 서울: 역사공간.

김인식(2008). 『광복전후 국가건설론』. 서울: 경인문화사.

김인식(2012). 『안재홍의 신국가건설운동』. 서울: 선인.

김인식(2014c). 「안재홍의 기미운동과 임정법통성의 역사인식」. 『안재홍과 평택의 항일운동 심층연구』. 서울: 선인.

김인식(2015). 「1930년대 안재홍의 조선학론」. 『1930년대 조선학운동 심층연구』. 서울: 선인.

김인식 · 황우갑(2016). 『안재홍 자료집성과 기념사업』. 서울: 선인.

김재명(2003). 『한국현대사의 비극: 중간파의 이상과 좌절』. 서울: 선인.

김형목(2009). 『한국독립운동의 역사 35: 교육운동』. 독립기념관 한국독립운동사 편찬위원회.

김희진(2017). 『초기 YMCA 교육운동의 전개와 특징』. 숙명여자대학교 교육대학원 석사학위논문.

노영택(2011). 『일제하민중교육운동사』. 서울: 학이시습.

노치준(1995). 『일제하 한국기독교민족운동연구』. 서울: 한국기독교역사연구소.

류시현(2016). 『동경삼재』. 서울: 산처럼.

박문덕(1965). 『안재홍 유고집』. 평양: 조국통일사.

박찬승(2008). 『민족주의의 시대』. 서울: 경인문화사.

박용규(2012). 『조선어학회 항일투쟁사』. 서울: 한글학회.
배을규(2006). 『성인교육의 실천적 기초: 이론과 방법』. 서울: 학지사.
서울YMCA(2004). 『서울YMCA운동 100년사(1903~2003)』. 서울: 서울YMCA.
서중석(2005). 『한국 현대사』. 서울: 경인문화사.
송건호(2009). 『송건호의 인물론: 역사에 민족의 길을 걷다』. 서울: 한길사.
신주백(2015). 「조선학운동에 관한 연구동향과 새로운 시론적 탐색」. 『1930년대 조선학운동 심층연구』. 민세안재홍선생기념사업회편. 서울: 선인.
신용하(2017). 『신간회의 민족운동』. 서울: 지식산업사.
안재홍선집간행위원회(1981). 『민세안재홍선집 1』. 서울: 지식산업사.
안재홍선집간행위원회(1983). 『민세안재홍선집 2』. 서울: 지식산업사.
안재홍선집간행위원회(1990). 『민세안재홍선집 3』. 서울: 지식산업사.
안재홍선집간행위원회(1993). 『민세안재홍선집 4』. 서울: 지식산업사.
안재홍선집간행위원회(1999). 『민세안재홍선집 5』. 서울: 지식산업사.
안재홍(1935). 『중국의 금일과 극동의 장래』. 서울: 삼천리사.
안재홍(1945). 『신민족주의와 신민주주의』. 서울: 민우사.
안재홍(2007). 『고원의 밤』. 구중서편. 서울: 범우사.
안재홍(2017). 『안재홍 수필선집』. 유성호 엮음. 서울: 지식을 만드는지식.
안재홍(1950). 『지각을 찾자』. 게재지 미상. (안재홍 선집 출처)
안재홍(2014). 김인희 역주. 『조선상고사감』. 서울: 우리역사연구재단.
안호상(1981). 간행사. 『민세안재홍선집 1』. 서울: 지식산업사.
오혁진(2016). 『한국사회교육사상사』. 서울: 학지사.
유엽(2008). 「곡 민세 선생」. 고려대 박물관편 『민세안재홍선집 7』. 서울: 지식산업사.
유지아(2018). 「1910-20년대 일본 다이쇼 데모크라시와 제국주의 변용」. 정윤재 외. 『신간회와 신간회운동의 재조명』. 서울: 선인.
윤대식(2018). 『건국을 위한 변명, 안재홍 전통과 근대 그리고 민족과 이념의 경계인: 안재홍』. 서울: 신서원.
윤복남(2001). 『해방전 우리나라 문해교육운동』. 한국문해교육연구. 서울: 교육과학사, pp.38-40.
이계형 · 전병무(2014). 『숫자로 본 조선』. 서울: 역사공간.
이균영(1994). 『신간회연구』. 서울: 역사비평사.
이숙종(2006). 『코메니우스의 교육사상』. 서울: 교육과학사.
이신철(2008). 『북한민족주의 운동연구』. 서울: 역사비평사.

이해숙(2009). 『미군정기의 지배구조와 한국사회』. 서울: 선인.
이희승(1991). 「민세선생을 추모함」. 『민세안재홍선집 3』. 서울: 지식산업사.
이희승(1996). 『딸깍발이 선비의 일생』. 서울: 창작과 비평사.
장규식(2009). 『민중과 함께 한 조선의 간디 조만식의 민족운동』. 서울: 역사공간.
정병준(2010). 『독도 1947』. 서울: 돌베개.
정윤재(2002a). 『다사리공동체를 향하여』. 서울: 도서출판 한울.
정윤재(2002b). 「안재홍의 조선정치철학과 다사리 이념」. 정윤재 외. 『민족에서 세계로: 민세 안재홍의 신민족주의론』. 서울: 봉명.
정윤재(2018a). 『민족안재홍 평전』. 서울: 민음사.
정윤재(2018b). 「민족자주연맹 박한주 회고」. 『안재홍 평전』. 서울: 민음사.
조동걸 · 한영우 외 1명(1994). 『한국의 역사가와 역사학』. 서울: 창작과 비평사.
조규태(2018). 「1920년대 민족주의 세력의 자치운동의 전개양상」. 정윤재 외. 『신간회와 신간회운동의 재조명』. 서울: 선인.
조맹기(2006). 『한국언론인물사상사』. 서울: 나남출판.
최은수 외(2014). 『리더십 클래식』. 서울: 학지사.
최은희(1991). 「교우반세기」. 안재홍선집 간행위원회편 『민세안재홍선집 3』 서울: 지식산업사 1991. pp.448-457.
천관우(1978). 「민세 안재홍연보」. 『창작과 비평 통권 50호』. 1978년 겨울호 서울: 창작과 비평사.
하영선(2011). 『역사속의 젊은 그들』. 서울: 을유문화사.
한상도(2017). 「독립운동시기 김원봉의 통합 · 연대 활동」. 『민족운동가들의 교류와 협동』. 서울: 선인.
한준상(1999). 『호모에루디티오』. 서울: 학지사.
한준상 외(2000). 『근대한국성인교육사상』. 서울: 원미사.
허대녕(2009). 『오천석과 미군정기 교육정책』. 서울: 한국학술정보.
황우갑(2016). 「민세 안재홍기념사업의 성과와 과제」. 『안재홍 자료집성과 기념사업』. 서울: 선인.
홍웅선(1992). 『광복후의 신교육운동』. 서울: 대한교과서.
허대녕(2009). 『오천석과 미군정기 교육정책』. 한국학술정보: 서울.
허도산(2006). 『연설 100년사』. 서울: 매봉.
Jarvis, P(2005). *ADULT EDUCATION AND THE STATE*. the Taylor & Francis Group.
Lindeman, E. C(2013). 『성인교육의 의미』. 김동진 · 강대중 역 서울: 학이시습. (원저

1961년 출판).
Northhouse, P.G(2013). *Leadership: Theory and Practice* (3thed.). SAGE Publication.
Yukl, Gary(2014). 현대조직의 리더십 이론. (강정애 역). 서울: 시그마프레스 (원저 2011년 출판).

강찬석(2011). 「유가적 관점에서 본 온정적 합리주의(CR) 리더십 패러다임의 특성에 대한 고찰」. 『Andragogy Today』 19(3). pp.121-147.
김인식(1998a). 「안재홍의 신민족주의 사상과 행동」. 박사학위논문. 중앙대학교 대학원.
김인식(2018). 「안재홍과 청년외교단. 제12회 민세학술대회 대한민국 청년외교단 · 애국부인회 참여인물 재조명」. pp.3-40.
김정일(2003). 「평생교육을 위한 리더십 프로그램 개발 연구」. 『Andragogy Today』 6(1). pp.1-27.
오혁진 · 김미향(2010). 「한국 사회교육사의 연구동향 및 성과 검토」. 『平生敎育學硏究』 Vol.16. No.4. pp.191-221.
정윤재(1983). 「안재홍의 정치사상 연구」. 서울대 대학원 석사학위 논문.
정윤재(2018). 「안재홍의 신민족주의 역사인식과 평화통일의 과제」. 『한국동양정치사상연구』 17(1). pp.221-257.
정진석(1993). 「언론인 수난; 필화 정치문제 명예훼손이 주요인 일제하 최 대 옥고 언론인은 안재홍」. 한국언론연구원. 『신문과 방송』 270호. pp.65-73.
최은수(2006). 「성인교육 리더십과 리더십 개발 연구를 위한 이슈의 개념화와 이론적 틀」. 『Andragogy Today』 9(3). pp.107-143.
최은수(2011). 「성인교육 리더십의 새로운 패러다임으로서의 '온정적 합리주의'에 대한 개념화」. 『Andragogy Today』 14(3). pp.61-85.
최은수(2014). 「평생교육에서의 온정적 합리주의 리더십의 측정도구 개발 연구」. 『Andragogy Today』 17(3). pp.205-229.
최진경(2010). 「평생교육학의 선구자 코메니우스의 'Pampaedia'(범교육학)에 나타난 평생 교육 이해와 시사점」. 『평생교육학연구』 Vol.16. pp.113-132.
한영우(1987). 「안재홍의 신민족주의와 사학」. 『독립기념관: 한국독립운동사연구』 제2집. pp.257-281.
황우갑(2018). 「성인교육자 조만식의 변혁적 리더십」. 숭실대 CR글로벌리더십연구소. 『인문사회과학연구』 Vol.2 No.1. pp.147-167.

황우갑 · 최은수(2018). 「안재홍의 성인교육활동과 사상 탐색」. 한국성인교육학회. 『Andragogy Today: Interdisciplinary Journal of Adult & Continuing Education』. Vol.21 No.4. pp.49-74.

황우갑(2019). 「안재홍의 성인교육활동과 온정적 합리주의 리더십 연구」. 숭실대 대학원 박사학위 논문.

동아일보(1925). 1925년 2월 1일자. 모임 신춘대강연회. 2면 6단.

동아일보(1925). 1925년 6월 22일자. 문우수양강연. 3면 9단.

동아일보(1926). 1926년 4월 24일자. 통영서 삼씨(三氏) 강연. 4면 1단.

동아일보(1926). 1926년 4월 28일자. 영호 양남기자대회. 4면 1단.

동아일보(1927). 1927년 4월 27일자. 관서기자대회. 4면 6단.

동아일보(1927). 1927년 6월 24일자. 개성 양씨 강연. 4면 4단.

동아일보(1927). 1927년 9월 8일자. 상주의 양씨 강연. 4면 9단.

동아일보(1927). 1927년 12월 1일자. 곽산 강연 성황. 4면 10단.

동아일보(1927). 1927년 12월 3일자. 용암포 강연회. 4면 12단.

동아일보(1927). 1927년 12월 6일자. 신간회 강연회 팔일 밤에 연다. 4면 8단.

동아일보(1931). 1931년 4월 17일자.

동아일보(1934). 1934년 9월 5일자. 다산선생 기념강연회. 2면 11단.

동아일보(1934). 여의전 발기회에서 고계재단을 교섭. 2면 9단.

동아일보(1945). 1945년 12월 25일자. 교육이념을 재수정. 2면 7단.

동아일보(1946). 국민전문대학으로 준비. 1946년 5월 29일자. 2면 3단.

동아일보(1946). 국민후생협회 사일에 결성식. 1946년 6월 3일자. 2면 4단.

동아일보(1946). 1946년 5월 29일자. 국민전문대학으로 준비. 2면 3단.

매일신보(1917). 안재홍씨 외난(外難). 1917년 5월 30일 2면 7단.

매일신보(1934). 조선표준어 사정위원회. 1934년 12월 30일자 2면 6단.

새한민보(1949). 反民者 處斷에의 要望 安在鴻. 1949년 2월.

시대일보(1925). 1925년 11월 30일자.

신한민보(1929). 사회 각계 유지 망라-조선국어사전편찬회 조직. 1929년 11월 28일자. 2면 2단.

조선일보(1924). 戰鼓를 울리면서 四面楚歌를 듣는 中에.안재홍. 1924년 6월 8일자.

조선일보(1924). 三氏는 退社. 시대일보 속간 뒤에는 관계하기가 실타하야. 1924년 9월

5일 3면 3단.
조선일보(1924). 朝鮮日報의 新使命. 天下民衆에게 申明함. 안재홍. 11월 1일 1면 2단.
조선일보(1925). 朝鮮人의 政治的 分野-旗幟를 鮮明히 하라. 안재홍. 1925년 1월 21일 1면 1단.
조선일보(1926). 春風千里(一). 東萊에서 安民世. 1926년 4월 20일 2면 6단.
조선일보(1926). 時評. 螟蛉教育 方針. 1926년 7월 4일 1면 1단.
조선일보(1926). 評壇漫筆(九) 百年大計와 目前問題. 1926년 8월 25일 1면 1단.
조선일보(1926). 自立精神의 第一步 意味深長한 「가갸날」. 안재홍.1926년 11월 4일자.
조선일보(1926). 農民道의 高調. 안재홍.1926년 12월 5일 1면 1단.
조선일보(1927). 月南紀念集 編輯委員決定. 십오인을 결뎡 하얏다고. 1927년 4월 14일 2면 7단.
조선일보(1927). 尙州新幹支會 大盛況裡에發會. 정사북경관엄계리에. 尙州初有의 壯擧 1927년 9월 7일 5면 1단.
조선일보(1927). 新幹會各地消息. 郭山支會設立. 12월 2일 4면 6단.
조선일보(1927). 龍岩浦에서 講演會開催 1927년 12월 3일 4면 12단.
조선일보(1928). 兩氏 突然 收監. 주필 안재홍씨와 백관수씨. 押收된 社說 問題로 1928년 1월 27일 2면 6단.
조선일보(1928). 1928년 3월 25일 1면 1단.
조선일보(1928). 實際運動의 當面問題(一) 新幹會는무엇을할가? 안재홍.1928년 3월 27일 1면 1단.
조선일보(1929). 生活改新을 高調함. 峻烈한 實踐意志의 高調. 안재홍. 1929년 5월 2일 1면 1단.
조선일보(1929). 1929년 6월 16일 1면 1단.
조선일보(1929). 歸鄉學生 文字普及班. 本社 主催의 奉仕 事業. 안재홍. 1929년 7월 14일 1면 1단.
조선일보(1931). 第三 回歸鄉學生 文字普及班. 學界支持를 구함. 안재홍. 1931년 6월 19일 1면 1단.
조선일보(1935). 文化建設 私議(一). 世界로부터 朝鮮에! 安在鴻. 1935년 6월 6일 석간 1면 1단.
조선일보(1935). 文化建設私議(二) 未來를지나今日에 安在鴻. 1935년 6월 7일 석간 1면 1단.
조선일보(1935). 文化私議(十二). 文化協…會의 小議(上). 百萬財團이 있다면은?. 安在

鴻.1935년 6월 19일 석간 1면 1단.
조선일보(1936). 國際連帶性에서 본 文化特殊過程論. 安在鴻. 1936년 1월 1일 1면 1단.
조선일보(1936). 1936년 1월 11일자.
조선일보(1936). 女子醫專旣成論. 人命弘濟의黃金塔. 安在鴻. 1936년 4월 5일 1면 1단.
조선일보(1936). 時題小議. 朝語辭典完成論. 篤志有力者에 寄하는 書 (一) 安在鴻). 1936년 3월 26일 1면 1단.
조선일보(1936). 時題小議. 朝鮮文化賞金論. 篤志有力者에 寄하는 書(二)安在鴻). 1936년 3월27일 1면 1단.
조선일보(1936). 時題小議. 優良文獻刊行論.篤志有力者에 寄하는 書(三)安在鴻). 1936년 3월 28일 1면 1단.
조선일보(1937). 安民世保釋. 十日振威鄕第로. 1937년 5월 11일 2면 3단.
조선일보(1938). 安在鴻에게 二年役言渡. 昨日覆審公判. 1938년 5월 5일 2면 7단.
조선일보(1947). 安氏 民政長官就任. 公報部에서 正式發表. 1947년 2월 6일 1면 2단.
조선일보(1948). 廢娼延期運動에 無關 七百萬圓事件에 安長官 辯白. 1948년 3월 9일 2면 6단.
조선일보(1948). 名譽會長에 徐載弼博士와. 安在鴻氏推戴. 1948년 6월 26일 2면 6단.
중앙일보(2007).24인의 독립투사 남북이 함께 기린다. 2007. 7. 29일자. https://news.joins.com/article/2808456. 2018년 12월 9일 검색.
중외일보(1927). 1927년 11월 13일자.

개벽(1934). 백인백화. 신간 1호, 1934년 11월호.
개벽(1934). 신문사장의 참회록. 신석우. 신간 2호, 1934년 12월호.
개벽(1935). 조선신문발달사. 차상찬. 신간 4호, 1935년 3월호.
김병로(1929). 삼천리. 1929년 9월호.
김봉겸(2003). 안재홍 증언 녹취자료. 민세 안재홍기념사업회.
동광(1927). 1927년 6월호.
동광(1932). 신문전선총동원: 대합동일보의 간부공선. 제29호, 1932년 1월호.
동광(1932). 안재홍론. 유광렬. 4권 7호 통권 35호, 1932년 7월호.
문제안(2011). 1945년 8월 16일의 풍경. 민세안재홍선생기념사업회 증언 영상자료.
민주조선(1949). 1948년 4월호.
별건곤(1929). 경성에 와서 무엇을 배울 것인가. 오즉 변하는것을 잘살피라. 1929년 9월호.

삼천리(1930). 아호의 유래. 민세 안재홍. 1930년 1월호.
삼천리(1930). 과거 십년에 한 일 장래 십년에 할 일 1930년 1월호.
삼천리(1930). 1930년 제4호.
삼천리(1930). 인재순례. 제2편 사회단체 조선물산장려회본부. 1930년 4월호.
삼천리(1930). 민립대학 재흥의 봉화. 1930년 4월.
삼천리(1930). 우리운동과 역량집중 문제 2권 3호. 1930년 7월호.
삼천리(1931). 1931년 제9호.
삼천리(1931). 끽연실. 안재홍씨의 의장인연 17호, 1931년 7월, 3권 7호.
삼천리(1931). 삼차의 실망과 그의 회고 안재홍. 1931년 7월호.
삼천리(1931). 교차점. 1931년 7월호.
삼천리(1931). 조선일보 동아일보 사장 공천 결과 발표. 1931년 10월호.
삼천리(1931). 교차점. 안재홍. 1931년 10월호.
삼천리(1932). 벽신문. 1932년 1월호.
삼천리(1932). 나의 팔인관 안재홍: 황석우. 1932년 4월호.
삼천리(1933). 반도재계의 십걸(1) 박흥식씨. 1933년 10월호.
삼천리(1934). 신사연구(1). 천문학 뒤지는 안재홍씨. 제53호.
삼천리(1935). 교우록. 송진우. 제63호 1935년 6월.
삼천리(1935). 令夫人 學力 等級記-令夫人에 三等級잇다. 63호, 1935년 6월.
삼천리(1935a). 三千里社交室. 64호 1935년 7월.
삼천리(1936). 愛煙記 金炳魯. 제76호 1936년 8월호.
삼천리(1949). 髑髏哲學의 使徒로 되었다. 안재홍 1949년 2월호.
신동아(1936). 안재홍. 학생시대의 회고. 제55호 1936년 5월.
신동아(1936). 나의 人生觀 安在鴻. 6권 6호. 1936년 6월.
신조선(1935). 朝鮮과 文化運動- 卷頭言에 代함 樗山. 8호. 1935년 1월.
유광렬(1932). 안재홍론. 동광. 4권 7호 통권 35호. 1932년 7월.
이기연(2018). 서울중앙농림대학 시절 회고 인터뷰 자료. 민세안재홍기념사업회.
조선지광(1929). 教養的 結成運動. 안재홍. 1929년 9월.
조선지광(1927). 所謂 地方熱 團體問題. 안재홍. 1927년 10월.
학등(1935). 讀書開進論 一生을 일하고 一生을 읽으라. 安在鴻. 제20호, 1935년 11월호.
학등(1936). 卒業生에게 보내는 글. 安在鴻 23호.
한겨레신문사(1999). 한겨레 21 1999년 4월호.

필자소개

❙ 최은수 ❙

숭실대 평생교육학과 명예교수

❙ 연지연 ❙

숭실대 평생교육학과 겸임교수

❙ 권기술 ❙

㈜CR 파트너즈 대표

❙ 강찬석 ❙

숭실대 평생교육학과 초빙교수

❙ 김미자 ❙

숭실대 평생교육학과 초빙교수

❙ 황우갑 ❙

숭실대 CR글로벌리더십연구소 선임연구원